Author: Claudio Cardelli
Published by Mediane Srl
Original idea, coordination and development: Paolo Gorlani e Claudio Rossi
English translation and text adaptation by Pat Scalabrino along with Paul Carter
Layout and artwork by Riccardelligraph
Cover Photo © Claudio Cardelli
All Photos by Claudio Cardelli exept where specified

ISBN 9788896042144
Catalogue Number PHC15002
BISAC: TRV003020

First printing October 2009
Printed In Eu

Mediane And Photocult are trademarks of Mediane Srl Italy
Mediane - www. mediane. it
Centro Direzionale Milanofiori - Strada 1 Palazzo F/2
20090 Assago - Milano - Italy

CLAUDIO CARDELLI

My Diary of INDIA

Caro Claudio,
quando mi arrivó il file con le immagini e i testi di questo tuo nuovo libro, passai ore a guardare le foto. Immerso nella calma di un pomeriggio bretone di tarda primavera, insolitamente languido e per niente ventoso (quelle rare giornate in cui la costa atlantica potrebbe essere scambiata per quella mediterranea) venni sferzato invece da quei volti, da quei panorami, da quegli scatti che spaziavano dal Bosforo all'Himalaya e dagli anni '70 ad oggi. Da quelle fotografie nelle quali, come spesso ti capita, eri riuscito a catturare le emozioni di viaggi e di incontri che si accavallavano gli uni sugli altri. In particolare l'India che, ancor prima del Tibet, ti/ci rapì con i suoi colori sgargianti, le sue moltitudini in perenne movimento, i suoi profumi, le sue scuole spirituali. Sullo schermo del mio MacBook Pro, clic dopo clic, esplodevano le congestioni mistiche del Kumbh Mela di Haridvar, le meraviglie architettoniche di un'arte forse senza pari, il caleidoscopio di turbanti rajasthani che fasciavano volti arricchiti da superbi baffi uncinati e occhi di una profondità che interroga. E poi l'ansa del Gange a Rishikesh, le contadine avvolte nei sari che le fanno sembrare principesse, i deserti del Kutch, Varanasi, la più santa di tutte le città sante, Delhi, con le sue frenesie di metropoli post moderna e angoli che ancora parlano dell'antica capitale del Raj britannico.
Insomma quell'Oriente e quell'India che incantarono la nostra ormai più che brizzolata generazione (di cui parlerò più avanti) e che sovente cambiarono vite e percorsi esistenziali. Sicuramente cambiò noi due che ci consegnammo inermi, nudi, attoniti alle malie del Viaggio e che, penso di poter parlare per

Dear Claudio,
when I received the file with the images and texts from this new book of yours, I spent hours looking at the photos. Submerged in the calm of a Breton afternoon in the late spring, unusually languid and not at all windy (those rare days in which the Atlantic coast could be mistaken for the Mediterranean one), I was struck by those faces, those views and those shots that took us from the Bosporus Straits to the Himalayas and from the 1970's to today; by those photographs in which, as often happens, you succeeded in capturing the emotions of journeys and meetings, which accumulated one after the other. In particular India which, even before Tibet, enraptured us with its bright colours, its multitudes in perpetual movement, its smells, its religious schools. On the screen of my MacBook Pro, click after click, the mystical congestions of the Kumbha Mela of Haridwar, wonderful architecture of an unmatchable art, a kaleidoscope of Rajhastani turbans wrapped around faces enhanced by superb unciform moustaches and eyes of an interrogating depth. And then the loop of the Ganges at Rishikesh, the peasants wrapped in saris which make them look like princesses, the Kutch deserts, Varanasi, the holiest of all holy cities, and Delhi, with its post-modern metropolis frenzy and corners which still evoke the ancient capital of the British Raj.
In short, that East and that India that enchanted our by now greying generation (which I will talk about later) and which frequently made an existential change in lives and paths of life. It certainly changed both of us who surrendered defenceless, naked, dazed, thunderstruck by the enchantment of the journey and were, I think I can speak for both of us, amply rewarded from several points of view. I left the texts of your book until

entrambi, ne fummo ampiamente ricompensati sotto molteplici punti di vista.
I testi del tuo libro li lasciai per il dopo cena. E li lessi tutti di un fiato, finendo a tarda ora. Nel silenzio ovattato e "pneumatico" delle notti di Bretagna, quando l'uragano non squassa il litorale e i ciclopici muri d'acqua delle onde non si infrangono sulla costa, scoppiettavano però i tuoi ricordi di viaggio. Ora tralascio quelli a me più familiari che hanno per scenario, appunto, itinerari indiani e l'Himalaya. A volte insieme, a volte ognuno per suo conto, li abbiamo percorsi tutti e due e ne ho già scritto nella prefazione ad un altro tuo testo. Qui vorrei invece soffermarmi, li rilessi infatti più volte, sui primi capitoli. Quelli che parlano dei luoghi che si attraversavano prima di arrivare in India via terra. La Turchia, l'Iran, l'Afghanistan. E degli anni in cui facesti il Viaggio. Gli anni nei quali da poco avevamo superato il secondo decennio delle nostre esistenze e osservavamo il mondo, "quel" mondo, con occhi spalancati sull'altrove, sull'altrove assoluto. Eravamo in tanti a partire, spinti da un'ansia febbrile di conoscere qualcosa che fosse sideralmente diverso dalle atmosfere in cui eravamo cresciuti e che erano state preparate per noi da una società che, un po' tutti, sentivamo più soffocante che protettiva (o forse soffocante proprio perchè così protettiva). "Rock'n Roll, figli dei fiori e il Viaggio all'Eden", come titola il tuo primo capitolo.
E non sarà forse un caso che nel 1972 andai per la prima volta in India (partendo da Milano con uno scassatissimo pullmino Ford di terza mano, e quando scrivo scassatissimo non esagero) con Gigi "Cultura" Buffarini-Guidi e Marco Amante che

after dinner, and I read them all in one go, finishing late at night. In the muffled and 'pneumatic' silence of the Breton nights, when the hurricane didn't shatter the seacoast and the cyclopean walls of water of waves of water didn't break against the coast, your memories of journeys did spark off in my mind. Now I will leave out those most familiar to me which have as a setting Indian and Himalayan itineraries.
Sometimes together, sometimes each one alone, we have crossed both, and I have written about this in the preface of another of your works. Instead, I would like to concentrate on the first chapters that I have reread several times. Those that talk about the places you cross before arriving in India by land. Turkey, Iran, and Afghanistan. And of the years in which you made this journey. The years in which we had just crossed the second decade of our existence and we looked at the world, 'that' world, with eyes wide open looking at another, totally different, universe. We were in many to leave, driven by a feverish greed to experience something which was sidereally different from the atmosphere in which we had grown up and which had been prepared for us by a society which nearly all of us perceived as more suffocating than protective (or perhaps suffocating because it was so protective). 'Rock'nRoll, Hippies and Journey to Eden' as your first chapter is entitled. And perhaps it wasn't by chance that I went to India for the first time (leaving from Milan in a clapped-out, third hand Ford minibus, and when I write clapped-out, I'm not exaggerating) with Gigi 'Cultura' Buffarini-Guidi and Marco Amante who were going to the East to write the first guidebook of 'Great Journey' (Grande Viaggio) which they then called Journey to Eden (Viaggio all'Eden). (Hi, old friends, who knows where you are

andavano in Oriente per scrivere la prima guidina al "Grande Viaggio" che poi chiamarono proprio Viaggio all'Eden (ciao amici di un tempo, chissà dove siete oggi... è una vita che non ci sentiamo).
In un articolo che una rivista mi chiese per il trentennale del '68, scrivevo, "Ma accanto a questo '68 "politico", che divenne in breve tempo largamente maggioritario, ne esisteva un altro, più interiore, individuale, "privato" lo si sarebbe chiamato un decennio più tardi quando il collasso repentino dell'impegno sociale e la brusca sincope delle ideologie lo avrebbero fatto divenire a sua volta maggioritario (l'area della Nuova Coscienza). Questo "altro '68" era composto da giovani che guardavano a Gandhi più che al Che, ai poeti beat più che a Mao, al flower power più che alla lotta di classe... che si sentivano più ribelli che rivoluzionari, che erano attratti più dalla pratica della non violenza che non dalla guerriglia. Questo universo giovanile esprimeva un rifiuto della vecchia società forse ancor più radicale di quello dei loro coetanei che occupavano le università. E la voglia di un altrove che fosse veramente "assoluto" portò questa frangia di giovani a spaziare con lo sguardo su orizzonti molto più distanti di quanto non fossero quelli della mitologia rivoluzionaria. E le loro occhiate caddero (poteva forse essere altrimenti?) sul continente indiano, supposto collettore di molte delle esigenze, fantasie, ingenuità, aspirazioni, sogni e bisogni di questa minoranza di ventenni. Fu l'inizio del viaggio, anzi del Grande Viaggio come lo si sarebbe etichettato anni dopo quando era ormai finito e rimaneva solo moda e consumo. Ma quando iniziò fu veramente il Grande Viaggio anche se i partecipanti erano troppo impegnati a viverlo per spre-

today... we haven't heard from each other for ages).
In an article that a magazine asked me to do for the thirtieth anniversary of '68 I wrote: 'But next to the 'political' '68 which in a short time became the majority, existed another, more inner, individual, 'private' as it would be called a decade later when the sudden collapse of social involvement and the sudden death of ideologies would have made it become in turn the majority (the area of New Consciousness). This, the 'other '68' was composed of young people who looked more towards Ghandi than at Che, at the beat poets more than at Mao, at flower power more than social conflict, who felt more like rebels than revolutionaries, who were more attracted to the practise of non violence than by the guerrilla warfare. This world of youth expressed a refusal of the old society perhaps even more radical than that of their contemporaries who occupied the universities. And the desire for an elsewhere which was really 'absolute' led this fringe of youth to cast their eyes on horizons even more distant than those that were revolutionary mythology. And their eyes fell upon (could it have been otherwise?) the Indian continent, presumed collector of many demands, fantasies, ingenuousness, aspirations, dreams and needs of this minority of twenty year olds. It was the beginning of the journey, indeed, the Great Journey as it would be called years later when it was by then finished and had become a consumer trend. But when it started it was truly the Great Journey even if the participants were too busy living the experience to waste their time searching for labels. While their contemporaries were getting ready to set fire to squares and universities in half the world, a patrol of badly equipped boys and girls with their luggage reduced to essentials was on the

care il loro tempo nella ricerca di etichette. Mentre i loro coetanei si apprestavano ad infiammare piazze e università di mezzo mondo, una pattuglia di ragazzi e ragazze male in arnese e con un bagaglio ridotto all'essenziale, si metteva in marcia verso Oriente. Non l'Oriente rosso della Cina ultramaoista delle Guardie Rosse ma quello "psichedelico" degli asceti itineranti, del caos cittadino brulicante di vita, delle droghe leggere ampiamente tollerate e di quelle pesanti comunque reperibili... quell'Oriente dove si riusciva a vivere con meno di cinque dollari al giorno ed in cui era ancora possibile (o almeno così credevano) perdere la deprecata identità d'origine in cambio di una autentica occasione di vita.

Partivano con ogni mezzo. In treno, bus, pullmino, autostop, seguendo le poche scarne notizie che filtravano qua e là sulle onde di un improbabile tam-tam attraverso cui questa imprecisata internazionale riusciva a comunicare. Quasi del tutto ignorata dai mass-media (con la solitaria eccezione di Nanda Pivano che unica in quegli anni ebbe la sensibilità necessaria per capire e l'intelligenza per volerne scrivere) troppo attratti dai clamori della contestazione violenta, questa protesta silenziosa passò, specie in Italia, quasi inosservata. Eppure la strada che da Istanbul, attraverso la Turchia, l'Iran non ancora khomeinista, l'Afghanistan non ancora invaso dai sovietici e talebanizzato, il Pakistan non ancora governato dai militari, portava in India e poi a Katmandu era già percorsa da questi nuovi pellegrini in "viaggio verso l'Eden".

Bene Claudio, come giustamente ricordi, tu e i tuoi amici non facevate propriamente parte dell'onda hippy ma ne eravate strettamente contigui. Per

march towards the east. Not the Red East of an ultra Maoist China with its red guards but the 'psychedelic' one of wandering yogis, of urban chaos buzzing with life, of light drugs widely tolerated and of the heavier ones available anyway... of that east where it was possible to live on less than five dollars a day and where it was still possible (or at least so it was believed) to lose ones deprecated original identity in exchange for an authentic chance of an ideal life. They left with every means. By train, by bus, minibus, hitch-hiking, following the little news that was coming here and there on the waves of an unlikely tam-tam through which this undefined international managed to communicate. Almost completely ignored by the mass-media (with the only exception of Nanda Pivano, the only one during those years who had the necessary sensitivity to understand, and the intelligence to want to write about it) too attracted by the uproars of the violent protests, this silent protest passed almost unnoticed, especially in Italy. And yet the road from Istanbul, across Turkey, Iran not yet Khomeinist, Afghan not yet invaded by the Soviet Union, or in the hands of the Taliban, Pakistan not yet under military rule, led to India and then to Kathmandu and had already been crossed by these pilgrims on a journey towards the Eden'.

Well then Claudio, as you rightly remember, you and your friends weren't really part of the hippy wave but you were tightly contiguous. That is why I read the initial chapters in which you tell us about your 'Journey to Eden' with such voracity. Recollecting, even many decades later, the affinities and differences. And what tenderness to find in the chapter you dedicate to Afghanistan: 'Sometimes we felt decidedly out of place. Driven by the simple desire for adventure streaked

questo ho letto con voracità questi capitoli iniziali in cui racconti il tuo "Viaggio all'Eden". Per coglierne, ahinoi ormai tanti decenni dopo, affinità e differenze. E che tenerezza trovare, nel capitolo che dedichi all'Afghanistan, "...A volte ci sentivamo decisamente fuori posto. Noi, spinti semplicemente dalla voglia di avventura striata di qualche venatura hippie generata più che altro dalla passione per la beat music e la west coast, eravamo anche un po' snobbati. I nostri miti, devo confessarlo, non erano Ginsberg o Kerouac o il Maharishi Mayeshi Yogi, ma si trovavano tra i protagonisti dei grandi raid con le Land Rover, ricordo Nino Cirani con le sue "aziza", o con i più alternativi pulmini Volkswagen...". Eppure, miti o non miti, eravamo tutti sulla stessa strada, sotto gli stessi cieli, ipnotizzati dagli stessi orizzonti. E poco importa se io portavo nel mio bagaglio ridotto all'osso Indian Journal di Ginsberg e tu pensavi a tale Nino Cirani che non ho il piacere di conoscere. Forse allora non l'avrei pensata così, essendo un tantino estremista in proposito. Ma oggi, mio dio, come non riconoscere che percorrevamo tutti lo stesso percorso. Come non ritrovare nelle tue parole le stesse emozioni che attraversavano me e i miei amici. Il medesimo incanto, l'identica meraviglia, la stessa provocante, stellare, potente, magia che ci spezzava gli occhi, il cuore, i sensi.

Eravamo tutti dentro una corrente impetuosa che ci conduceva dove nemmeno noi potevamo sapere ma che scorreva forte e noi dentro di lei.
Perché, non dimentichiamolo, quello che rese quell'esperienza irripetibile e grandiosa fu la consapevolezza che non si trattava tanto di un viaggio nello

with a vein of hippy generated, more than anything by the passion for beat and west coast music, we were also slightly looked down on. Our idols, I must confess, weren't Ginsberg or Kerouac or the Maharishi Mahesh Yogi, but could be found among the great gatherings with Land Rovers, I remember Nino Cirani with his 'Aziza' or with the more non conventional Volkswagen minibuses'. And yet, heroes or not heroes, we were all on the same road, under the same skies, hypnotized by the same horizons. And little does it matter that I had the Indian Journal by Ginsberg in my luggage that was reduced to a minimum, and you remembered a person called Nino Cirani who I have never had the pleasure of meeting. Perhaps I wouldn't have thought about it in the same way then, being rather radical about these things. But today, my God, how not to recognize that we were all following the same path. How not to find in your words exactly those same feelings that my friends and I felt. (crossed me and my friends' minds). The same enchantment, the identical wonder, the same provocative, starry, powerful magic which shattered the eyes, the heart, the senses. We were all in an impetuous current that led us to where not even we could know but flowed strongly, taking us along with it.

Because, don't let's forget, what made that experience unrepeatable and grand, was the knowledge that it wasn't just a journey through a geographical space that took us to faraway places but was a journey through Time. What we were crossing was in fact 'another Time', a remote era, many centuries away from the world which we had left behind us. Whether it concerned the Kurdish mountains or the Iranian deserts, the Afghanistan valleys or the Gangetic plain, the

spazio geografico che ci portava in luoghi distanti ma di un viaggio nel Tempo. Quello che percorrevamo era infatti un "altro Tempo", un'epoca remota, arcaica, lontana secoli dal mondo che ci eravamo lasciati alle spalle. Sia che si trattasse delle montagne curde o dei deserti iraniani, delle valli afghane o della pianura gangetica, dei villaggi himalayani o dei monasteri dei lama, entravamo davvero in un "altro Tempo". Una sensazione difficile da raccontare ma che ti sconvolgeva con la forza di un maelström dell'anima.
Francamente non so cosa potranno pensare i ventenni di adesso di quelle nostre esperienze. Se godranno come me delle immagini che hai scattato e delle parole che hai scritto. Non ho figli, al contrario di te che nei hai due adorabili, e confesso di non avere molti contatti con "i giovani d'oggi". Credo però che qualcuno di loro, il meno intossicato dalle overdose televisive, dal narcisismo imperante, dalla superficialità così diffusa in questi "anni difficili", riuscirà a cogliere la scintilla che animò una stagione irripetibile. Quella che a noi, stagionati cinquanta sessantenni, appare ancora come la migliore "iniziazione" all'ingresso nell'età adulta.
Con l'affetto di sempre,

Piero Verni

Himalayan villages or the lama monasteries, we were indeed in 'another Time' A difficult situation to describe but one which deeply moves you with the strength of a maelstrom of the soul.
Frankly speaking, I don't know what today's twenty year olds may think about our experiences. If like me they will enjoy the pictures you took and the words wrote. Unlike you (who has two lovable children) I don't have any, and I must confess to not having much contact with today's youth. I do believe though that some of them, those less intoxicated by an overdose of television, the prevailing narcicism, the superficiality so widely diffused in these diffiult years, will succeed in capturing the sparks that animated an unrepeatable season. That which to us ageing fifty to sixty year olds still appears to be the best 'initiation' to adult life.
With affection, as always,

Piero Verni

गंगा में
गन्दा न बहायें।

CLAUDIO CARDELLI

My Diary of INDIA

ROCK AND ROLL, FIGLI DEI FIORI E IL VIAGGIO VERSO L'EDEN

Fiat
176521·PS

Ho cominciato a sentire l'India e l'oriente sin da bambino.

Cow boy e pellerossa dispensati a piene dosi nei film americani mi avevano saturato presto e l'attrazione irresistibile era solo per ciò che era, sto parlando degli anni '50 e '60, remoto, misterioso, scarsamente documentato, intriso di esotico. Sentivo quella parte dell'Asia come una specie di cuore pulsante che alimentava i miei sogni di evasione, di avventura, di ricerca dell'altrove. L'India assieme a tutto quello che ci stava intorno era diventata il mio polo magnetico, il cuore del mondo. Forse ognuno ha una sua personale idea del Cuore del Mondo. Amici intellettuali, cultori della romanità e delle civiltà mediterranee, non esiterebbero a definire Roma oltre che "Caput Mundi" anche il cuore stesso della moderna civiltà. Ma anche i fiorentini, che ad etnocentrismo non scherzano e continuano a battezzare Lorenzo o Cosimo gran parte dei loro figli, in qualche modo si sentono autorizzati ad auto definirsi abitanti di un certo cuore rinascimentale del mondo moderno che per loro non ha mai smesso di battere. Ma che dire allora dei londinesi o dei britannici in genere, legati indissolubilmente e orgogliosamente alle loro memorie imperiali patrimonio comune sia dei "lab" sia dei "tories".

Londra, vera città multietnica nonché titolare del meridiano zero, può certamente fregiarsi dell'ambizioso titolo. E poi Parigi... New York... !

Per quelli che guardano, un po' preoccupati, al futuro, non è sbagliato candidare Pechino alla prossima nomination, ammesso che la Cina regga nel tempo il suo temerario esperimento di capitalismo selvaggio senza libertà democratiche, mentre

ROCK'N'ROLL, HIPPIES, AND THE JOURNEY TO EDEN

I started to 'feel' India and the East when I was just a kid. Way back in the '50s and 60's, I'd had my fill of Hollywood cowboys and Indians, and I began to experience an irresistible attraction for something new; something that was far away from what I'd so far seen, mysterious, relatively undiscovered. Exotic. To me that part of Asia was like a beating heart that fed my dreams of escape, adventure, and the search for what lies beyond our usual horizons. India, and everything that revolves around it, became my own magnetic pole. The very heart of the world.

Perhaps each and every one of us has their own personal Heart of the World. Intellectual friends and experts of Roman culture and Mediterranean civilizations wouldn't think twice about defining Rome as not only 'Caput Mundi', but also as the heart of modern civilization. In Florence, where ethnocentrism reigns supreme and there are countless Lorenzos and Cosimos named after members of the illustrious Medici dynasty, the locals deem themselves to live within the Renaissance Heart of the modern world – a heart which for them has never stopped beating. And what about Londoners, or the British in general? They're still proudly, eternally bound to the memories of the empire; a heritage belonging to both Labour and the Conservatives.

As a truly multiethnic city, as well as being the location of the Prime Meridian, London could certainly stake its claim for the prestigious title. But then there's Paris, and New York, too!

There are some who cast worried glances towards the future and predict Beijing may be next up, if – that is

Tokio, dopo il grande boom degli anni '70 e '80 sta oggi conoscendo un periodo di quotazioni al ribasso. Fino al 1950 per i tibetani il cuore del mondo era Lhasa. Poi qualcuno li ha un po' troppo bruscamente svegliati dal loro isolamento. Tritolo e artiglieria cinese hanno raso al suolo il paese ed oggi il popolo del Tibet ha fatto forzosamente la conoscenza del mondo al di là delle catene dell'Himalaya, del Kuen Lun, dell'Amnia Machèn. Forse per loro il cuore del mondo è oggi Dharamsala, il piccolo villaggio dell'Himalaya Indiano dove vive il Dalai Lama nell'attesa, piuttosto vana, di tornare ad abitare le austere stanze del Potala, a Lhasa.

Campanili o templi, casette e focolari domestici divengono dunque altrettanti struggenti cuori del mondo per coloro che il destino ha portato lontano da famiglie, parenti ed amici tra estranee pareti, strade, piazze, idiomi, ma anche per coloro che trascorrono la loro tranquilla esistenza senza scosse, teneramente legati al borgo natio.

Esistono poi personali parametri di suggestione o di cultura per localizzare, con un semplice sguardo alla carta geografica, diversi e variegati cuori del mondo. Ora, se cerchiamo il nostro "chakra mondiale" della storia, della cultura, della civiltà anche con criteri semplicemente geometrici, difficilmente potremmo allontanarci troppo da quell'area immensa che va dal Mare Arabico al Mar del Giappone, dal Caucaso all'Himalaya. Se pensiamo poi ai flussi migratori degli Arii che da queste regioni volsero le loro attenzioni all'India da una parte e alle regioni iraniche dall'altra, dando vita nel tempo alle due grandi civiltà, quella persiana-greco-latina-cristiana, da un lato e quella

– China can keep up its reckless experiment in savage capitalism without democratic liberties. Tokyo, in the meantime, is experiencing an economic downturn after the boom years of the '70s and '80s.

Until 1950, the heart of the world for Tibetans was Lhasa. Then they were subjected to a somewhat rude awakening, and an end to their peaceful slumber in isolation. Chinese TNT and artillery razed the city to the ground, and today the people of Tibet have had to venture out beyond the Himalaya, Kuen Lun, and Amne Machin Shan mountain ranges. Today, their own heart of the world might be Dharamsala, the small village up in the Indian Himalayas. This is where the Dalai Lama lives and waits – in vain, most likely – for the moment when he will be allowed to return to the austere chambers of the Potala, in Lhasa.

Bell towers, small houses and fireplaces: these are the poignant hearts of the world for those whose destiny has taken them away from their families and friends, and placed them amidst foreign walls, streets, town-squares, as well as languages. But they are just as dear to those who serenely go about their way, touchingly rooted to the place where they were born.

Others can look at a map, and according to their own personal experiences, ideals, and culture, can point out various other hearts of the world.

Now, if we look for our 'world chakra' in terms of history, culture, and civilization, using even the simplest geometric criteria, it's hard to overlook the immense area that stretches from the Arabian Sea to the Sea of Japan, from the Caucasus to the Himalayas. Consider also the Indo-aryan emigration from this region towards India on one front, and the Iranian regions on another; an exodus which later gave rise to two great civilizations:

vedica-induista-buddhista dall'altro, ecco che abbiamo identificato un plausibilissimo e suggestivo cuore del mondo. Non pensavo certo a queste cose, quando adolescente, solo la fisionomia della carta geografica dell'Asia era sufficiente a generare in me curiosità quasi morbose e una voglia insopprimibile di partire. Quale fu il corto circuito mentale che inoculò questo virus asiatico oggi non lo saprei dire con certezza. Indietro nella memoria ho barlumi fugaci, ma netti di fotografie e di emozioni, impresse nei miei archivi cerebrali. Quegli attimi di esistenza che, non si sa perché, ci rimangono addosso per tutta la vita, vividi e insopprimibili e che i giapponesi definiscono come attimi inconsapevoli di illuminazione, di satòri.
Uno stato di equilibrio perfetto con il mondo che ci circonda e con il fluire cosmico delle energie e delle esistenze attorno a noi. Siamo lì, in uno stato di perfezione che dura un battito di ciglia. Distacco e consapevolezza ci sorprendono in un gesto, una visione, un suono, un odore che divengono perfetti, fruibili in un giusto modo e registrati a vita: salvati con nome! Diremmo oggi con termine informatico.
Ed ecco l'attimo, forse marzo 1959, in cui di pomeriggio sono seduto, bambino, su una sedia, solo, davanti all'allora avveniristico Magnadyne 24 pollici, ovviamente in bianco e nero, e la RAI manda in onda un documentario sul "Tetto del Mondo" in quei giorni alla ribalta della cronaca a causa dell'occupazione cinese e della fuga in India del giovane Dalai Lama. Del documentario non ricordo ovviamente nulla, ma c'è la fotografia. Passa un fotogramma, una sequenza… due monaci con

Persian-Græco-Latin Christianity on one hand, and Vedic-Hinduist Buddhism on the other. This may well be a very plausible and suggestive heart of the world. Of course, as a teenager I didn't think about all that. A simple look at a map of Asia was enough to generate an almost morbid curiosity in me, and the irresistible urge to pack up and go there as soon as possible. I'm not entirely sure what kind of mental short circuit allowed the virus asiaticus to rage within me. I have fleeting – but clear – mental images of photographs and emotions filed away amongst my memories. Nobody quite knows how those little moments stay with us for a lifetime, remaining ever vivid and undeniable. It's what the Japanese term as satori, subconscious moments of enlightenment. It's a state of perfect equilibrium with both the world around us and the cosmic flow of energy and existences that surround us. It's right there, in a state of perfection that lasts as long as the blink of an eye. Out of nowhere we find detachment and awareness in a simple gesture, a sight, a sound, or a smell that become perfect; we store that moment away for life, but it's ready to be called up on the right occasion: nowadays we might say 'saved as…', using computer terminology.
And so it came to pass that one afternoon as a child – I think it may have been March of 1959 – I sat down on my own in front of the then-futuristic black-and-white Magnadyne 24-inch TV, and RAI showed a documentary about the 'Roof of the World'. This was a time when Tibet was a hot topic in the media because of the Chinese occupation and the young Dalai Lama's flight to India. Of course I don't remember anything about the documentary, but the photos stayed with me. First there's one frame, part of a sequence… two monks with long, telescopic horns blow mournful sounds atop the roof of

lunghe trombe telescopiche emettono cupi suoni sul tetto di un'enorme costruzione con centinaia di finestre nere, adagiata su un dirupo scosceso. La voce, forse Paladini, dice qualcosa... salvato!

a huge building with hundreds of black windows, the whole thing perched upon a steep cliff, as the narrating voice – it might have been Paladini – speaks in the background... image saved!

Altra fotografia. Più avanti. Pesaro 1965.

Some time later. Another photograph. Pesaro, 1965.

A quel tempo la città dormiva più che mai. La sua, in qualche modo voluta, sonnolenza cronica, non impediva però ai venti musicali del nord europa, Gran Bretagna e la più lontana America, di insinuarsi debolmente in qualche scantinato e contaminare l'anima, l'ugola e le dita degli adolescenti abituati al massimo a vedere e ascoltare qualche caffè concerto alle "Sfingi" di viale della Repubblica. Il negozio, si fa per dire, di Nello Baldassarri era l'unico crocevia di scambi musicali e di opinioni. Shadows e le loro "Apache" o "FBI" erano i massimi punti di arrivo per un chitarrista assieme alle mai viste Stratocaster Fender che di lì a poco fecero la loro prima comparsa, assieme ai mitici VOX AC 30, nei due gruppi di punta della zona: i 4 Dollari e i Bat Bat. C'erano anche dei ragazzi romani figli del guardiano del faro di Pesaro: "I Laramie", che qualche tempo dopo vanteranno anche un enorme manifesto a colori (un lusso sfrenato), ma per me rimasero poco più che un fantasma. Non li vidi mai suonare. Erano professionisti e giravano molto.
Andavo invece a sentire le prove di un gruppo in Via Mazza, i "Killers", dove Giampiero Derenzio, Giorgio Trebbi, Giorgio Lugli e Walter Montanari costituivano il nucleo da cui nasceranno i "Log". La mia Teen Age Band.

In those days the city slept more than ever. However, this chronic – and to some extent, deliberate – slumber could do nothing to stop the musical winds blowing in from northern Europe, Great Britain, and faraway America. These slowly made their way into just a few basements and managed to contaminate the souls, voices, and fingers of those teenagers who at best were accustomed to going to the occasional café chantant down their High Street. Nello Baldassarri's 'shop' was the only crossroads where music and opinions could be exchanged. With hits like 'Apache' and 'FBI', many guitarists wanted nothing more than to emulate The Shadows, with their never before seen – by us, at least – Fender Stratocasters which were soon to make their first appearance here, together with the legendary Vox AC 30 amplifiers, both used by the area's most widely known bands: the 4 Dollari, and Bat Bat. There was also a group of kids from Rome, sons of the Pesaro lighthouse-keeper: 'I Laramie'. They would go on to have the luxury of a full-colour poster, but they never really meant that much to me. I never saw them live. They were professionals, and they toured a lot. A band I did go and watch practice in Via Mazza were the 'Killers'. Giampiero Derenzio, Giorgio Trebbi, Giorgio Lugli, and Walter Montanari made up the band from which 'Log' would later emerge. This was the band of my teenage years.
Their heaviest song was a certain 'Bombora', in which

Il loro pezzo scatenato era una certa "Bombora" e la Eko di Walter emetteva gracchianti suoni da un ampli casareccio ricavato dalle casse di un cinema. Walter era molto orgoglioso del suo "stack". Non aveva mai sentito cosa usciva da un Fender o da un Vox. Ci si accontentava. La Passione ammantava tutto di poesia, ottundeva le orecchie disposte a giudicare benevolmente qualsiasi latrato e toglieva agli occhi e alla mente la lucidità per giudicare dei look a volte terrificanti. Ma era bello così. Spontaneo, fresco e gioioso. Ero alle primissime armi e quando mi chiesero di unirmi a loro per sostituire Walter in partenza per il militare non credetti alle mie orecchie. Non avevo neanche sedici anni e già militavo in una "band".
Con il mio arrivo, munito di una Baronet made in Castelfidardo e di un discreto FBT regalatomi per l'occasione dal mio fan più sfegatato, mio padre, iniziammo subito a far convergere il repertorio su quello che stava letteralmente facendo andare in tilt i nostri neuroni muiscali: Beatles e Rolling Stones. Era l'inizio di quel periodo di scontri generazionali che avrebbero portato in pochi anni a scontri ben più pesanti. Allora si parlava di capelloni e le lotte in famiglia erano ancora per un po' di zazzera in più ("dove vuoi arrivare?") o per i pantaloni portati a stringere da una sartina compiacente. Ma la musica? La musica catalizzava, irrompeva senza ostacoli negli accessi più remoti del nostro sangue, delle nostre budella. Non c'era niente da fare o da argomentare. Le emozioni, quelle vere, venivano da lì. Stava accadendo qualcosa di mai visto e vissuto prima. Erano i prodromi di svolte epocali. Ma laggiù, nella sonnacchiosa provincia, le uscite

Walter's Eko guitar made loud, screeching sounds with the aid of a homemade amplifier, constructed from an old cinema speaker. Walter was very proud of his stack. He'd never heard the sounds that could be made with a Fender or a Vox. They just made do with what they had. Our passion covered everything in poetry. It blunted our ears and made it possible to positively appreciate the cacophony of it all; it took away our lucidity so that even those occasionally awful styles and looks actually seemed quite appealing. But that's why it was great. It sounded fresh, spontaneous and joyous.
I was still a music fledgling when Walter was called up for military service, so when they asked me to take his place, I couldn't believe what I was hearing. I wasn't even sixteen yet and I was already in a band.
I turned up with my Baronet guitar 'made in Castelfidardo', and a fairly decent FBT amp, given to me by my most die-hard fan, my dad. In terms of our repertoire, we immediately began to focus on the bands that we were just flipping out over at the time: the Beatles and the Rolling Stones.
That was the beginning of an era of generational clashes that would escalate just a few years later. Back then people talked about hippies, and family arguments usually centred around long hair ('where do you want me stop cutting it?') or those trousers you'd had tightened by an obliging tailor. And what of the music? Music catalysed us; it just attacked and flooded through our veins, in our guts. No arguments or resistance could hold it back. That's where our true emotions burst out. Something completely unprecedented was happening. This was a prologue to a period of epoch-defining events. But down there in the sleepy provincial town of Pesaro, new tracks from England or America would arrive slowly, in dribs

col contagocce di nuovi brani dall'Inghilterra e dall'America significavano assalti, senza soldi, all'unico negozio di dischi di Pesaro che aveva una misera vetrina in cui campeggiavano una ventina di 45 giri e sei o sette padelloni (roba da ricchi).
La richiesta di ascoltare "Rain" o "Ruby Tuesday" in negozio veniva a volte accolta per sfinimento dal proprietario e quasi subito, come folgorati da un virus implacabile, si finiva per andare alla questua per raccattare le 750 lire per l'acquisto della "dose". Dopo di che il malcapitato 45 veniva arato per almeno una decina di giorni mattina e sera, in solitudine, con gli amici o portato, con grande generosità, al "Club", una specie di scantinato ammuffito e arredato con qualche poster di "Big" o "Ciao amici" i due unici giornali di settore.
Arrivarono i Rokes al Nuovo Fiore e quella fu veramente la Svolta. Il suono e il volume dei VOX AC 100 produssero l'effetto di una tossina messa nelle condutture della città. Erano suoni spaventosi. Cos'era quel bisogno di volume, di ritmo, di battere e levare? E quei capelli lunghi fino alle spalle? Una provocazione intollerabile! Un' attrazione irresistibile! Erano diventati degli obiettivi esistenziali. Bisognava arrivare a quei suoni. A quel look. La Gibson di Keith Richards in "Satisfaction" mise in crisi una generazione di chitarristi. Che diavolo era? I più cotti asserivano essere un sax. Alcuni scoprirono che sprangando l'ampli a manetta si arrivava a qualcosa di simile. I "Log" marciavano già benino. Era arrivato Vito Nacci, cantante solista dal bell'aspetto e dotato vocalmente, ed eravamo diventati più grintosi (si fa per dire). Suonavamo per venti-venticinquemilali-

and drabs. And when they got there we'd go on raids – without any money – to the only music shop in town. It had a shabby display window containing twenty or so 45-rpm discs, and six or seven 33⅓ rpm's (the latter were still luxury items).
Over and over again we'd ask the proprietor to play 'Rain' or 'Ruby Tuesday' for us, until he caved in. And then, as if possessed, we'd all club together for the 750 lira (Italian currency before euro) needed to get our fix. After we got our hands on that poor vinyl disc, it would get played to death for at least ten or so days, day and night, either alone or with friends. Sometimes it would be generously loaned to the 'Club', a sort of moldy basement adorned with a few posters taken from 'Big' or 'Ciao amici', the only music-based magazines available at the time.
Then 'the Rokes' came to play at the Nuovo Fiore club, and that was the real turning-point. The sounds and volumes coming out of those Vox AC 100 amps were like a drug that reached out and touched the whole city. It was just frightening. There was no call for that sort of volume, rhythm, or tempo. Or indeed for all that long hair! This sort of provocation was simply intolerable! But the attraction was irresistible!
Our lives were now dedicated to becoming like them. We wanted to make those sounds; we wanted to look like they did. Keith Richards' Gibson riff in 'Satisfaction' provided sleepless nights for an entire generation of guitarists. What the hell was that? The burnouts reckoned it was a saxophone. Others found they could achieve a similar sound by whacking seven bells out of their amps. We were doing alright for ourselves with 'Log'. Vito Nacci, a dapper, talented singer had joined us, and we'd become more determined in our own way. We'd

re alla Casa del Popolo, al Capriccio, al Kursaal. Partecipammo al trofeo Davoli con "The Last Time" degli Stones, "I gotta move" dei Kinks e un orrendo pezzo di nostra composizione che parlava, in inglese, di una donna con la casa invasa da cani e gatti. Le tristi ragioni degli avvicendamenti con le relative crudeltà della vita facevano della vita del gruppo una minisocietà in cui imparammo presto molte cose. Le ragioni dei soldi, della abilità, del sapersi vendere, del comunicare e la fatica dell'apprendere. Quello che riusciva difficile era sopportare le manie di protagonismo di qualcuno e l'incapacità di rinunciare al personale apparire in un pezzo (lotta per i volumi, per gli assolo, per il "non mi si sente") in nome della qualità globale della esecuzione. Credo sia il peggior problema di una qualsiasi band ma anche dell'uomo in generale. La capacità di rinunciare, almeno in parte, al proprio ego, musicale o di altra natura...
All'epoca sono già scannato per i Beatles e ricordo il giorno in cui porto a casa il sudatissimo "Rubber Soul". Lo appoggio sul piatto del giradischi con devozione sacrale. Parte "Drive My Car": un sussulto. Segue "Norwegian Wood": una folgorazione! Che diavolo è questo strumento? Un sitar indiano! È fatta. L'anno dopo esce "Love you to" in "Revolver" con aggiunta di tabla, percussioni e musicisti indiani. George Harrison continua a coltivare la sua parte mistica e con "Sgt. Pepper"del 1967 pubblica il capolavoro "Within you without you".
Una mattina di quell'estate 1967 sto camminando lungo il muro assolato di case che fiancheggia il Viale della Vittoria, la strada statale n° 16 che ancora, nel 2009, attraversa Pesaro. Con me c'è un

play at various small venues like the Casa del Popolo, the Capriccio, and the Kursaal, earning about 25,000 or so lira a night for our troubles. We also took part in the Davoli Battle of the Bands, playing three tracks: The Stones' 'The Last Time', 'I Gotta Move' by the Kinks, and an awful tune of our own about a woman whose house was infested by cats and dogs. In English. In the midst of the changes of the era, the unhappy reasons behind them, and the relative cruelty of life, the band became a sort of mini-society, in which we quickly learned a lot. We learned the importance of money, musical skills, marketing, communicating, and the effort put into perfecting our trade. We did have problems when one member or another didn't want to feel left out in a track, their pride taking a knock in the interest of the overall quality of the music (they'd raise their own volume above the others, put in extra solos, or claim 'I can't hear my bit'). I suppose that's the worst problem within any band, but it also affects humankind in general. The inability to forsake – partly, at least – one's own ego, whether it be musical or otherwise... At the time I was crazy about the Beatles, and I still remember the day I took home my hard-earned copy of 'Rubber Soul'. I put it on the record player with an almost religious kind of devotion. 'Drive My Car' kicks in, giving me start. Next up it's 'Norwegian Wood', sending a shockwave through me! What the blue blazes is that instrument? A sitar! And that was it as far as I was concerned. The following year 'Revolver' came out with the song 'Love You To'. In addition to the sitar, the track contained Tabla drums, percussion, and Indian musicians. George Harrison continued to develop his mystical side, and on the 1967 album 'Sgt. Pepper', he released his masterpiece 'Within You Without You'.

ragazzo di Roma in vacanza dalle nostre parti e di cui non ricordo il nome e con il quale discutiamo di Sgt. Pepper. Io, da "tecnico", esalto tutte le parti strumentali, l'attacco della "Reprise", i suoni di Lucy, le chitarre laceranti dell'overtoure, gli strumentisti di "Within you". Lui mi guarda grave e sentenzia: "Quella canzone ha un testo molto profondo, forse la migliore del disco".
Rimango spiazzatissimo. In realtà non so neanche un testo del disco nè mi sono posto il problema. Sono solo ammaliato dalle sonorità di Pepper, ma il mio amico mi fa capire che se non ho capito i testi ho colto molto parzialmente il valore rivoluzionario di quello che verrà poi decretato il disco del secolo. Mi sento veramente un povero provinciale che percorre gli ultimi metri fino a casa in un imbarazzato e vergognoso silenzio in cui maledico tutti i limiti del mio ristretto orticello. Una volta a casa apro Pepper dove, credo per la prima volta nella storia, sono stampati tutti i testi delle canzoni. "We were talking about the space between us all and the people who hide themselves behind a wall of illusion… " Ma che diavolo è? Una canzone? Ma di che parla George?
E "She loves you"? "I wanto to hold your hand"? "Don't bother me"?? Sembra, mi dicono, che George non sia più tanto interessato ai testi di amore e cuore e che abbia focalizzato tutti i suoi interessi, filosofici, culturali e musicali, a oriente. In India.
In preda ad una profonda e sconosciuta crisi realizzo la inadeguatezza culturale e l'angusto spazio esistenziale della provincia dove sono comodamente rintanato. Ma al momento non vedo soluzioni. L'anno dopo i Beatles mi tirano il colpo definitivo:

One sunny morning during that summer, I was out walking along the row of houses by Viale della Vittoria, the main road that today still goes through Pesaro. I was with a friend that day; I can't remember his name but he was from Rome, and he was on holiday round our way. We were discussing Sgt. Pepper. As a 'musician', I praised all the instrumental parts, the blast of 'Reprise', the sounds of Lucy, the ear-splitting guitars during the overture, and the musicians in 'Within You'. He looked at me gravely, and declared 'That song's got really profound lyrics; it's probably the best on the whole album'.
I was left speechless. I didn't actually know any of the lyrics off the album, and I'd never troubled myself to learn them. I'd been dazzled by Pepper's sounds, but my friend helped me understand that if I didn't know what they were saying, then I'd only taken in part of the revolutionary weight of what would later be defined the album of the century.
I felt like a small-town idiot, and I walked the last few metres home in an awkward, shamed silence, cursing the limits of my provincial knowledge. Once at home, I opened up Pepper, and for the first time ever – I think – the lyrics were printed inside. 'We were talking – about the space between us all – and the people who hide themselves – behind a wall of illusion… ' What's that all about? Is that really a song?
Just what was George on about?
And what did that have to do with 'She loves you'? 'I want to hold your hand'? 'Don't bother me'??
I was told that, apparently, George wasn't interested in warm, fluffy lyrics about love anymore, and that he'd decided to focus all his philosophical, cultural, and musical interests on the East. On India.
In the throes of a profound but indefinable crisis, I

vanno in India al seguito del Maharishi Mayeshi Yogi. La stampa ne parla, si vedono alcune foto. Un servizio alla RAI. Too much! In bianco e nero. Gianni Bisiach. Ghirlande di fiori arancio. Abiti bianchi svolazzanti. Barbe e capelli sempre più lunghi. Amore, libertà, pace!
So già che là dovrò andare. Non so perché. Non ho velleità trascendentali. Non mi interessano le coscienze espanse e i paradisi della mente ma là dovrò andare. Forse mi interessa l'Avventura, la Vita. Uscire comunque dal mio ristretto orticello pesarese. Identificato, ormai consciamente, il mio "cuore del mondo" sul Gange, sull'Himàlaya o sull'Hindukush, non mi rimane che organizzarmi e nel 1970, quasi neo patentato, e con una vetusta ma degnissima R4 camperizzata alla meglio, come si diceva allora, parto alla volta di Istanbul e della Turchia. Non è l'India, ma ci si può accontentare. Istanbul in quegli anni contendeva a Marrakesh e a Capo Nord il ruolo di meta "trendy", mentre i veri alternativi già volgevano lo sguardo a Kabul, Benares o addirittura ai piedi dell'Himalaya, a Kathmandu: mito tra i miti. Fu un battesimo asiatico piacevole e abbastanza coinvolgente, ma inconsapevole e superficiale mentre tutto era pervaso da un vago senso di inappagamento perché in fondo sapevo che quel viaggio non era altro che la prova generale del lungo e avventuroso raid Italia-India: la Madre di tutti i Viaggi. Ma "Iiiistanbul", come adagiano i pesaresi, era già qualcosa di molto attraente. Era l'esotico, era l'avventura, era già un vero e proprio altrove. La grande macchina del turismo internazionale per tutti doveva ancora partire. Era il gusto dell'arrangiare veicoli più o meno scal-

became fully conscious of the cultural inadequacy and the ridiculously cramped existential space of the province I was holed up in. But what choice did I have at the time? The Beatles gave me their coup de grâce the very next year: they went to India to follow the teachings of Maharishi Mahesh Yogi. It was in the press, with pictures and everything, and RAI ran a report on it. This was just too much! We saw it all in black and white, and the journalist Gianni Bisiach took us through it. Garlands of orange flowers, white robes flapping in the wind, ever longer beards and hair. Love, peace, freedom! I knew I had to go there. I didn't know why, though. I didn't have any silly transcendental ambitions, and I wasn't interested in an expansion of consciousness or mental Paradise; I just had to go there. Maybe I was pulled by a need for Adventure, a need to live. I definitely had to get away from that provincial life in Pesaro. The Ganges, the Himalayas, or the Hindu Kush mountain range: by now I was aware of the fact that this had become my own heart of the world. I started organizing myself, and in 1970, having only just got my driving licence, I set off with my ancient – but more than adequate – Renault 4, tooled up for camping. Destination: Istanbul, Turkey. It wasn't exactly India, but I was prepared to make do.
During that period, Istanbul was one of the trendiest resorts out there, along with Marrakech and Nordkapp, but in the meantime, the real free-spirits were already looking towards Kabul, Varanasi, or even Kathmandu, at the foot of the Himalayas: a legend amongst legends. My Asian baptism was pleasant and all-involving, but at the same time it was superficial, not really a conscious discovery of the place. The whole time I had a vague sense that the experience wasn't fulfilling my expectations. Perhaps I knew deep down that this trip was just a

cinati e partire per le strade dell'est che solleticava spasmodicamente quelli della mia generazione. Avere nel pedigree un viaggio "far away" ti rendeva più interessante. Avevi qualcosa da raccontare. Le tematiche erano poi più o meno sempre le stesse. I prezzi bassissimi, gli alberghi scalcinati, le strade dissestate, le piste, le donne velate, le moschee coi minareti altissimi. Era un sogno misto di eroismo, di evasione e di liberazione e per molti di droga facile mischiata alle filosofie orientali, che spingeva quella generazione figlia della "Summer of love" 1967 alla ventura ad oriente. Ci andai dunque con una R4 a tre marce che già contava più di 160. 000 Km. Se la cavò: Minareti, Bosforo, Cappadocia, Moezin, Harem, Sultani. Avevo sfiorato il mio cuore del mondo. Era il 1970.

1976 -Scuola di Sanità Militare a Firenze-

Terminato il mio 64° Corso AUC a Firenze rimasi sottotenente in servizio alla Scuola di Sanità Militare in Via Venezia: Istituto di chimica.
Una sera, su Ponte Vecchio, vengo pizzicato in borghese da un mio superiore che, nascosto, osserva una mia performance alla chitarra con un hippie di nome Savino, molto simpatico e musicalmente dotato. Savino, che di giorno fa qualcosa che assomiglia ad un maggiordomo in casa di un abbiente architetto fiorentino, raggranella qualche lira, più per passione che per necessità, suonando deliziosa musica west-coast ai turisti in transito sul mitico ponte. Per due o tre sere mi ero fermato incantato ad ascoltarlo fino a che, una sera, Savino arriva con una seconda chitarra al seguito. La tentazione è

rehearsal for the long, adventurous Italy-India raid: the Mother of all Journeys. But 'Iiiiistanbul', as it was pronounced in Pesaro, was in any case an attractive idea. It was exotic, an adventure; put simply it was beyond our usual horizon.
The great international tourist machine hadn't yet arrived everywhere. There was something exciting about equipping beaten-up cars and setting off towards the East; to those destinations that every now and then teased and enticed our generation. Having an exotic, far away journey under your belt made you a more interesting person. You had stories to tell. The theme was more or less the same every time: low prices, shabby hotels, bumpy roads, the trails, the veiled women, the mosques with their soaring minarets. The dream consisted of heroism, freedom, and escape – and for many the dream also consisted of easily acquired drugs mixed with oriental philosophies – and it inspired the 1967 'Summer of Love' generation to venture East.
So off I went in my old, three-gear Renault 4, with just shy of 100,000 miles on the clock. And we got by together just fine: we saw minarets, the Bosphorus, Cappadocia, muezzins, harems, and sultans. Ever so slightly I'd brushed against my heart of the world. This was in 1970.

1976 – The School of Military Health, Florence

After finishing my specialization course during military service in Florence I stayed on as a second lieutenant at the Scuola di Sanità Militare (School of Military Health) in Via Venezia, at the Institute of Chemistry.
One evening I was – unbeknownst to myself – caught out by one of my superior officers busking in civilian dress on

troppa e dopo un suo cenno di assenso imbraccio lo strumento e mi unisco garrulo alle melodie d'oltre oceano. L'indomani vengo convocato, ignaro delle mie colpe, dal capitano Taddeo che, rispettosamente, mi fa notare come non sia conveniente che un ufficiale di Costa San Giorgio "porga il piattino". Mi difendo filosoficamente: le barriere, la musica, l'amore universale, il mio disinteresse per il budget raccolto ad appannaggio dell'amico Savino. Niente da fare! La lavata di testa me la piglio tutta, ma guardando il solerte capitano, gli comunico, con vago tono di sfida, che assieme all'amico e collega Flavio Di Luca, in servizio anche lui all'Istituto Farmaceutico Militare, sto preparando un pullmino per andare via terra in Afghanistan poi in India... tra i figli dei fiori. Credo di scandalizzarlo ma Taddeo mi risponde, per nulla sbalordito, che una volta finito il mio servizio, posso andare dove voglio ma, fin che porto la divisa, sono tenuto ad un comportamento rigoroso, dignitoso, etico, corretto e via di questo passo. Incredulo e un po' divertito me ne torno con Flavio alle cure del nostro prezioso e appena acquistato Fiat 238 che, con l'ausilio di varie "istituzioni" militari (officine, carrozzieri ecc.) stavamo rendendo più grintoso che mai. Pesantissima rete di protezione "Safari" intelaiata sui fanali anteriori assieme a due vigorosi antinebbia Carello in grado di sfinire la batteria dopo pochi minuti. Portapacchi con robusta air-camping fatta in casa e 4 taniche di carburante di scorta che troneggiano sopra il lunotto anteriore assieme a due pneumatici ricoperti antineve. Due brandine in metallo ripiegabili e sedile posteriore di un vecchio Mercedes 300, recuperato dallo

Ponte Vecchio with a hippie by the name of Savino, a nice guy with real musical talent. During the day he was a kind of butler for a wealthy Florentine architect, and he scraped together a few more lira – more out of his passion for music than economic need – playing wonderful west-coast music to tourists on the legendary bridge. Spellbound by his performances, I'd stopped to watch him for two or three evenings in a row, until one evening he'd brought a second guitar along with him. It had just been too tempting and after nodding his assent, I'd picked it up and unrestrainedly joined in with his transatlantic melodies.

Unaware that I'd been spotted, the next day I was summoned by Captain Taddeo, who respectfully explained that a Costa San Giorgio officer eliciting money from strangers simply wouldn't do. I defended myself philosophically, citing barriers, music, universal love, and the fact I wasn't interested in the money Savino and I had managed to scrape together. Nothing doing, though. I got a thorough dressing-down. But as I looked at the glaring captain, I informed him with a vague tone of defiance that, together with my friend and colleague Flavio Di Luca – also in service at the Military Pharmaceutical Institute – I was organizing a road trip in minivan to Afghanistan, and later India... amidst the Flower Children. He probably thought this was scandalous behaviour, but he didn't seem at all surprised, stating that once I'd finished my service I could go wherever I wanted, but that while I wore the uniform, I was duty bound to behave in a rigorous, dignified, ethically correct manner, and so on and so forth. With a touch of amusement, and not quite believing what had happened, I met up again with Flavio to take care of our precious, newly-bought Fiat 238. With the help of various military 'institutions'

sfascia- carrozze, in sostituzione dei durissimi sedili "trasporto muratori" in dotazione al ruspante pullmino. Spensierati e felici accarezzavamo ogni momento attorno alla nostra creatura vivendo quel lunghissimo "sabato del villaggio" con l'euforica attesa del gran giorno. Lunghe consultazioni alle mappe della Bartolomew's e altrettanto lunghe discussioni su dove e quando fare tappa. Unica fonte di notizie l'Enciclopedia Milione della De Agostini e la "Guide Routard". Un testo, l'unico allora, mirato più che altro alle esigenze dei "budget traveller". L'undici settembre 1977 (che data singolare!) il Bimbo, come avevamo familiarmente battezzato il nostro pullmino, volge il muso ad oriente... Zagabria... Belgrado... Sofia... Salonicco... Istanbul: siamo in Asia!

La Turchia è un paese immenso! Da Istanbul al confine con l'Iran ci sono più di duemila chilometri e in questi trent'anni l'ho girata un po' tutta. Dalle bellissime coste dell'Egeo e del Mediterraneo alle montagne della regione del Curdistan, dalla surreale Cappadocia con i suoi folli pinnacoli e le sue città trogloditiche alle coste del Mar Nero. C'è veramente tanto in Turchia: arte, folklore, cultura, natura, da vedere e da scoprire, compresa la simpatia e l'ospitalità dei turchi stessi. Che posso dire? Molti non concorderanno.

"Fuga di mezzanotte" di Alan Parker, la cui veridicità è stata poi molto ridimensionata, non è stata una gran pubblicità e molti viaggiatori hanno vissuto veramente avventure spiacevoli. "Mamma lì turchi!" ce lo siamo portato appresso per secoli mentre la politica del governo verso il popolo curdo non è quel che si dice un esempio di umanità e

(garages, workshops and such) we were modifying it and making it tougher than ever.

We had weighty Safari headlight covers and powerful Carello fog lamps which could have sucked the battery dry in just a few short minutes. The luggage-rack carried a robust, home-made tent, and four spare cans of petrol sat over the windscreen together with two spare covered snow tires. A couple of folding metal camp beds and the rear seats taken from a Mercedes 300 at the junkyard replaced the hard 'workmen's' seats that came as standard with the tough little minivan.

We were happy and carefree, and as we euphorically waited for the big day, it felt like Christmas Eve, and we enjoyed every moment of it with our 'baby'. We'd spend ages consulting our Bartholomew map, and just as much discussing where and when we'd be going. Our only other source of news and travel tips was the De Agostini Enciclopedia Milione, and a Guide Routard. The latter was aimed at budget travel more than anything else, and was unique in its kind. On 11th September, 1977 (an infamous sort of date), we set off with 'Bimbo' (Baby) – as we'd affectionately named our van – towards the East: Zagreb, Belgrade, Sofia, Thessaloniki, Istanbul... and all of a sudden, we's in Asia! Turkey's enormous! There's more than 1,200 miles between Istanbul and the Iranian border, and I've seen more or less all of it in the last thirty years. From the gorgeous coasts along the Aegean and Mediterranean Seas to the mountainous region of Kurdistan as well as the surreal Cappadocia, with its insanely lofty pinnacles and ancient cities along the Black Sea coast. Turkey really does have everything: art, folklore, culture, nature, all manner of things to see and discover, including the cordiality and good nature of the locals. What can I say? There's not that many people

di civiltà. Ma i miei ricordi di questo paese sono solo piacevoli ed è naturalmente della mia esperienza che sto parlando. Non posso scordarmi un cesto di fichi portatoci da due donne sorridenti, mentre facevamo un improvvisato pic-nic ai bordi della strada verso Konia. E i due studenti curdi di Ezurum ai quali avevamo chiesto informazioni su dove campeggiare che ci offrirono la loro stanza con una grande stufa di ferro che già in settembre, (Erzurum è a quasi duemila metri), emanava un gradevole tepore. Volevano che gli raccontassimo dell'Italia. Studiavano agraria.

Ricordo il mercanteggiare nei bazaar come un rito piacevole e con una sua etica antica e accattivante. Mai snervante o eccessivo, un po' ridanciano e alla fine sempre soddisfacente. Nel 2006 ci sono tornato in motocicletta. Sempre il solito, vecchio, consueto idillio.

who'd agree with me. Alan Parker's factually inaccurate 'Midnight Express' didn't really publicize the place in an overly positive light, and many travellers have had rather unpleasant experiences. Negative stereotypes of the Turks have been around for ages, and the government has never really treated the Kurds in a perfectly humane or civilized manner. Despite all this I only have good memories of this country, although I can only speak from personal experience, of course. I'll never forget the time when two smiling local women brought us a basket of figs while we were enjoying a picnic by the side of the road that lead to Konia. Or indeed those two Kurdish students from Erzurum. We'd asked them for advice on where to set up camp, and they offered us their room. It contained a large iron fireplace that as early as September warmed us up nicely (remember, Erzurum is at an altitude of almost two-thousand metres). They were studying agriculture, and they wanted to hear about Italy.

I remember the enchanting ritual of haggling in the bazaars, with its own ancient, beguiling ethic code. Never an excessive, nerve-wracking affair, it was simply a good laugh, and in the end it was always a satisfying experience. I went back there on my motorbike in 2006. It was just as idyllic as it had always been.

I CURDI

I deboli fari del nostro 238 lasciano intravedere un paesaggio desolato e angosciante. La strada, una carraia sterrata piena di sassi e buche, sale zigzagando lungo le pendici di una brulla montagna che, sulla cima, disvela un susseguirsi di altre cime nere e vagamente profilate dalla debole luce di una falce di luna. Una falce come quella della bandiera turca. Siamo nel cuore del Curdirstan iraniano e stiamo per entrare di nuovo in Turchia. Ancora nel Curdistan ma in un altro stato. Un senso di inquietudine e di vaga eccitazione ci accompagna in questa lunga tappa in un territorio fantasma che esiste dal dodicesimo secolo ma solo nella mente e nei cuori di coloro che si fanno chiamare Curdi.

Potenza dei suoni! Se si fossero chiamati "Cardi" o "Cirdi" forse la nostra paura di essere assaliti da predoni, come ci era stato più volte segnalato dai vari "sentiti dire" lungo la strada, sarebbe più remota, ma quella "u" conferisce al nome una vibrazione negativa tale che fa della accoppiata predoni-curdi un vero e proprio incubo ad occhi aperti.

Siamo diretti a Van, sull'omonimo lago incastonato tra altissime cime della catena dello Zagros, in Turchia. A parte la desolazione del paesaggio e l'odiosa antipatia dei doganieri, che ci hanno lasciato un buon paio d'ore in una frontiera deserta ad aspettare la fine del loro torneo di ping-pong, ancora una volta nulla possiamo riferire della fama terribile e spietata dei briganti curdi.

Lungo la strada, nelle rare stamberghe adibite a posti di ristoro, avevamo trovato una spartana ma accogliente ospitalità. Ovunque sorrisi e disponibilità.

THE KURDS

We can just about make out a bleak, desolate landscape in the weak headlights of our 238. Full of cracks, holes and rocks, the unpaved road winds its way up the barren mountain; upon reaching the summit we are rewarded with the view of a whole series of dark peaks, vaguely silhouetted by the frail light from a sliver of moon. The same half moon found on the Turkish flag. We's in the very heart of Iranian Kurdistan, about to make our return voyage into Turkey. It's still Kurdistan, but within a different nation. We feel vaguely uneasy but excited during this long stage of our journey; we's in a land of spirits which has existed since the twelfth century, but only in the hearts and minds of those who call themselves Kurds.

How strangely powerful sounds can be! What if they'd been called 'Kards' or 'Kords'? Maybe we wouldn't be so scared of being attacked by one of the many gangs of armed robbers that patrolled the roads, as rumours had it. That 'ur' sound gives the noun a negative ring that makes the 'Kurd bandit' a terrifyingly nightmarish prospect. We's headed towards Van, and the lake of the same name, embedded amongst the soaring peaks of Turkey's Zagros mountains.

We've come up against the desolate scenery and the hateful customs officers who'd left us for a good couple of hours at the deserted border to get on with their ping-pong tournament, but thankfully there's been no chance to experience first-hand the Kurdish bandits' reportedly ruthless, terrifying attacks.

We'd found somewhat Spartan but nonetheless welcoming hospitality in those few hovels where they served food along the way. Those guys had been all smiles, always willing to help. What about all the anecdotes we'd heard about

Dunque gli aneddoti di camion o Tir sventrati e di massi sulla strada per una classica rapina al viaggiatore rimanevano delle pure illazioni? Oppure c'era andata bene? Non posso più dirlo.
Sono passati più di trent'anni da allora, durante i quali, come sempre negli ultimi ottocento anni, i Curdi hanno cercato inutilmente di far valere le loro ragioni di indipendenza o autonomia nei confronti di ben cinque stati: Turchia, Iran, Siria, Iraq e, molto meno, Unione Sovietica.
La loro storia è tutta una serie di conquiste e sottomissioni. Le prime notizie sui Curdi come popolo datano il periodo sumero e assiro. Furono sottomessi dagli arabi nel settimo secolo, poi dai mongoli, dai selgiuchidi e infine dai turchi fino al crollo dell'Impero Ottomano. Dopo la prima guerra mondiale i loro territori furono divisi tra le nazioni prima citate. In Turchia vi furono rivolte curde nel 1925 nel 1930. In Iran nel 1919 e poi nel 1946 dopo la proclamazione della Repubblica di Mahabad. Anche nell'Iraq ci furono rivolte nel '18 nel '24 fino al 1961. Il resto è cronaca di ieri e nonostante tutto non sono mai riusciti ad ottenere neanche l'autodeterminazione. I curdi oggi si stimano attorno ai 12 milioni. Parlano lingue indoeuropee e tre dialetti, lo zaza, il kermani e il gourani e solo nell'Iraq si insegna il curdo nelle scuole del nord est del paese. I curdi sembrano far riferimento alla impervia catena dello Zagros come struttura portante del loro territorio. Ancora oggi molti villaggi sono raggiungibili solo a piedi o a dorso di asino e molti curdi vivono uno stato di seminomadismo che li spinge alla ricerca continua

trucks stripped bare or makeshift rock roadblocks set up to ambush unsuspecting travellers? Maybe that was all just hearsay? Or had we just been lucky? I couldn't really say.
Thirty years have gone by since then, and during that time the Kurds – as they have been doing for the last eight-hundred years – have been pushing for their independence or autonomy from five different nation-states: Turkey, Iran, Syria, Iraq, and to a lesser extent, the Soviet Union. Their history is marked by a series of conquests and submissions. The first mention of a Kurdish population dates back to the Sumerian/Assyrian period. They were first overcome in the seventh century by the Arabs, then by the Mongols, the Seljuqs, and lastly by the Turks up until the fall of the Ottoman Empire. After the First World War, the territories were divided amongst the abovementioned nations.
There were Kurdish rebellions in Turkey in 1925 and 1930. Other revolts took place in Iran in 1919, and later in 1946, after the proclamation of the Republic of Mahabad. Iraq also witnessed rebellions in 1918, 1924, and 1961. The rest is history, but in spite of everything they still haven't even managed to obtain self-determination. Nowadays there are around twelve million Kurds. They speak Indo-European languages and three different dialects: Zazaki, Kermani, and Gourani. Only in the north-east of Iraq is Kurdish taught in school. Kurds tend to refer to the inaccessible Zagros mountain range as the backbone of their territory. Many villages are still today accessible only on foot or by donkey, and large numbers of Kurds live in a semi-nomadic state, which drives them ever onward, on a quest for fresh pastures and water beyond their national borders. There appears to be a feudal relationship between the land-owners and their

dei pascoli e dell'acqua al di là di confini nazionali. Nei gruppi stanziali è evidente un rapporto di tipo feudale tra i proprietari dei terreni e gli affittuari. C'è da dire che moltissimi curdi sono integrati nella società turca, Istanbul pullula di curdi, e molti ricoprono anche cariche politiche di rilievo. Molti sono emigrati all'estero e anche in Italia vi sono da tempo curdi stimatissimi professionisti. Sono per lo più musulmani sunniti anche se in Iran e Iraq si trovano minoranze sciite.

All'interno dei due gruppi troviamo anche congregazioni "sufi", l'area mistica dell'Islam, e "yazidi" che rispettano il diavolo, rappresentato da un pavone, come demiurgo dell'essere supremo.

I curdi hanno un fortissimo senso di identità che, probabilmente, nei secoli è stato alimentato dagli scontri a volte sanguinosi con i governi delle nazioni che li ospitano. In alcuni casi, come nel caso del PKK di Ocalan, hanno risposto alle repressioni (alcuni anni fa la Turchia usò i gas nervini contro civili curdi) con il terrorismo indiscriminato.

Sono stati uccisi bambini, fatti saltare autobus con civili inermi senza esitazione, bruciate scuole. Insomma un clima veramente odioso e apparentemente senza sbocchi.

Ma Ocalan non è certamente rappresentativo del popolo curdo e la maggior parte non condivide i suoi metodi anzi lo considera un vero criminale spietato e senza scrupoli. Una specie di aspirante Pol Pot curdo, anche se è innegabile il suo potere fanatizzante che ha spinto i suoi adepti fino ad immolarsi con il fuoco.

Nel 1977 si parlava a mala pena delle tensioni fra il governo di Ankara e le minoranze curde. Periodo di relativa calma senza eventi particolarmente trau-

'guests', in the case of those groups who don't move on. It's also worth mentioning that scores of Kurds are fairly well integrated in Turkish society. Istanbul is positively crawling with Kurds, and many of them hold important political roles. Large numbers have emigrated, and for a while now there've been several highly esteemed and qualified Kurdish workers in Italy, too. For the most part they're Sunni Muslims, but some Shi'ite minorities are to be found in Iran and Iraq. Within those two groups there is also 'Sufism', the mystical, inner dimension of Islam, and the 'Yazidi', who revere the Devil – represented by a peacock – as creator and supreme being.

The Kurdish people have a strong sense of identity; a fact probably nourished by the often bloody clashes with their host nations. On occasions repression has been brutal (Turkish forces used nerve gas against civilians a few years ago) and some groups – Öcalan's PKK, for example – have responded with indiscriminate terrorist acts. Children have been killed, buses carrying innocent civilians have been blown up without a second thought, schools burned to the ground. There seems to be no way out of this hateful climate.

However, Öcalan should in no way be considered as a representative of the Kurdish people, who do not condone his methods; on the contrary, by and large they consider him to be a ruthless, unconscionable criminal. All in all an aspiring Kurdish Pol Pot; but there's no denying the sway he holds over his fanatical followers; some of them going so far as to set themselves on fire as a sacrifice to the cause.

In 1977 there was hardly any talk of the tension between Ankara and the Kurdish minorities. It was a relatively calm period, lacking in particularly traumatic events.

Only once did the Kurds slip somewhat in our affections and estimation.

matici. Ci fu solo una volta che il nostro affetto e la stima per il popolo curdo conobbero una leggera crisi. Nella cittadina di Van, sulle rive dell'omonimo lago, passeggiavamo uniti nel piccolo bazar, quando una mano melliflua si appoggiò sul ventre di Paola. "Ragazzi, mi ha toccato!" protesta Paola con i suoi tre giannizzeri spilungoni che, a suo parere, avrebbero dovuta lavare l'onta con il sangue.
Ci guardiamo in giro e diamo uno sguardo al ragazzotto colpevole della bravata. Intorno a lui una folla di baffuti e cappelluti curdi ridacchiano e ci rispondono con altrettanti sguardi, ma di sfida.
"Non pensi che dovresti soprassedere?" attacca Flavio. "Per loro è normale" continua filosofico Marco. "È meglio che non cerchiamo beghe" concludo affrettando il passo e guardando mia moglie con un mesto sorriso, mentre dietro l'angolo compare la sagoma provvidenziale del nostro pullmino. Ci infiliamo di corsa e ci facciamo lentamente largo tra la folla che continua a ridacchiare e a picchiare sulle lamiere. "Ci stanno salutando!" deglutisce Marco, mentre guadagniamo la periferia di Van, il lungolago, le montagne. Per due ore buone nell'abitacolo si sentì solo il rumore del motore.

IN IRAN

Una sagoma inconfondibile saetta verso il cielo sulla arida pianura di Dogubayazit.
È un monte, anzi un vulcano spento di oltre 5000 metri di altezza con un perenne pennacchio di nuvole sulla vetta innevata. È il biblico Monte Ararat sulle cui fiancate si avvicendano da decenni ricercatori

While were in the town of Van, walking together by the little bazaar along the lakeshore, someone laid an unembarrassed hand on Paola's stomach. 'Guys, he touched me!' she cried out, looking for all the world as if she expected her three gangling bodyguards to avenge this outrage with blood.
We looked around and spotted the little perpetrator. A bunch of hairy, mustachioed Kurds chuckled as they looked back at us, but they did it with an air of defiance. Flavio replied, 'Don't you think you're overreacting?'. Marco was more philosophical, 'It's normal for them'. 'I think it's best if we stay out of trouble' I concluded, quickening my step and giving my wife a rueful smile. As we stepped around the corner, the sight of our minivan seemed heaven-sent.
We piled in quickly, and slowly made our way through the crowd, who'd come again to laugh at us as they slapped the sides of the van. 'They're saying goodbye!' gulped Marco, as we finally got through to the town border, and then on to the lakeside road, towards the mountains. Silence reigned in the van for the next two hours, and the engine was the only sound.

IN IRAN

An unmistakable shape looms high over the arid Doğubeyazıt plains. It's a mountain – no, sorry, it's actually a dormant volcano, over 5000 meters high, with a perennial plume of clouds atop its snowy peak. The biblical Mount Ararat. People have been coming here for decades in the search of Noah's legendary Ark. We watch its imposing form shrink behind us in the horizon, as we overtake an endless line of trucks waiting to pass through customs. Marand is the cold, anonymous frontier-town into Persia. This was Shah Reza

più o meno improvvisati della mitica Arca di Noè. Lo guardiamo imponente allontanarsi sull'orizzonte, mentre superiamo una interminabile colonna di tir in attesa delle pratiche doganali. Marand è l'anonima e gelida frontiera con la Persia. Quell'Iran dello Scià Rheza Pahalavi che in quegli anni si avviava a divenire la massima potenza economica e militare del Medio Oriente.

Se il benvenuto di Tabriz, con il suo magnifico bazar a volte, era in chiave decisamente esotica, la capitale dell'Iran, Teheran, assomigliava di più ad un tentativo di imitazione di un'importante capitale europea: lunghi viali pretenziosamente imperiali con archi trionfali che cantavano le glorie della dinastia regnante. Anonimi palazzi su ampi boulevard alberati. Grattacieli sedi di multinazionali. Quartieri di lusso dove vivevano i protagonisti del boom generato dagli oltre trecento milioni di barili di petrolio che il paese produceva. Auto di grossa cilindrata, andavano di moda le Jeep Cherokee, e poliziotti equipaggiati con poderose Harley. Accanto a questa opulenza, si intravedeva l'Iran tradizionale e silenzioso che mal digeriva le riforme filo occidentali dello Scià. Buona parte della popolazione viveva in squallidi tuguri e arcaici villaggi di fango e mattoni, belli da sbirciare in velocità lungo la strada ma tristi e inospitali da vivere ogni giorno, senza prospettive di alcun cambiamento.

I Mullah camminavano furtivi fuori delle moschee e dalle madrase (le scuole coraniche) e preparavano sommessamente quella rivoluzione indolore capeggiata e diretta da Khomeini dalla lontana Parigi. Ad Ardebil, nell'Azerbaijan iraniano, incontriamo degli istruttori militari inglesi che ci placcano per strada

Pahlavi's Iran, a country at the time well on its way to becoming the Middle East's biggest economic and military power. Tabriz marked a decidedly exotic entry into Iran, what with the bazaar and its magnificent arches, whereas the capital, Teheran, seemed more like an imitation of a major European capital: long, pretentiously imperial main roads, with pompous arches that proclaimed the glories of the reigning dynasty. Characterless buildings placed along tree-lined boulevards. Multinational headquarters in skyscrapers. Luxurious neighborhoods housing those who'd struck it rich with the 300 million or so barrels of oil the country produced. High-performance cars and Jeep Cherokees were all the rage, and police officers rode powerful Harleys. In amidst all this opulence, one could just about make out the quiet, traditional side of Iran; the part that had never accepted the Shah's pro-western reforms. The largest part of the population lived in squalor; in hovels and ancient villages built with mud and bricks. In that fleeting glance as you whizz by them on the road they hold a certain charm, but actually living there, with no hope for change in the future, must be a bleak, depressing experience. Mullahs would furtively leave their mosques or madrasahs (Koranic schools) as they quietly prepared the quick, painless revolution plotted and headed by Khomeini, in Paris.

In Ardebil, an Iranian city populated by Azerbaijanis, we come across a group of British military officers. They happily hail us over as if we were an apparition from the heavens. Bored stiff, they clearly had a kind of club in which they drank themselves into oblivion with whiskey. Strangely – for the British, at least – it seems they'd love nothing more than a good long chat with us. The problem is we's exhausted, but given the 'hospitality' they've more or less forced on us, we feel obliged to sit down and take in

come se fossimo un'apparizione venuta dal cielo. Hanno, ovviamente, un loro club dove si annoiano mortalmente bevendo fiumi di whisky. Hanno una gran voglia, curioso per dei britannici, di fare delle chiacchiere e noi, sfiniti dalla stanchezza ma obbligati per l'ospitalità quasi imposta, dobbiamo sorbirci tutti i particolari sulla stabilità del rial (la valuta iraniana) che, afferma grave Harold, gli viene versata direttamente su una banca in svizzera. Allora un rial valeva circa 12 lire e un litro di gasolio costava appunto un rial, mentre la benzina raggiungeva i sei rials. In Italia costava quasi dieci volte tanto. I prezzi che in Turchia, Iran, Afghanistan, India erano ridicolmente bassi, sarebbe ipocrita non ammetterlo, erano uno degli importanti piaceri di quei viaggi "far away". Noi italiani, già allora pesantemente penalizzati in Europa, soprattutto nel nord Europa, qui conoscevamo il nostro riscatto e con 1500 lire ci permettevamo la cena all'Hilton di Istanbul con annesso bagno in piscina. Se poi scendevamo di livello si poteva dormire con qualche centinaio di lire e mangiare kebab e riso con altrettanto.
Subito dopo la rivoluzione khomeinista, vero catalizzatore dell'integralismo islamico degli anni '80, il rial crollò sotto la lira e gran parte delle aziende occidentali che si erano impiantate con successo nel paese degli Achmenidi, dovettero chiudere i battenti con gravissimi danni per tutti così come per l'amico Harold che si ritrovò a Zurigo un pugno di spiccioli. Bellissime le città storiche dell'Iran, Isfahan, Shiraz, Qom. Gioielli ocra con moschee turchesi incastonate nel cuore medievale della città. Ancor più belli, per l'armonia con la quale emergevano dall'ambiente circostante, i villaggi rurali, elementi costanti

– in great detail – all the latest news about the stability of Iran's currency, the rial, which, Harold gravely affirms, goes straight into his Swiss bank account. Back then, 1 rial was worth about 12 liras (about 1 dollar cent), and a litre of diesel oil cost one rial, whereas a liter of petrol cost six rials. In Italy it cost ten times as much. I suppose I'd be a hypocrite to deny it: the ridiculously low prices we found in Turkey, Iran, Afghanistan, and India were one of the important pleasures of our exotic journeys. Now, given that as Italians we were used to getting heavily whacked in the wallet every time we ventured out into Europe (especially northern Europe), we happily found our redemption here. With as little as 1,500 liras, we could have a grand meal at the Istanbul Hilton, and enjoy a dip in the pool, too. But with a few hundred liras, we could have found a place to sleep anyway and had a kebab and rice dinner). Immediately after the Khomeinist revolution – the genuine stimulus behind 1980's Islamic fundamentalism – the rial plummeted against the lira; many western companies who'd set up camp in the Achaemenid country had to shut up shop, and no-one was left unscathed. Even our friend Harold found himself in Zurich with what amounted to a handful of spare change. The historic Iranian cities of Isfahan, Shiraz, and Qom were simply magnificent; ochre-coloured jewels with Turkish mosques embedded in the very heart of the medieval cities. The rural villages we saw were perhaps even more gorgeous, emerging in the most harmonious manner from their surroundings. These were a constant element in the dry landscape that was only rarely broken in the areas near the Caspian Sea. Here, the dense Golestān forest was home to the last living specimens of the Caspian tiger. We make our way through the gorge that leads from Ardebil to the Caspian Sea, moving under the watchful eyes of Soviet soldiers, perched

dell'arido paesaggio con rare eccezioni nelle aree a ridosso del Mar Caspio. Qui una densa foresta, il Golestan, nascondeva gli ultimi esemplari della tigre caucasica. Dopo aver percorso la gola che da Ardebil porta al Caspio sotto la sorveglianza delle frequenti torrette sovietiche armate e dislocate al di là del torrente che divideva allora i due stati, giungiamo sulle rive della depressione caspica. Il mare chiuso è un po' limaccioso e, francamente, è una grande delusione così come la ricerca del caviale che sembra, da queste parti, nessuno quasi sappia cosa sia o, quantomeno, nessuno usa consumare a tavola.

Bandhar Pahalavi, la Rimini persiana, è poi uno squallore totale e dato che per noi, abitanti della riviera adriatica, si impone un gemellaggio balneare, fermiamo il pullmino lungo una spiaggia desolata e ci tuffiamo in acqua. Poco più in là una donna solleva il suo chadòr e si immerge mostrando le gambe fin sopra il ginocchio. Un evento che però contribuisce ad accrescere il nostro vago disagio. In realtà non vediamo l'ora di andarcene e, dopo una notte da dimenticare in un orrendo albergo deserto di ospiti, riprendiamo il nostro percorso attraverso il deserto di Lut. Direzione: Mashad. L'ultima città dell'Iran prima del confine con l'Afghanistan.

on the many watchtowers beyond the torrent that marked the border between the two nations. Finally, we emerge by the shore of the great lake. The enclosed body of water is a bit slimy and, frankly, it's a huge disappointment. Just like our hunt for caviar: it seems that no-one here even knows what it is, let alone eat the stuff. Bandhar Pahlavi is Persia's answer to Rimini, but it's a place of the utmost squalor. However, as natives of the Adriatic Riviera, we feel obliged to strengthen ties between this place and our homeland via a quick swim. We park the minivan by a deserted beach and dive in. A little further on up the beach, a woman lifts up her chādor and wades in, baring her legs to just over her knees. This only helps to intensify our vague sense of unease. Fact is we just can't wait to leave. After spending a forgettable night as the only guests in a grotty hotel, we resume our journey across the Lūt Desert. Next stop, Mashhad. Iran's last city before the border with Afghanistan.

Inizio Capitolo:
Flower Power 1967, l'autore con la sua "Telly" decorata.
Viaggio all'Eden, 1970.
Il Bosforo, Afghanistan.
La moschea di Sultanhamet a Istanbul.
Sullo stretto dei Dardanelli.
"Magic minibus… " 1977 Epiro.
Sopra:
Battitura dell'orzo in Curdistan.

Chapter headline:
Flower Power 1967, The Author with his painted "Telly"
The Jouney to Heaven, 1970.
Bosforo, Afghanistan.
Sultanhamet mosque, Istanbul
Straits of Dardanelli
'Magic minibus'… 1977 Epiro.
Above:
Barley harvest in Curdistan

Nelle pagine precedenti:
Le cascate calcaree di Pammukale, Anatolia - Istanbul.
Battitura dell'orzo in Curdistan.
Dentro il Gran Bazaar di Istanbul.
Nelle pagine successive:
La Yeshil Jamii e donne nella moschea di Bursa.
Le tombe dei Dervisci a Konia.
Fontana nella Yeshil Jamii di Bursa.

On previous pages:
Le cascate calcaree di Pammukale, Anatolia-Istanbul.
Barley harvest in Curdistan.
In the Grand Bazaar, Istanbul.
On Following pages:
Yeshil Jamii and women in the mosque of Bursa.
Dervisce's tombs in Konia.
A fountain in Yeshil Jamii of Bursa.

MEŞHUR
MARAŞ
DÖVME
DONDURM

Sopra:
Girasoli ad Afyon.
Nelle pagine successive:
Tombe dei Lici scavate nella roccia a Fethye.
Commerciante curdo di tappeti a Istanbul.
Famiglia in calesse a Urgup, Cappadocia.
Danza dei Dervisci a Konia.

Above:
Sunflowers in Afyon.
On following pages:
Lici's tombs in the rocks a Fethye.
Kurd carpets merchant in Grand bazaar.
Family in a cabriet in Urgup, Cappadocia.
Dervisc dances in Konia.

AFGHANISTAN, CROCEVIA DELL'ASIA

Test
Fiat

Prima notte in Afghanistan.
Siamo partiti dall'Italia da quasi un mese e siamo giunti a Mashad qualche giorno fa. La città dei turchesi si distende rovente all'ombra della cupola del grande mausoleo dell'Imam Rezà. L'impazienza e l'inquietudine sono alle stelle. Siamo in prossimità della frontiera afghana! Ancora duecento chilometri sotto una canicola di oltre 40 gradi ed eccoci in vista dell'ultimo avamposto persiano di Tayabad. Gli uffici della frontiera tra l'Iran e l'Afghanistan nel 1977 erano lo specchio di una tragedia umana che si consumava lungo le polverose strade dell'Asia centrale. Un popolo di superstiti delle ideologie potenti, e in qualche modo destabilizzanti, che l'avevano fatta da padrone nell'ultimo decennio, cercava quaggiù nuovi orizzonti interiori.

Purtroppo l'inquietante "museo" allestito dalle autorità iraniane per scoraggiare il traffico di droga che proveniva dall'Afghanistan, dal Pakistan e dall'India, offriva invece l'angosciosa immagine di molte vite rovinate dalla suggestione delle "coscienze allargate". Hascish, eroina, oppio e quant'altro si rimediavano a poche lire in quei paesi, uniti alla suggestione delle filosofie orientali, erano l'alimento quotidiano di migliaia di disperati che spesso finivano la loro esistenza in qualche fetida galera o nel piccolo cimitero cristiano di Kabul, pieno di lapidi con nomi europei.

Prima di arrivare all'Ufficio Visti di Tayabad dovevi passare davanti ad una fila di bacheche con i sinistri reperti sequestrati ai viaggiatori trovati in possesso di merce illegale. Tubi di dentifrici, scarpe sventrate, scacchiere aperte in due, marmitte di pulmini, borracce e poi un biglietto con nome, cognome

AFGHANISTAN - THE CROSSROADS TO ASIA

Our first night in Afghanistan.
We set off from Italy just under a month ago, and arrived in Mashhad a couple of days ago. The scorching hot city of turquoise stretches out in the shade cast by the dome of the Imam Reza shrine. We's impatiently curious and uneasy in equal measure. We's near the Afghan border! Just another 120 or so miles under a sweltering forty degrees, and... there it is: Tayabad, Persia's final outpost.
In 1977, the Iran-Afghanistan frontier post perfectly reflected the human tragedy that took place on Central Asia's dusty roads. For the last decade, leaders had reigned with powerful – and in some way, destabilizing – ideologies, and the survivors came here with the hope of finding new inner horizons.
The Iranian authorities attempt to discourage drug smuggling from Afghanistan, Pakistan, and India. The somewhat unsettling 'museum' they've set up to try and do this offers up the distressing image of lives ruined by the effects of 'expanded consciousness'. Hashish, heroine, opium and the likes were available on the cheap in those countries, and together with the ideals of oriental philosophies, they were the staple diet of thousands of wretches who, more often than not, would end their lives in stinking jail cells or in Kabul's little Christian cemetery, with its scores of European names on headstones.
To get to Tayabad's visa office, you have to walk down a corridor adorned with rows of display cases containing 'illegal goods': unsettling items confiscated from travellers. Toothpaste tubes, worn-out shoes, cracked

(moltissimi italiani) quantità in grammi di sostanza sequestrata e gli anni di carcere inflitti, sempre molti. L'Iran era severissimo in fatto di stupefacenti. Il governo garantiva agli anziani una razione di oppio per alleviare gli acciacchi della vecchiaia, ma prevedeva anche la fucilazione per spacciatori e trafficanti. Ricordo benissimo di aver letto il nome di un ragazzo, credo sardo, che per venti grammi di hashisch aveva ricevuto una condanna a dodici anni di carcere e immagino che le galere persiane non fossero propriamente dei centri residenziali.
Tutto quel lunghissimo viaggio (18.000 Km) fu un po' all'insegna di incontri, spesso singolari, con esponenti di questo popolo.
A volte ci sentivamo decisamente fuori posto. Noi, spinti semplicemente dalla voglia di avventura striata di qualche venatura hippy generata più che altro dalla passione per la beat music e la west coast, eravamo anche un po' snobbati. I nostri miti, devo confessarlo, non erano Ginsberg o Kerouac o il Maharishi Mayeshi Yogi, ma si trovavano tra i protagonisti dei grandi raid con le Land Rover, ricordo Nino Cirani con le sue "aziza", o con i più alternativi pulmini Volkswagen.*
Come già detto le mete popolari erano Capo Nord, il Marocco o Istanbul, ma il viaggio via terra fino all'India evocava qualcosa di grandioso. Ci riportava alle scorribande mongole, a Marco Polo, ad Alessandro il Macedone. Ed ora, dopo quasi 5000

*Nino Cirani famoso viaggiatore degli anni sessanta, compì diverse spedizioni in Asia a bordo di Land Rover da lui battezzate affettuosamente "Aziza", "ragazzina" in arabo.

*open chessboards, car exhaust-pipes, and canteens. Each item tagged with a name (many of them Italian), the quantity of drugs in grams, and the infallibly lengthy jail sentence. Iran was very strict in terms of drugs. The elderly were guaranteed a ration of opium by the government, so as to dull the aches and pains of old age; however, the penalty for drug dealers and smugglers was death by firing squad. I have a very clear memory of reading about this one guy – he was from Sardinia, I think – who got caught with twenty grams of hashish, and was sentenced to twelve years in jail. I have a hunch that doing time in a Persian jail isn't exactly summer camp. All 11,000 miles of that epic journey were marked by often peculiar meetings with these people. Sometimes we felt a little out-of-place. We were driven by a love of adventure, and the hippy undertones of our trip were born of our passion for beat or west coast music more than anything else. We found that many turned their noses up at us because of this. Alright, I admit it: our heroes weren't Ginsberg, Kerouac, or Maharishi Mahesh Yogi. We found our inspiration in the protagonists of those great Land Rover expeditions; I remember Nino Crani and his 'Azizas', or raids on the even more far-out Volkswagen vans.**
As I've already mentioned, Nordkapp, Morocco or Istanbul were popular destinations at the time, but the idea of an overland journey to India seemed a truly magnificent undertaking. It evoked the Mongol raids, Marco Polo, or Alexander the Great. And now, after

**Nino Cirani has been a famous traveller in the sixties. He has been in Asia for many expedition driving his famous Land Rovers tenderly named "Aziza" that means "little girl" in arabian language.*

Km di strada attraverso la Yugoslavia, la Bulgaria, la Turchia e l'Iran, eravamo finalmente giunti lì a pochi chilometri da Islam Qalà, attraverso il deserto di Lut, ai confini di quell'affascinante crocevia dell'Asia che era allora l'Afghanistan. Indimenticabile quell'ingresso nella terra dei Pathàn, degli Hazarà, dei Kalàsh. La frontiera afghana era mille anni indietro rispetto a quella iraniana. Una ventina di chilometri di "terra di nessuno" separava il potente Iran di Rezha Pahalavi dal medievale Afghanistan.
Ecco l'ufficio doganale! È una costruzione di fango del tutto simile alle capanne dei villaggi lungo l'unica strada che attraversa il paese nella parte meridionale. Due stanzette e due curiosi funzionari con divise sbrindellate svolgono con svogliata lentezza le pratiche. Il modulo, un foglio ciclostilato malamente e da riempire con i dati anagrafici, viene distribuito da un gracchiante ragazzotto che ostenta una fascia al braccio con scritto "Police" con una biro. Per terra, stravaccati fra mosche e sacchi di iuta maleodorante, gruppetti di hippies con figliolanze biondo platino, famigliole di locali e un "rambo" in mimetica aspettano più o meno pazientemente di entrare o uscire dal paese. Tutto l'insieme ha dell'incredibile!
Nel cortile, mentre un tipo con un vistoso turbante compie ricerche molto superficiali con uno specchio sotto un minibus di un gruppetto di "frickettoni" olandesi, tre afghani vestiti come nelle "Mille e una notte" caricano all'inverosimile un autocarro. Il camion, nella migliore tradizione afghana, è tutto dipinto con soggetti che ritraggono paesaggi lacustri, oasi, danzatrici. Un piccolo sogno di freschezza da portarsi dietro nella disperata e sassosa solitudine dei deserti e delle brulle montagne dell'Hindukush. Il

just over 3,000 miles through Yugoslavia, Bulgaria, Turkey, and Iran, we'd crossed the Lūt Desert, and we finally found ourselves just a few short miles from Islam Qala, on the border with the fascinating crossroads to Asia that was Afghanistan back then. Our entry into the land of Pashtuns, Hazaras, and Kalash was a simply unforgettable experience. The Iranian border office had been light-years ahead of its Afghan counterpart. There was a 10-mile no-man's land between Reza Pahlavi's powerful Iran and the comparative Middle Ages of Afghanistan.
And here's the customs office. It's a mud structure, similar in construction to the village huts you can find along the only road that traverses the southern part of the country. There are two little rooms, and a couple of funny-looking officials in ragged uniforms slowly filling out their paperwork, in a manner which says they'd much rather be elsewhere. A big bloke with a harsh voice and an armband that says 'Police' hands out a biro and a poorly duplicated form for us to fill in with our names and such. Little groups of hippies slouch on the floor with their platinum blonde offspring in a cloud of buzzing flies and stinking jute sacks. Local families and a camouflage-clad 'Rambo' complete the picture, as they all wait with varying degrees of patience for their turn to either enter or leave the country. The whole scene is nothing short of surreal.
There's a minivan belonging to a gang of Dutch hippies parked in the courtyard, and a guy wearing a colourful turban makes a perfunctory search under it with the aid of a mirror. In the meantime, three Afghans straight out of 'A Thousand and One Nights' are stacking up an enormous pile of luggage on the roof of their truck. In proper Afghan fashion, the truck is decorated with

carico degli afghani, che ridono come matti del loro stesso sfidare gli equilibri della fisica, ha raggiunto una considerevole altezza e i sacchi contenenti merci varie pendono decisamente da un lato. Osserviamo estasiati tutto questo spettacolo. L'Iran, a venti chilometri, con i suoi poliziotti in Harley Davidson, le Chevrolet Cherokee, i boulevard mitteleuropei di Teheran sembra veramente lontano anni luce. Qui è tutto improvvisato, conquistato attimo dopo attimo. C'è un lontano governo non meglio identificato. Negli uffici pubblici, fotografie di re e presidenti si avvicendano rapidamente su un paese che rimane, e rimarrà, un crogiolo di etnie e tribù spesso in grave contrasto. Il camion intanto parte barcollando tra le ovazioni allegre degli astanti. Poco dopo anche noi otteniamo l'agognato visto di ingresso e, ormai al tramonto, ci avviamo lentamente verso la città di Herat distante poco più di cento chilometri. Ci muoviamo assieme a quattro ragazzi bolognesi dotati di un fascinoso pullmino Volkswagen: di quelli con il parabrezza diviso in due, per intenderci.

La strada, una pista mal tracciata con avanzi di lastre di cemento, è deserta. Procediamo spesso appaiati, tanto non c'è nesuno, scambiandoci grandi gesti di entusiasmo di fronte a questo affascinante Nulla. Ad una decina di chilometri, al primo accenno di semi curva, il camion stracarico si è rovesciato e gli afghani, sempre urlando e sempre ridendo, stanno ricomponendo il carico forse contando sul fatto che da qui a Herat la strada è praticamente diritta.

Arriviamo al primo villaggio: un ammasso di abitazioni basse e di colore ocra che si confondono con il paesaggio circostante. All'orizzonte la palla del sole rosso fuoco si staglia su un profilo di rovine di

paintings of lakes, oases, and belly-dancers; a cooling vision that provides a little comfort on the long trips in the desperate, rocky loneliness of the deserts and the Hindu Kush range's barren mountains. The Afghans seem to be laughing at their own attempt to defy the laws of physics, as their load has reached a dangerously high level, definitely beginning to lean to one side. We were in raptures watching it all unfold. Iran is just twelve miles away, but with its Chevrolet Cherokees, police officers on Harley Davidsons, and Tehran's mitteleuropean boulevards, it's worlds apart from reality here. It seems one must improvise to get by here; nothing is taken for granted, nothing goes to waste. Apparently there's a government somewhere around here that runs things in the same manner. Afghanistan has seen kings and presidents come and go as if passing through the revolving door of a grand hotel, but the country will always be a melting pot of tribes and ethnicities that are all too often in conflict with one another.

In the meantime, the onlookers' raucous cheers salute the Afghans' swaying truck as it sets off. Shortly thereafter we also manage to get our much-coveted visas. The sun is setting by now, and we slowly start out towards the city of Herāt, just over sixty miles away. We's travelling with four guys from Bologna. They've got a charming Volkswagen van, one of those where the windscreen is split into two halves. The road is a poorly marked trail made of the remnants of concrete slabs; it's deserted.

No-one else is using the road so we drive alongside each other, every now and then exchanging hand gestures to communicate just how excited we are about the magically riveting void stretched out before us. The first hint of a curve in the trail comes six or so miles further down the road. Here we find that the overloaded truck has

antiche fortificazioni. Improvvisamente un cavaliere con un turbante bianco spunta da una viuzza del villaggio e si mette a galoppare al nostro fianco facendo grandi gesti di saluto e sollevando sassi e polvere. Guardo i bolognesi che come noi hanno "gli occhi fuori della testa". Sembra di essere entrati in un sogno e la sera tardi, in un buio pesto, i fari del nostro camioncino finiscono col riflettersi su una specie di superficie dorata. Sono le mura in maiolica della grande moschea di Herat: siamo arrivati nel centro di una città di centomila abitanti e non ce ne siamo neppure accorti. È il 1977, ma poteva essere anche il 1880 o il 1600.

L'Hotel Park ci mette a disposizione il giardino per accamparci. È una vecchia costruzione dall'aria un po' britannica e decadente. Nel buio, sotto le piante, intravediamo le sagome di grosse motociclette con sidecar. Sono di un gruppo di olandesi che stanno andando in India con dei residuati bellici di Indian e Harley. Sono fantastici! I lunghi capelli biondi e gli occhialini che quasi tutti portano cozzano vistosamente con l'abbigliamento semi militare e un vago senso di "machismo" che pervade la compagnia. Hanno delle chitarre e, nonostante l'ora tarda, si mettono a strimpellare. Non resisto alla tentazione di unirmi al gruppo. Chiedo uno strumento e senza parlare attacco "Teach your chidren" di Graham Nash. È come avviare una dolce conversazione. Uno dopo l'altro snoccioliamo tutti i brani della West Coast che in quegli anni furoreggiavano e costituivano una specie di linguaggio universale tra quelli della mia generazione. Una generazione di sognatori irriducibili e romantici, un po' infantili e ingenui che non hanno mai smesso di credere che, in qual-

tipped over, and the Afghans are piling up their load again, still shouting and laughing away, perhaps relying on the fact that the road is straight all the rest of the way into Herāt. The first village we get to is a clump of low, ochre-coloured dwellings that blend in with the surrounding landscape. The sun, a fiery red ball, is outlined over the horizon against the profile of the ancient ruins of old fortifications. Suddenly a rider in a white turban zips out of an alley and gallops alongside us, greeting us with lavish gestures, his horse kicking up dust and stones as he goes. Just like us, our friends from Bologna stare at this apparition in boggle-eyed wonder; it's like being in a dream. Later on, in the pitch black of the evening, our headlamps light up a sort of golden surface. It's the majolica wall of Herāt's great mosque: we'd arrived slap bang in the middle of a city of 100,000 souls, and we hadn't even realized it. The year was 1977, but it might as well have been 1880, or 1600. The Park Hotel grants us the use of their garden to set up camp. It's an old building with a rather decadent, British atmosphere. In the dark we can make out the shapes of a few big motorbikes with sidecars parked by the trees. They belong to a group of Dutch travellers on their way to India. Their old Indian and Harley museum pieces are just magnificent! Their long blonde hair and goggles clash loudly with the pseudo-military gear they're sporting and the vague sense of 'machismo' that pervades the group. They're carrying guitars with them, and although it's quite late, they begin strumming a few chords. Unable to resist the temptation to join in with them, I ask for a guitar, and without a word I start playing Graham Nash's 'Teach Your Children'. It's just like striking up a sweetly flowing conversation. One by one we reel off all the big west

che modo, si potesse "cambiare il mondo". Anche se non si capisce bene in che cosa. Un mondo di fiori e chitarre? Di amore e di pace?
"We can chaaeeange... the woorld... ". Intoniamo tutti insieme "Chicago" con qualche stecca in più degli stonati che non resistono dal partecipare anch'essi a questo neo canto notturno di fuoriusciti erranti per l'Asia. Ma è tardissimo e un afghano di guardia all'Hotel ci chiede, imprecando, di darci un taglio. Gli olandesi con molta freddezza lo mandano chiaramente a quel paese con atteggiamento di vaga reminiscenza coloniale. Noi italiani, brava gente, abbozziamo. L'incantesimo è rotto. Il sonno è pesante e i grilli emergono lentamente nel grande silenzio che si è fatto nel giardino del Park Hotel.
Domani Herat si dischiuderà ai nostri occhi nel suo più languido Medio Evo.
Niente veicoli a motore, solo carretti, cavalli, Chai Kanè (case da tè), bazaar, moschee, rovine e, ovunque, donne in chadrì (o burkha come si dice adesso) che si aggirano per le strade polverose come fantasmi colorati e sospinti dal vento.
Herat negli anni settanta contava poco più di centomila abitanti. Il suo traffico era costituito da calessi, cammelli, cavalli, qualche bicicletta e qualche colorato e fumoso camion. Le case basse sulle larghe vie in terra battuta delimitavano l'animato bazar.
Rami, argenti, vasellame di vetro senza piombo, come quello degli antichi romani per intenderci, rudimentali ed affascinanti tessuti, pellicce di lupo, orso, volpe trattate con rudimentali conce che lasciavano l'odore di selvatico per millenni.
Fabbri, falegnami, macellai, speziali.
Un vero bazaar dell'Islam medievale al cui centro

coast hits that were part of a universal language the people of my generation would speak with one another. Ours was a generation of indomitable dreamers and romantics, still childish and naïve enough to believe that in some way we could 'change the world'. Even though we didn't quite understand how. A new world of flowers and guitars? Love and peace?
'We can chaaeeange... the woorld...'. Our raucous group version of 'Chicago' features a fair amount of bum notes from those others who couldn't help joining in our late-night Asian wanderers' serenade.
But it's gotten way too late and a member of the hotel staff comes over and practically begs us to put a sock in it. Our friends from Holland very coolly tell him where to stick it, with a vaguely colonial attitude. We Italians are far too nice for that sort of thing, and we give in; the spell has been broken. By now our eyelids are drooping dramatically, as the crickets strike up their own song, breaking the new-found silence of the Park Hotel's garden. Tomorrow Herāt would reveal itself to us in it's most languid, medieval beauty.
There were no fuel-powered vehicles; just carts, horses, Chai Kanè (tea houses), bazaars, mosques, ancient ruins, and wherever you look there are women wearing chadri (or burqas, as they call them now), wandering the dusty streets liked coloured ghosts fluttering in the wind. In the seventies, Herāt had a population of just over 100,000. Road traffic consisted of camels, horses, coaches, a few bikes and colourful trucks that issued billowing clouds of smoke. By the sides of the wide roads, the low houses marked the limits of the lively bazaar.
Here you could find copper, silver, lead-free glass tableware of the kind used in Ancient Rome, rudimentary, but enchanting, varieties of cloth, all kinds of furs, wolf,

troneggia la magnifica moschea del venerdì.
La moschea è un capolavoro del periodo Guride, XII secolo, e negli anni '70 era sottoposta ad accurati restauri, come tanti monumenti dell'Afghanistan, grazie alla politica dell'illuminato presidente Daud. Il laboratorio all'interno provvede alla ricostruzione delle maioliche con il sistema ad incastro chiamato "kashi". Un artigiano ci racconta che l'origine delle maioliche è italiana. Faenza ci dice.
L'effigie di Daud imperversava ovunque, dalle monete alle banconote, ai francobolli, agli uffici pubblici, banche, poste, ospedali. Era il cognato del re Zair Sha e nel 1973, sembra aiutato dai sovietici, prese il potere con un incruento colpo di stato.
Il re si trovava in Italia per curarsi gli occhi. Fece una capatina ad Ischia e mentre era immerso nei miracolosi fanghi gli fu recapitato un telegramma.
I repubblicani avevano preso il potere dopo quasi quarant'anni di regno sonnolento e feudale.
Il re Zair non se la prese più di tanto e rimase in Italia fino ai nostri giorni. La lunga strada che corre nel sud dell'Afghanistan fu costruita, per ragioni di equidistanza, metà dai russi e metà dagli americani. Era facile, percorrendola, affiancare lunghe carovane di nomadi Kuci, termine pashtò che significa "gente che va". Del tutto simili per usi e costumi ai nomadi dell'India occidentale, i Kuci nei loro spostamenti, si fermavano ogni tanto a riposare nelle rare oasi.
Allora in Afghanistan c'era molta povertà ma, come a volte paradossalmente capita, anche molta allegria. Le cose semplici, le quotidiane conquiste dell'esistenza in questa terra ostile, la partenza su uno sgangherato autobus per andare a Kabul, la capitale, sotto l'occhio della nostra ronzante otto millimetri,

bear, and fox, all tanned in a way that left the smell of wilderness intact for years and years.
There were blacksmiths, carpenters, butchers, spice dealers. An authentically Islamic bazaar of the Middle Ages dominated by the magnificent Friday mosque at its heart. The mosque is a 12th century masterpiece, built during the Ghurid period. Thanks to the enlightened policies of president Daoud, the mosque – and many other monuments of Afghanistan – underwent a meticulous process of restoration during the seventies.
Inside there's a laboratory where they reconstruct majolica earthenware using an interlocking technique called kashi. A local craftsman tells us that the majolica style has its roots in Italy; Faenza to be precise.
Images and effigies of Daoud were everywhere: coins, banknotes, stamps, in public offices, banks, post offices, and hospitals. He was the brother-in-law of king Zahir Shah, and in 1973, seemingly helped by the Soviets, he seized power with a bloodless coup d'état.
The king was undergoing eye surgery in Italy at the time. He'd made a stop in Ischia, and while he was immersed in the island's miraculous volcanic mud, he received a telegram. After almost forty years of slumbering, feudal rule, the republicans had taken over.
King Zahir didn't take it too personally, and he remained in Italy until very recently.
Due to the similar distances in between their respective camps, half of the long road that runs through southern Afghanistan was built by the Americans, and the other half by the Russians. Long caravans regularly appear along the road: they belong to Kuchi nomads, a pashto word that roughly translates as 'people who go'. Very similar in terms of customs to western-Indian nomads, the Kuchi would often stop at the few oases

diventavano così eventi memorabili. Ricordo in noi un senso di grande felicità ed euforia.
La via dell'India era veramente "Il Viaggio".

Da un lato l'ingenuo entusiasmo per la nostra piccola grande avventura, dall'altro l'incapacità di capire fino in fondo un paese così complicato e variegato. Era l'incontro con un qualcosa che appariva a noi comunque ignoto, dunque misterioso, quindi avventuroso. Spesso, lungo la strada ci imbattevamo in piccoli gruppi di donne avvolte nei loro inquietanti burka colorati.

Non molti sanno che la tradizione di velare le donne è di origine cristiana ed inizia come costume nelle città dei bizantini per poi essere adottato dagli arabi conquistatori, quando questi si urbanizzarono.

Anche negli anni settanta si vedevano molte più donne coperte nei centri abitati e, nonostante il burka non fosse obbligatorio, ma addirittura in qualche modo scoraggiato, era proprio a Kabul, l'emancipata capitale, che non si riusciva più a vedere il volto di una donna se non allo sportello di una banca o di un ufficio postale. Kabul! 1800 metri. Il clima più dolce dell'Asia diceva Babur nel XV sec.

Frutta squisita e grande animazione. Il bazar Char Chatta era diviso per generi commerciali, si va dalla strada dei macellai, a quella degli ortaggi, a quella dei lapislazzuli, a quella dei pneumatici usati o delle officine per camion mentre intere strade, come la famosa "chicken street", erano allora popolate quasi esclusivamente da hippies.

Medioevo musulmano ed espansione della coscienza, Maometto e Allen Ginsberg convivevano non sempre pacificamente in una delle città più affascinanti dell'Asia. Noi siamo alloggiati al Super Payam

they found along their journey. There was ample poverty in Afghanistan at the time, but as is often the case, the people were happy. Life was a series of everyday struggles and conquests of survival in this hostile land. Setting off for the capital, Kabul, on a rickety old bus, our whirring 8mm camera recording every second: these were the simple things that became memorable events. I remember just how happy and euphoric we felt. The road to India truly was 'The Journey'.

On the one hand we had our naïve enthusiasm with our little 'big' adventure, but on the other hand I suppose we could never fully appreciate or comprehend such a complicated, multifaceted country.

We were heading for something that to us was unknown, and therefore mysterious; adventurous. Driving down the road we'd often come across groups of women in their eerie, coloured burqas. Not many people know that the tradition of veiled women actually has Christian origins. It began in the Byzantine cities, to be adopted later by Arab conquerors when the latter began urbanizing.

Back in the seventies there were a lot more covered women around in towns. It wasn't compulsory to wear a burqa, and to a certain extent it was actually discouraged. Strangely enough, however, in the emancipated capital, Kabul, you could no longer see a woman's face unless it was at a bank or the post office. Kabul! At 1800 metres above sea level. In the fifteenth century Babur claimed of the city that it had the finest climate in all of Asia. Delicious fruit and lively entertainment were bountiful. The Char Chatta bazaar was split into sections according to the products on offer: you could go down streets dedicated to the sale of meat, vegetables, lapis lazuli, used tyres, or garages for trucks; some streets, such as the infamous 'Chicken Street', were populated almost entirely by hippies at the time.

Hotel di Chiken street. Dato che io sarei, anche se non sembra, in viaggio di nozze, mi permetto la stanza più grande dell'albergo dal pretenzioso nome. La stanza è esagonale e un grande letto tipo charpoy indiano, campeggia al centro. Una vasca da bagno con zampe di leone assieme ad un monumentale scaldabagno a legna occupa un'altra stanza quasi altrettanto grande: il bagno. Nel cortile dell'hotel è tutto un andirivieni di pulmini, saccopelisti, turisti "fai da te". Molti vengono dall'India. Una coppia di Udine a bordo di un recentissimo e ai nostri occhi possente Ducato ci mette in guardia sulle difficoltà che incontreremo alla frontiera Indo-Pakistana. Sembra che il nostro Carnet de Passage, dell'Automobil Club Italiano, non sia riconosciuto più dalle autorità doganali indiane. Si profila la deprimente ipotesi di dover lasciare il nostro 238 in custodia a Lahore. Per il momento accantoniamo il problema e compriamo un bel po' di rupie indiane da un curioso personaggio che ci promette qualunque soluzione a qualunque problema. Facciamo la nostra prima conoscenza con l'istituzionale "No Prrroblem Sirrr!" E dato che vogliamo andare a Bamyan il personaggio attacca sicuro "If you vant a prrraivat carr I can provaid a prrraivat carrr. I you vant a pabblic carrierr I provaid tickets for pabblic carrierr". Ecc ecc. Fatto si è che dopo un paio di giorni siamo su un affollato autocarro di linea verso il cuore dell'Afghanistan: Bamyan e Band y Amir.

The Muslim Middle Ages and the expansion of consciousness; Mohammed and Allen Ginsberg. These movements co-existed but never really saw eye-to-eye in what was one of Asia's most enchanting cities. We's staying in Chicken Street's Super Payam Hotel. It may not look like it, but this is my honeymoon, and therefore I've allowed myself the luxury of the biggest room in this pretentiously-named hotel. The room is hexagonal in shape, and there's a large Indian charpoy bed in the centre. A claw-foot bathtub stands together with a monumental wood-fired water heater in an equally large adjacent room: the bathroom. In the hotel yard there's a flurry of minibuses, travellers with sleeping bags, and DIY tourists. A lot of them have come from India. There's a couple from Udine on what looks to us like a powerful, brand-new Fiat Ducato. They warn us about the troubles we might encounter at the India-Pakistan border. Apparently our certified Italian Carnet de Passage is no longer recognized by the Indian customs authorities. This leads to the depressing prospect of having to leave our 238 in custody at Lahore. We decide to cross that bridge when we get to it, and we buy a large quantity of Indian rupees from a peculiar little guy who promises a solution for any problem. This is where we first hear the institutional answer 'No prrroblem, Sirrr!'. When he learns that we want to go to Bamyan, he immediately affirms 'If you vant a prrrivat carr I can provaid a prrrivat carrr. If you vant a pabblic carrierr I provaid tickets for pabblic carrierr', and so on and so forth. To cut a long story short, we ended up after a couple of days on a crowded bus headed for the heart of Afghanistan: Bamyan and Band y Amir.

A BAMYAN

C'è un antico proverbio indiano che recita: "Nella vita, oh figlio mio, guardati sempre da tre cose. Dal veleno del cobra, dai denti della tigre e dalla vendetta dell'Afghano!"

Sentito così fa anche venire la pelle d'oca ma agli indiani viene spontaneo. Per secoli hanno conosciuto le orde musulmane calare oltre il passo di Khyber e fare terra bruciata di ogni cosa. Poco importa se poi, con il consolidarsi ed il fiorire della dinastia dei Moghul di origine afghana, l'India si avvierà verso un lungo periodo di stabilità e di grande civiltà artistica, architettonica e letteraria.

I Moghul sostituirono tutte le vestigia indù e buddiste rase al suolo con splendidi capolavori. Gran parte delle attrattive artistiche e turistiche dell'India di oggi, dal Taj Mahal ai giardini Shalimar di Srinagar, dal mausoleo di Humayun a Fathepur Sikri, si devono alla dinastia afghana che regnò fino all'arrivo dei britannici.

L'Afghanistan di oggi è di fatto, anch'esso, una creatura dell'Inghilterra coloniale del 1800. Ma per gli inglesi il "Crocevia dell'Asia" fu spesso fonte di brucianti sconfitte militari lungo la rovente frontiera orientale del Khyber Pass, la più munita di tutto l'impero. Agli inizi del secolo gli afghani cacciarono gli inglesi definitivamente e il trattato di Rawalpindi sancì la loro indipendenza.

E un viaggiatore italiano degli anni '20, Gastone Tanzi, da quelle parti per importare tecnologia, già allora osservava, tra gli sviluppi del "big game" di kiplinghiana memoria, che i bolscevichi, come li chiama lui (siamo nel '23!) non avrebbero mai

IN BAMYAN

There's an ancient Indian proverb that says 'Oh my son, beware of three things in life: the cobra's venom, the tiger's teeth, and the Afghan's revenge!'.

The racist sentiment this proverb suggests may make you cringe, but it's natural for an Indian. Over centuries they've witnessed the Muslim hordes cross the Khyber Pass leaving nothing but scorched earth. It matters little to them that the Mughal dynasty of Afghan origin consolidated itself and subsequently bloomed, leading to a lasting era of great artistic, architectural, and literary civilization. The Mughals replaced the Hindu and Buddhist relics that had been destroyed with splendid masterpieces. From the Taj Mahal to the Shalimar Gardens of Srinagar, and including Humayun's Tomb at Fathepur Sikri, many of modern-day India's artistic and tourist attractions were built during the Afghan dynasty that ruled until the arrival of the British.

Afghanistan, too, bears the mark of 1800s colonial England. But for the English, the 'Crossroads to Asia' was all too often a place of humiliating military defeats in the blistering heat along the western front of the Khyber Pass – the best equipped in the whole Empire. The British were ousted for good by the Afghans at the beginning of the century, and their independence was ratified with the Treaty of Rawalpindi.

During the 1920s, an Italian traveller by the name of Gastone Tanzi was working in the area, importing technology. Amidst the various developments of the 'Great Game', as often cited by Kipling, Tanzi observed that the Bolsheviks, as he referred to them (this was in '23), would have given anything to have opened up a passage across the hostile, mountainous country to the Arabian

rinunciato al tentativo di aprirsi un varco verso il Mare Arabico attraverso l'ostile e montagnoso paese. Sessant'anni dopo i sovietici ci provarono veramente e con la complicità di satrapucci locali trovarono lì, però, il loro Vietnam. Ora, come si vede, ci stanno provando gli americani: vedremo.

Chi ha visto l'Afghanistan negli anni '70 non può non aver riscontrato come il paese non dovesse essere molto diverso da quello che poteva apparire 50 o 100 anni prima. Un medioevo assoluto con qualche reminiscenza britannica nello stile di qualche edificio governativo.

Il resto del territorio era, ed è, costituito da aspre lande deserte e montagnose, luoghi da incursioni ed agguati e dove bibliche carovane di nomadi si spostano maestose nella silente e disperata vastità.

I pochi agglomerati urbani (quattro vere città: Kabul, Kandahar, Herat, Mazar i Sharif) erano quasi totalmente prive di traffico motorizzato e carretti, dromedari, cavalli costituivano un elemento caratteristico comune. Tutto sommato un colpo d'occhio straordinario per un viaggiatore curioso che arrivava dai metropolitani boulevards di Teheran. Coloratissimi e superdecorati autocarri trasportavano passeggeri e merci sfidando le sassose carraie e i continui saliscendi delle incerte carrozzabili dell'Asse Centrale Herat-Kabul in quella dimensione della vita dove, la conquista del quotidiano minimo benessere, era elemento comune a gran parte degli afghani.

Non potrei dire che gli afghani fossero propriamente dei simpatici. Ma chi sono poi gli afghani? Forse sono i Tagiki, che abitano la regione di Herat, o forse gli Uzbeki del nord o gli Hazarà di origine mongola fantastici campioni del violento "bouzkashì"? O

Sea. Sixty year later, the Soviets actually went for it. But with the complicity of a few second-rate local head honchos, they got there and found their own Vietnam. Now it looks like the Americans are trying it on: we'll see what happens.

Anyone who's seen Afghanistan in the seventies must have noticed how the country can't have been much different from how it was fifty, or even a hundred years earlier. The place was firmly stuck in the Middle Ages, with a few throwbacks to British rule in the form of government offices. To this day the rest of the territories remain forbidding, mountainous, desert lands; a place of incursions and ambushes, where nomadic caravans of biblical proportions majestically make their way through the silent, desolate vastness.

Motorized vehicles were almost completely absent in the few urban agglomerates (only Kabul, Kandahar, Herāt, and Mazari Sharif could be deemed actual cities). Carts, dromedaries, and horses were a part of everyday life. All in all it provided a dramatic culture shock for those curious travellers who'd seen Tehran's metropolitan boulevards. Highly decorated and colourful trucks carried both passengers and goods, defying the rocky tracks and the never-ending rises and depressions along the precarious carriageways of the Herāt-Kabul road. Here, the little conquests of everyday survival had to be earned; this was a simple fact of life for countless Afghans. To be honest, I can't really say the Afghans are the nicest people in the world. But then again, who are the Afghans? Perhaps they're the Tajiks, those who live in the region of Herāt; or maybe the Uzbeks in the north; or they could actually be the Hazaras, those of Mongol roots, flamboyant champions of the violent sport of buzkashi. Maybe the real Afghans are the suggestive Kuchi nomads, the

forse sono i pittoreschi nomadi Kuci veri signori del deserto? Chiunque fossero non potevo però non ammirarli per la straordinaria fierezza e dignità che emanavano. Alti, eleganti, dai lineamenti aguzzi e dai fisici di pietra. Non untuosamente servili, come a volte sono certi orientali nei confronti dei turisti, gli afghani erano soprattutto molto curiosi del nostro paese ed attirati irresistibilmente dalle nostre donne al punto che, a Bamyan, ricevemmo anche una simpatica offerta in dromedari che non fu però giudicata all'altezza.

Un amico, anni più tardi, mi raccontò di avere visto nel 1972 a Kandahar, i pezzi di due poveri freaks penzolare appesi a dei ganci da macellaio nei pressi dei cosiddetti giardini pubblici. Sembra che i due disgraziati, (probabilmente avevano fumato troppo), avessero importunato delle donne coperte dal burkha o fatto una incursione non autorizzata nel quartiere delle donne.

Già, i freaks! Quanti se ne incontravano, allora, lungo quella magica strada dall'Europa all'India.

Il cimitero cristiano di Kabul era però, pieno di lapidi che raccontavano le tragedie delle vittime della droga che in Afghanistan era abbondante e a buon mercato. Passeggiando per la famosa "chicken street" di Kabul l'odore dell'hascisch e del fumo d'oppio usciva copioso dalle finestrelle delle innumerevoli Chai Kanè (case da tè) divenute ormai solo delle vere e proprie fumerie. Ma appena fuori del quartiere hippie ecco ci si ritrovava ancora nell'Afghanistan serbatoio di mille emozioni. Tappeti turcomanni stesi sulla strada per essere compressi e compattati dai pochi veicoli circolanti. Intere vie dove il colore blu dei lapislazzuli tagliati ed esposti

true lords of the desert. Whoever they were, I couldn't help admiring the extraordinary pride and dignity they emanated. They were tall, elegant, with sharp features and not an inch of fat. They weren't unctuously servile, as certain oriental populations can be when dealing with tourists. Most of all, the Afghans were curious about our country, and they were irresistibly attracted to our women; so much so that in Bamyan we were kindly offered a number of dromedaries in exchange for our female companions, but – nice as it was of them – the offer did not quite meet our asking price.

A few years later, a friend told me about two poor hippies he'd seen in Kandahar, in 1972. They'd been hanging from a couple of butcher's meat hooks in the so-called public gardens. It seems the two unfortunate fellows – having probably smoked a bit too much – had either harassed a burqa-clad woman, or made an unauthorized incursion into the women's quarter.

Ah, yes... the freaks! Back then there were so many of them on that long, magical road that swept from Europe to India. The Christian cemetery in Kabul was full of headstones that told the tragic stories of the victims of drugs, which were so cheap and abundant in Afghanistan. The smell of hashish and opium fumes spilled thickly out of the countless Chai Kanè windows as you made your way down Kabul's infamous Chicken Street; by now many of the tea houses had become genuine smoke shops. But as soon as you got out of the hippie quarter, you once again found yourself in an Afghanistan that had a million surprises and emotions in store for you. Turkmen carpets were laid out along the street for the few vehicles in circulation to roll over, pressing them hard into the ground. Whole streets lit up by the blue of the lapis lazuli rocks cut and put on display in the little

nei piccoli negozi sembrava tingere anche la strada. Pellicce di lupo e volpe vendute a quattro lire e con l'odore selvatico di una concia poco approfondita. Vasellame di vetri senza piombo di un meraviglioso colore cobalto erano orgoglio dell'artigianato locale. E poi i paesaggi ocra, grigi, bianchi di nevi eterne che si arrestavano contro un cielo quasi nero.

Quando ci fermavamo lungo la carrozzabile di lastroni in cemento, come dal nulla spuntavano ragazzini coi loro turbanti colorati che venivano a curiosare attorno al nostro 238. Sorridevano timidi. Avevano delle belle facce. Mi riesce difficile, ricordandoli, immaginarli feroci e spietati. Forse hanno combattuto contro i russi. Forse l'odio verso un mondo che neanche conoscevano li ha cambiati. Forse sono stati vittime dello stesso folle regime che ha controllato negli ultimi anni tre quarti del paese. Forse sono morti o forse sono fuggiti con i loro figli e le loro mogli, terrorizzati ed incolonnati verso il Pakistan, il paese che gli ha regalato, assieme all'America, quegli ottusi mostri che fino a poco tempo fa sedevano al Governo di Kabul.

Mentre scrivo è di questi giorni la notizia che sei musicisti sono stati rapiti dai talebani per aver trasgredito il divieto di suonare in una provincia controllata da loro. Il cadavere di uno dei poveri disgraziati è già stato ritrovato. Afghanistan senza pace!

Nel 1560 Abu Fazil storico e principe musulmano scriveva: "Quello degli Stati Europei, che riuscirà a diventare padrone del territorio afghano, affermerà il proprio incontrastato dominio su tutta quella parte del globo che dal Caspio e dal Golfo Persico va sino all'Oceano Indiano e al Mar Giallo". E a vedere quello che sta succedendo all'inizio del terzo millennio

shops. The smell of wilderness remained in the sparingly tanned wolf and fox furs that were sold for peanuts. Lead-free glass tableware of the most wonderful cobalt colour were the pride of the local craftsmen. And then there were the many-coloured landscapes: ochre, grey, and white with the eternal snows, as they clashed with an almost pitch-black sky.

Whenever we stopped along the cement-slab carriageway, kids in coloured turbans would appear out of nowhere to check out our 238. They'd smile timidly, their features fair. Thinking back, it's difficult for me to think of them as ferocious, cold-blooded killers. Maybe something happened when they fought the Russians. Maybe their hatred of a world they didn't even know changed them somehow. Maybe they became victims of the unhinged regime that has controlled three quarters of the country in the last few years. Maybe they're dead, or maybe they've run away with their children and wives, terrified, marching in line towards Pakistan - the country that together with America gave them the thick-headed monsters that had until recently governed in Kabul. At the time of writing, there's a news story doing the rounds of six musicians who've been kidnapped by the Taliban. Apparently they'd broken the no-music rule in one of the provinces under their control. The body of one of the poor bastards has already been found.

There's no peace in Afghanistan. In 1560, a Muslim prince and scholar by the name of Abu Fazil wrote: 'Upon conquering the Afghan territory, the ruler of the European states will consolidate their unchallenged dominion over that portion of the globe that stretches from the Caspian Sea and the Persian Gulf to the Indian Ocean and the Yellow Sea'.

It seems that even now, at the beginning of the third

sembra che le cose non siano poi tanto cambiate.
Che dire dei Buddha? Quando nel '77 arrivai in quella valle a quasi tremila metri d'altezza e a bordo di uno scalcinato e coloratissimo autocarro credetti di affacciarmi su una tela irreale dipinta da un pittore visionario. Una lunghissima e verticale parete di roccia ocra piena di nicchie, anfratti, bassorilievi, si innalzava come un bastione su una fertile pianura di campi coltivati a geometrie fantasiose disegnate dalle arature e dalle coltivazioni. Lungo l'immane parete, incombenti e maestosi, i due Buddha vegliavano la vallata con i loro volti già sfigurati dai precedenti trattamenti islamici. A Bamyan alloggiavo all'hotel "Marco Polo". Il proprietario conosceva tutte le parolacce italiane imparate dai vari freaks, che in quegli anni bighellonavano per il paese. Il regime di allora si occupava molto, anche tramite cooperazioni internazionali, del mantenimento e del restauro dello straordinario patrimonio archeologico del paese. Dalla finestra del piccolo albergo guardavo, ammaliato, la grande parete dei Buddha. Fu triste e allo stesso tempo dolcissimo immaginare quella valle nel suo apogeo. Nel II sec. all'epoca dell'imperatore Kushana Kanishka, la valle era già un importante centro buddhista e transito della via della seta. Nel IV e V secolo la valle era un pullulare di migliaia di monaci che qui venivano dall'India e da tutta l'Asia centrale. Le due statue, erette in questo periodo, erano colorate vivacemente: blu cobalto la piccola, 35 metri, rossa la grande, 56 metri, mentre le gigantesche nicchie dove i due colossi erano stati scavati erano piene di affreschi policromi. Tutt'intorno nella parete si trovavano cunicoli, santuari, monasteri, templi. L'invasione islamica di

millennium, things haven't changed much.
And what of the Bamyan Buddhas? In 1977, when I arrived in that valley at a height of almost 3,000 metres on board a rickety, brightly-coloured truck, it felt as if I was admiring the surreal work of a visionary painter. A soaring, vertical, ochre-coloured rock wall peppered with niches, ravines, and bas-reliefs rose like a bastion over fertile, cultivated fields, and the wonderful geometrical designs ploughed into the ground. The two Buddhas loomed majestically along the enormous wall, watching over the valley, their faces already once disfigured by previous Islamic touch-ups. In Bamyan I stayed at the 'Marco Polo' hotel. The owner had already learned all the fundamental Italian swear-words from the various freaks that traipsed around the country at the time. Back then, with cooperation from abroad, the regime took great care of the maintenance and restoration of the country's extraordinary archaeological heritage. I would stand, bewitched, at the window of my little hotel, watching the Buddhas' great wall. I remember feeling the most bitter-sweet sensation as I imagined that valley during its apogee. Back in the second century, during the times of the emperor Kushana Kanishka, the valley was already an important Buddhist centre and waypoint along the Silk Road. In the fourth and fifth centuries the place was packed with the thousands of monks who came in from India and the entire central Asian region. The statues were erected during this period; they were vividly coloured: the smaller one, at 35 metres, was cobalt blue, and the larger statue, 56 metres tall, was coloured red. The gigantic niches in which the titans rested were decorated with multicoloured fresco paintings. There were numerous tunnels, sanctuaries, monasteries, and temples dotted around

questa parte del mondo cancellò tutta questa civiltà e iniziò l'oltraggio iconoclasta alle statue e ai templi circostanti. Fu Gengis Khan a radere definitivamente al suolo Bamyan per vendicare l'uccisione di due suoi ambasciatori da parte del sovrano Muhammad di Kharesm. I discendenti mongoli dell'esercito del Khan, gli Hazarà, abitano la valle, ma essendo sunniti, a differenza dei Tagicki, dei Kuci e di tutti gli altri gruppi afghani di fede sciita e razza Pashtun, vengono considerati da questi meno che subumani.
Gli Hazarà conoscevano in Afghanistan il loro riscatto solo durante il travolgente gioco equestre del Bouzkashì. Lì non avevano rivali e per le loro ascendenze mongole facevano terra bruciata degli avversari. Un mondo sparito! Prima l'invasione sovietica. Poi i Talebani. E adesso? McDonalds e telenovelas? Povero Afghanistan! Quasi un "Tibet islamico", vittima prima dell'imperialismo marxista poi del fanatismo religioso e ora non sappiamo ancora bene di che cosa. Ma certo è che negli anni in cui lo visitammo il povero paese si stava avviando lentamente ma dignitosamente, verso un autonomo periodo di caute riforme. Il presidente Daud, che aveva spodestato il re Zair e tolto l'Afghanistan da un lungo e sonnolento feudalesimo, se la stava cavando bene. Ma poi i sovietici ci misero le mani, e non solo quelle, e il paese precipitò nel caos. Una gelida mattinata di ottobre ripartiamo infine verso il vero cuore del paese: i laghi di Band y Amir. Costellata di piccoli villaggi dove le Chai Kanè offrivano modesti ristori, la pista saliva in mezzo alle montagne del Koh I' Baba fino ad arrivare all'onirica visone del laghi di Band I Amir, credo uno dei luoghi più belli del mondo.
A Cesare Girolimetto, autore del best seller "Un

the walls. In this part of the world, the Islamic invasion simply erased all traces of the former civilization, and began the iconoclastic attacks on the surrounding statues and temples. Genghis Khan destroyed Bamyan to avenge the killing of a couple of his ambassadors by the sovereign Muhammad, of Khwarezm. The Hazaras - the Mongol descendants of Khan's army - populate the valley, and unlike the Tajiks, the Kuchi, and the remaining Afghan groups of Shi'ite or Pashtun faith, they're Sunnis. For this reason they tend to be treated by the latter groups as less than human.
Only in the fearsome equestrian sport of Buzkashi did the Hazaras stand head and shoulders with – and surpass – their fellow countrymen. They were simply in a league of their own, laying waste to all-comers, possibly inspired by the idea of avenging the injustices committed against their forefathers.
An entire world managed to disappear. First came the Soviet invasion. Then the Taliban. And now? McDonald's and soap operas? Poor Afghanistan! It's almost an Islamic version of Tibet: at first victims of Marxist imperialism; then religious fundamentalism; and who knows what else is to come. One thing for certain is that at the time we went there, the impoverished country was slowly, but dignifiedly, headed for a cautious period of autonomous reforms. Having deposed king Zahir and woken Afghanistan from its long, feudalist slumber, president Daoud seemed to be making a go of things. But then the Soviets stuck their noses in, plunging the country into chaos.
On a freezing cold October morning we finally set off for the true heart of the country: the Band-e Amir lakes.
The trail was dotted with little villages and Chai Kanè that offered their humble dishes, as it wound its way

camion intorno al mondo" fu chiesto quale fosse il luogo che lo avesse impressionato di più. "Band y Amir" rispose. Fui ancora più felice di esserci stato.

Erano cinque profondissimi laghi turchesi vicini e a diversi livelli. Ognuno di essi era delimitato da una diga naturale calcarea da cui l'acqua, debordando, usciva per alimentare il lago successivo. Tutto intorno, alte montagne ocra e innevate, dove la pista si perdeva lungo il famigerato "asse-centrale" afghano, cimitero di Land Rover e autocarri, fino ad Herat. Secondo il mito fu il profeta Alì, con la sua spada Zulfikar, a tagliare le montagne ed originare gli splendidi laghi, ma anche senza essere fedeli musulmani la bellezza di Band y Amir rimarrà per sempre un mito della nostra memoria.

Ma anche le dighe dei laghi furono fatte saltare durante la guerra contro i sovietici. Allora, un mio caro amico di incrollabile fede sentenziò che se i russi avevano invaso l'Afghanistan dovevano avere le loro buone ragioni. Qualcun altro appellandosi al Corano dirà che i Talebani non hanno fatto altro che applicare la legge di Allah. Ancora l'unione contro il terrorismo internazionale spiega oggi, dolorosamente per carità, la necessità di estirpare alla radice Al Qaida. Tutto questo bisognerà però spiegarlo anche ai milioni di profughi, ai bambini mutilati dalle mine, agli uomini e alle donne umiliate e uccise senza pietà, vittime inconsapevoli ed innocenti di tante "buone ragioni".

through the Koh-i-Baba mountains, until reaching the dreamlike vision of the Band-e Amir lakes – in my opinion one of the most beautiful places in the world.

Cesare Girolimetto, author of the best-seller 'Un camion intorno al mondo' was once asked which place in his travels around the world had made the biggest impression on him. 'Band-e Amir" he'd replied, making me even more thrilled to have been there.

They were five deep, turquoise lakes, all near each other and set at different levels. Each one lay within a natural, chalky basin, and when the basin was full, water would spill over into the next lake. All around us tall, ochre-coloured, snow-capped mountains loomed over the trail that lead to Herāt: the infamous Afghan main road, a graveyard for Land Rovers and trucks. According to legend, the prophet Ali used his sword, Zulfiqar, to cleave the mountains, thus creating these splendid lakes. But despite our differences in faith, Band-e Amir's legendary beauty will forever remain one of our fondest memories.

Unfortunately, even the lakes' natural dams were blown up during the war with the Soviets.

Back then, a friend of mine – an eternal optimist – declared that if the Russians had invaded Afghanistan, they must have had a good reason for it.

Others may look to the Qur'an, and claim that the Taliban are only guilty of applying the laws of Allah. Global forces united against international terrorism today speak of the necessity of eradicating Al-Qaeda at the roots, however painful the process may be. That's all very well, but they should speak directly to the millions of refugees, children mutilated by landmines, the men and women mercilessly humiliated and killed; all unwitting, innocent victims of those who had 'a good reason' for their actions.

Inizio capitolo:
Chai Khanè - (Casa da tè) a Bamyan.
La fortezza di Herat.
I laghi di Band y Amir.
Il nostro minibus.
In giro per il bazaar e dentro la moschea del venerdì a Herat.
Sopra:
Laboratorio di restauro maioliche dentro la moschea a Herat.
Nelle pagine successive:
La Moschea Del Venerdì a Herat.
Dentro una Chai Kanè a Herat
Ragazzine ad un pozzo a Ghazni

Chapter headline
Chai Khanè - (Tea house) in Bamyan.
Herat fort.
Band y Amir lakes.
Our minibus.
Wolkin' around the bazaar and in the Friday Mosque in Herat.
Above:
Laboratorio di restauro maioliche dentro la moschea a Herat.
On following pages:
The Friday Mosque in Herat.
In a Chai Kanè in Herat
Two girls nearby a pit Ghazni

Nelle pagine precedenti:
Scene di strada a Kabul
(per gentile concessione e in memoria dell'amico Sergio Stocchi).
Famiglia in calesse a Ghazni.
Scene nel bazaar di Herat.
In queste pagine:
Pozzo a Ghazni.
I grandi Budda di Bamyan.

On previous pages:
Street scenes in Kabul.
(by courtesy and in memory of my friend Sergio Stocchi).
Family in a cabriet in Ghazni.
Bazaar scenes in Herat.
In these pages:
A well in Ghazni.
The giants Budda of Bamyan.

Sopra:
La grande parete di roccia piena di romitaggi, celle, cunicoli a Bamyan.
Nelle pagine succesive:
Il primo lago di Band y Amir.
Veduta dalla testa del grande Budda.
I grandi Budda di Bamyan.

Above:
The great rocky wall with cellars for hermits in Bamyan.
Following pages:
The first of the Band y Amir lakes.
View from the head of the great Budda.
Great Buddas in Bamyan.

مرمت

ARMI, DROGA E SCARAFAGGI.

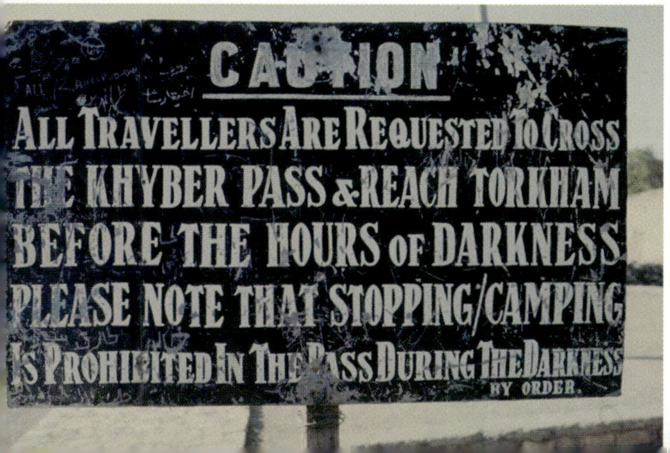
CAUTION
ALL TRAVELLERS ARE REQUESTED TO CROSS
THE KHYBER PASS & REACH TORKHAM
BEFORE THE HOURS OF DARKNESS
PLEASE NOTE THAT STOPPING/CAMPING
IS PROHIBITED IN THE PASS DURING THE DARKNESS
BY ORDER.

KIWI

GENERAL
DRY FRUIT
پروپرائٹر
خادم اینڈ سن
ڈرائی فروٹ

Mentre scendiamo i ripidi tornanti del Tang y Garoo sentiamo in pochi chilometri l'antipatico effetto delle orecchie bisognose di stapparsi. L'aria non è più frizzante e cristallina come a Kabul e si avverte un forte senso di cambiamento, di allontanamento definitivo da quel mondo centrasiatico che avevamo in qualche modo iniziato a percorrere più o meno dopo Erzurum, in Turchia. C'è la voglia di togliersi i giacchetti, di aprire inutilmente i finestrini… fa caldo. Un caldo diverso. È ottobre.

Attraversiamo la cittadina di Jalalabad; sulla strada principale i primi rallentatori di traffico mai incontrati prima d'ora fanno sobbalzare tutto quello che c'è dentro il pullmino. "Che diavolo è 'sta gobba di cemento sulla strada?? Sono matti?".

Scendiamo a dare una occhiata alle taniche sul tetto, all'air-camping… È tutto a posto. Arriviamo alla frontiera di Torkham nel tardo pomeriggio. È in una gola cupa ed angusta. Ci sono dei lunghi Tir parcheggiati e uno di questi è targato svizzero. Una bionda completamente fuori habitat sta facendo manovra col bestione. È la moglie del camionista. Attacco subito discorso. Vengono da Karachi e non mi dicono cosa caricano. Cerchiamo intanto di capire come funzionano le cose in questa dogana ancora più surreale di quella di Islam Qalà, ai confini con l'Iran.

Stiamo un po' viaggiando alla cieca e non abbiamo la minima idea di dove e quando ci fermeremo per la notte. L'unica cosa certa che sappiamo è che da qui a Peshawar non ci si può fermare e tanto meno campeggiare. Siamo dunque preoccupati del buio che non tarderà e mentre attendiamo il funzionario che ci deve comunicare se possiamo

GUNS, DRUGS, AND COCKROACHES

As we descend the steep curves of Tang y Garoo we soon get that horrible little ear-popping sensation. Here, the air isn't crisp and bracing as it was in Kabul, and the strong feeling we perceive is one of change; a definitive break from the central Asian world we'd begun exploring more or less after Erzurum, in Turkey. We feel like taking off our jackets and opening the windows, almost certainly in vain: it's hot here, but it's a different kind of heat. This is October.

As we cross the town of Jalalabad on the main road, we encounter the first speed bumps so far seen on our travels, and anything not strapped down in the minivan jolts and bounces around violently. 'What on Earth were they thinking of with these concrete humps? Are they completely insane?'

We stop and get out, checking the spare fuel cans and the tent. Everything seems to be in its place. We reach the Torkham frontier in the late afternoon. It's located in a dark, narrow gorge. There are quite a few truck rigs parked here, and we notice one of them has Swiss licence plates. Looking perfectly removed from her natural habitat, a blonde woman is struggling to turn the hulking behemoth around. It's the driver's wife; straight away we strike up a conversation. They've come from Karachi, but they won't tell me what they've got loaded on the truck. We try to get the lay of the land in this customs office – a place probably even more surreal than the one at Islam Qala, on the border with Iran.

We seem to be wandering without a plan or schedule; we have no idea where or when we's going to stop for the night. The only thing we know for certain is that there'll be no stopping – let alone camping – from here

passare o aspettare domattina, ecco apparire, come dalla lampada magica di Aladino un personaggio mancante solo di tappeto volante. Ha le babbucce con la punta riversa e tutte ricamate, un vistoso turbante bianco e una barba fluente ed austera che si confonde con l'abito. Capiamo subito che non è una cosa folk o una mezza mascherata. Questo si veste così tutti i giorni. Ne abbiamo visti davvero tanti in Afghanistan di personaggi da miniatura di Herat, ma questo tizio sembra davvero sul set di un film degli anni '50 sulle "Mille e una Notte". Intanto ci hanno dato accesso all'ufficio passaporti e ci stampano i nostri quattro timbri di uscita con la violenza e la fretta di chi vuole chiudere l'ufficio il prima possibile. Le facce dei doganieri sono a dir poco inquietanti. Non vediamo l'ora di filarcela via, ma mentre torniamo al nostro Fiat 238 vediamo il tizio con turbante e barba che improvvisamente si avvicina al nostro impolverato mezzo e appoggia un gomito al finestrino con aria di grande confidenza. Poi tira fuori una specie di penna stilografica. Me la mette in mano e mi dice "five dollars".

Guardo l'oggetto che non decifro. Ma che è… ? Me lo riprende di scatto e mi mostra compiaciuto il segreto… È una pistola. Carica!! Ha un solo colpo… Oggetto tipo 007 "Very dangerous!" sottolinea. "Made in Darra!" Aggiunge. Darra, un piccolo borgo di montagna a qualche chilometro da qui e di fatto non soggetto ad alcuna legislazione. Appartiene formalmente al Pakistan ma si tova in questo lembo di terra franca occupata da contrabbandieri e trafficanti di armi. Darra è un paese di armaioli dove si costruiscono in modo artigianale, ma con meticolosità svizzera, le repliche di

until Peshawar. The main thing we's worried about is that it'll be dark very soon, and we's still waiting for the border officer to tell us whether we can pass or have to wait until tomorrow morning. Suddenly, like the genie from Aladdin's magic lamp, a funny little guy appears from out of nowhere. He's wearing embroidered slippers curled up at the ends, a flashy white turban, and a stark, flowing beard that mixes in with the colour of his clothes. The only thing missing is a flying carpet. It dawns on us that this isn't a 'folksy' thing or fancy dress for the benefit of tourists; this is how he always dresses.

We'd seen scores of miniature Herāt figures in Afghanistan, but this guy really does look like he's just stepped off the set of a 1950's 'Thousand and One Nights' production. In the meantime we've been given access to the passport office, and the staff stamp our passports with the violence and haste associated with those who want nothing more than to shut up shop as soon as possible. The customs officers' countenances are unsettling to say the least. We can't wait to get the hell out of here, and as we turn back to our Fiat 238, we see the guy with the beard and turban suddenly approach our dusty vehicle and jauntily prop an elbow on the window with the familiar air of someone who's known us all our lives.

With a flourish he pulls out what looks like a fountain pen. He slaps it into my hand and says 'Five dollars'. I stare at the item, unsuccessfully trying to work out what it is. He snatches it back off me and, with a smug grin, he reveals its secret: it's a gun, and it's loaded! Just one bullet. It's like something from a James Bond film. 'Very dangerous!' he points out.

'Made in Darra!' he adds. Darra is a little mountain town just a few miles from here, which, funnily enough, isn't subject to any kind of legislation.

tutte le celebrità della guerra: P38, Walther PPK, Kalashnikov, bazooka, mortai.
Tutto ben in mostra lungo le strade del bazaar centrale, assieme a chili di oppio, ceste di marijuana, pani di haschisc. Posto decisamente simpatico…
"No… no… thank you… no interest… thank you… ". Figuriamoci… Il nostro Ali Baba apre il suo pastrano e come un prestigiatore inizia a levare dalle varie tasche un vero arsenale. Siamo molto tesi perchè l'uomo sembra non voler affatto demordere mentre ci apre e chiude caricatori sotto il naso, mette e toglie sicure, simula il mirare a qualche bersaglio mobile. Non so come levarmelo di mezzo. Se tratto sul prezzo so come va a finire. Se sono troppo drastico temo reazioni strane. Mentre mi arrovello il cervello, continuo a guardare le sue mercanzie con un sorriso idiota e gli altri mi incalzano a partire, gli faccio sapere che non mi interessa l'automatica che mi sta smenando sotto il naso da dieci minuti ma eventualmente mi piacerebbe una cosa tipo una Colt a tamburo… confidando molto sul fatto che ne sia sprovvisto. L'uomo si ferma e mi guarda con faccia ironica, beffarda… Oddio… che ho detto?
"Ok sir… ok… you verry cleverr man ok… go… go… " "Sorry sorry… " sorriso ancora più idiota. Muovo il pullmino… lento… guardo lo specchietto. Ora la frontiera è lontana ma la silhouette dell'ambulante d'armi si intravede ancora. È fermo e sembra guardare ancora verso di noi che intanto iniziamo ad affrontare le curve del mitico passo di Khyber. Si, lo so: dovremmo pensare ad Alessandro il macedone o a Babur l'afghano detto "il Leone" ma in realtà non riusciamo a staccare il pensiero dalla surreale situazione di qualche minuto fa che però

Formally speaking, Darra lies within Pakistan, but in reality the location is a strip of no man's land, populated by arms dealers and smugglers. Darra is a town of gunsmiths, where replicas of all the most famous (or infamous) weapons are hand-made with Swiss-style precision: P38s, Walther PPKs, Kalashnikovs, bazookas, mortars, anything you like.
Everything is on display along the central bazaar's streets, together with the huge piles of opium, baskets of marijuana, and hashish bread rolls. A decidedly lovely place…'No… no… thank you… not interested… thank you…' I mean, come on, seriously.
Our friend Ali Baba opens up his coat, and, like a magician, he conjures up a veritable arsenal from the various pockets. We's feeling quite tense; the guy just will not admit defeat as he continues to eject magazines from the guns, slap them back in under our noses, fiddle about with the safety catches, and pantomime levelling the weapon at imaginary targets.
I have no idea how to shake him off. If I start haggling I know I'm going to end up buying the thing. And I'm afraid that if I'm too drastic, he might react badly, and seeing as how he's armed to the teeth… I keep staring at his wares with an idiotic grin plastered on my face as I rack my brains for a solution. When my companions press me to just drive off, I tell him I'm not interested in the automatic weapon he's been waving under my nose for the last ten minutes; I'd be more inclined to buy something like a revolver… a Colt perhaps. I was so sure he wouldn't have one. The guy stops his spiel, and gives me a wry, ironic look. Oh God, was it something I said? 'Ok sir… ok… you verry cleverr man ok… go… go…' 'Sorry, sorry', my grin has become goofier than ever. I pull out with the minivan, and slowly, I chance

per queste parti sembrerebbe alquanto normale. Abbiamo già acceso i fari e il sole non c'è più da una buona mezz'ora. Ci hanno detto "hurry up... hurry up" ma la stradaccia a senso unico non permette andature sopra i trenta orari. "Stopping, Camping is strictly proibithed in the pass during the night..." Recita l'eloquente cartello.
Tiriamo comunque un fiato... Sigaretta. Mentre siamo proprio in prossimità del valico, un uomo in mezzo alla strada. Agita le braccia. Porca puttana! È lui! Ma dove diavolo è passato? È volato? Che cazzo vuole adesso? Ho una passata violenta di pelle d'oca. La vediamo bruttissima. Devo fermarmi per non investirlo "... Hello, serrr... hav arr you... ??" Tengo il motore acceso. Tiro giù mezzo finestrino... "Look look..." Un gigantesco revolver carico. Inizia a far girare il tamburo... Vrrrr vrrr... "Pipty dollars... only". Ohssignore... "Oh... is really too much..." abbozzo... "Not tu much sirrr, not tu much... Original! Original... look look..." vrr vrrr... "Ragazzi compriamolo e poi lo gettiamo via!" "Sei scemo? 50 dollari??" Vrr... vrr. "Look, look!" L'uomo prende la mira verso un bidone lungo la strada. Chiude un occhio e... cik... cik... Cilecca. Visibilmente contrariato fa girare il tamburo... vrr vrr... Riprende la mira: cik cik... Ho la fronte imperlata di sudore. "You want cheat me... you want cheat me..." "No...no, no sir... wait wait... !!" vrr vrr... Metto la marcia e parto. Stringo le mani sul volante. Guardo lo specchietto... È ancora lì che gira il tamburo... Sento urlare... "Sir! Sir!... Ok sir... !" Pum! Pum! Due colpi squarciano la valle "Siiiir!!" Scappo via. Siamo paralizzati. Giù di corsa verso Thaibad, la frontiera. È aperta. Piena di lucine.

a look in the rear-view mirror. We've pulled away from the frontier, but the wandering gun salesman is still silhouetted against the background.
He's standing stock-still, seeming to watch us as we begin to negotiate the legendary Khyber Pass.
Yes, I know: we should be thinking about Alexander the Great or Babur, the conqueror also referred to as 'the Lion', but to be honest we can't take our minds off the bizarre scene we'd encountered just a few minutes ago; even though it's apparently the norm around here.
The sun had gone down a good half hour ago, and we've switched on our headlights. At the frontier they'd pressed us to 'hurry up, hurry up!', but this cruddy little one-way road doesn't allow for anything over twenty miles per hour. An eloquent road-sign points out that 'Stopping, camping is strictly prohibited in the pass during the night. 'Nonetheless we's itching for a break and a cigarette. Just as we's nearing the pass, a man runs out into the middle of the road, violently waving his arms about. Jesus Christ! It's him! How the hell did he get here ahead of us? Did he fly or something? What the fuck does he want now? My skin breaks out in goose pimples as I'm immediately filled with a sense of impending doom. I have to stop to avoid running him over.'... Hello, sirrr.... Hav arrr you...?'
Taking care to leave the engine running, I wind the window down halfway. 'Look, look'. He's got an enormous, loaded revolver. He spins the cylinder... vrrrrr... vrrrrr... 'Pipty dollars, only'.
Oh my God...'Oh... it's far too much...' I quickly improvise. 'Not too much sirrr, not too much... Original! Original... look, look... vrrr, vrrrr...'
'Guys, let's just buy it and just throw it away!'
'Are you mental? Fifty dollars??' 'Vrrr... vrrr. Look,

È notte. Camion multi decorati e pieni di lampadine che sembrano alberi di natale sono ai lati della strada col motore acceso. Caricano roba. Entriamo di corsa nell'ufficio immigrazione. Le guardie sono vestite di verde bosco. Occhi profondi. Pelle scura. Il ritratto di Ali Jinna sul tavolo del funzionario. Un cartello gigantesco all'imbocco della strada- "Keep the Left!!" Tieni la sinistra. Siamo in Pakistan. Flavio è alla guida mentre io mi stravacco assonnato nel sedile posteriore. È quello di un vecchio Mercedes 300 e lo abbiamo adattato al posto dei durissimi sedili in dotazione al pullmino. È buio pesto e ogni 100 metri, poi 200, poi 500, "Keep the left" ci ricorda di invertire gli emisferi cerebrali. Sentiamo odore di India. Attraversiamo l'Indo. I cartelli sono ormai finiti da tempo e una inchiodata di Flavio mi scaraventa, sveglio di colpo, sul pavimento del pullmino. "Che cavolo succede?" "niente niente... stavo per fare un frontale con un albero di natale... stai certo che da ora tengo la sinistra... " "Oh signore...! "Mi riaddormento a metà. Abbiamo rischiato di spiettellarci contro uno di quei camion tutti variopinti e pieni di lamapadine. Il poveretto è sbucato da una curva tenendo la sua mano. Flavio mezzo addormentato si è buttato sulla destra spiazzando il camionista che per miracolo ha trovato uno spazio dove buttarsi. Muti e sfiniti arriviamo a Peshawar verso la mezzanotte alla ricerca della celebratissima "Rainbow Guest House". Economica e centrale. Almeno così la definisce la "bibbia" Hachette.*

Immaginate cosa vuol dire chiedere informazioni

* Famosa guida dei "budget travellers" degli anni sessanta-settanta

look!' The guy takes aim at a trash can just down the road. He shuts one eye and... click... click... it doesn't fire. Visibly riled by this turn of events, he spins the cylinder again... vrrr, vrrr... Once again he takes aim: click, click. Sweat trickles down my forehead.

'You want to cheat me? You want to cheat me?' I ask.

'No... no... no sir... wait, wait...!' vrrrr, vrrrr.

I crank the van into gear and we burn off, my hands tightly gripping the wheel. I look in the rear-view mirror, and I see him still there spinning the cylinder. A bellow rings out: 'Sir! Sir! Ok, sir...!' Boom! Boom! Two thunderous shots rip through the valley, 'Siiiiir!!'

Nearly paralyzed with fear, we make a speedy getaway towards Thaibad, on the frontier, which we find open and full of the lights of traffic. It's night-time, and several trucks have stopped at the roadside, their engines running idly. They're lavishly decorated, and resemble Christmas trees with their endless rows of coloured lights. Their drivers are loading stuff. We quickly enter the immigration office. The dark green-clad guards have deep-set eyes and dusky skin. On the immigration officer's desk sits a portrait of Ali Jinna.

A huge sign at the entrance to the road warns us to 'Keep left!!'. We's in Pakistan, now.

Flavio drives as I'm dozily sprawled out on the old Mercedes 300 back seat we installed to replace the minivan's original backbreaking seat.

It's pitch black outside, and it seems that at every 100 meters or so, 'Keep left' signs remind us to invert our cerebral hemispheres. We can smell India. We cross the Indus. We haven't seen any road signs for quite a while, and all of a sudden Flavio slams on the brakes, sending me flying onto the van floor. 'What the hell's going on?' 'Oh, nothing, don't worry... I was about to crash head

nel 1977 a Peshawar nel pieno della notte.
"La Rainbow Guest House" ci dice un passante notturno con occhiali e intabarrato con una coperta sulla testa "è dentro un deposito di camion laggiù dopo quell'isolato. Trovate un cancello. Entrate lì e percorrete tutta l'area delle officine e ci arrivate..."
Molto, molto perplessi seguiamo le faticose e contorte istruzioni e ci troviamo in questa specie di spettrale sfascia carrozze tra pozze di olio, bidoni di nafta, gomme, radiatori, pezzi di motore. Ma come è possibile che qui dentro ci sia un albergo?
Al limite dell'esasperazione i nostri fari puntano infine una saracinesca verde; chiusa. Sopra una rudimentale scritta "Rainbow Guest House".
La cosa sta prendendo una piega quasi comica. Non ci rimane che scendere e cercare l'eventuale campanello, che naturalemento non esiste. In compenso un'incoraggiante scritta "Knock" illumina i nostri occhi. Rapida successione di colpi. La saracinesca si alza veloce e un ragazzino in coma avvolto da una coperta ci dà una chiave con un numero 6 pitturato su un pezzo di legno legato. "Second floor" "Passport?" "No passport... tomorrow"
Dire che l'ambiente è squallido è molto, molto riduttivo. Devo dire proprio che è il posto più squallido mai visto fin'ora ma, incredibilmente, una risarella irrefrenabile ci prende tutti. Io attacco il registratore, nostro "blocco per appunti", e iniziamo a commentare i fatti del giorno infilando una serie di stupidaggini senza senso. "Qui il letto si muove da solo!" attacca Flavio... Per terra filano via tre o quattro scarafaggi taglia XXL... " Paola se vuoi una doccia calda devi accendere lo scaldabagno a legna" "Certo... come no... " "Hai

on into a Christmas tree... I'll most definitely be keeping left from now on'. 'Oh, Christ...!' I fall half-asleep again. We'd come this close to splattering ourselves against one of those colourful, brightly-lit trucks. The poor bastard had come round a corner in the correct lane, and Flavio – himself half-dozing – had veered onto the right side of the road, into the path of the truck. By some miracle the truck driver had managed to find a space to squeeze into. Without another word we reach Peshawar at around midnight, and in a state of exhaustion, we begin our search for the famed 'Rainbow Guest House'. Cheap, and centrally located; at least that's how our Hachette 'bible' has it. Now, try to imagine what it's like asking for directions in the middle of the night in Peshawar, in 1977. A nocturnal wanderer wearing glasses, a cloak, and head-coverings tells us how to get to the Rainbow Guest House: 'It's in a truck depot, down there just after that block. You'll find a gate. Go in, past all the garages, and you'll find it there' .We's perplexed to say the least, but we follow his laboured, convoluted directions, ending up in a sort of ghostly junkyard, amidst puddles of oil, fuel containers, tyres, radiators, and engine parts. How on Earth could there be a hotel in the middle of all this?*
Just as we's at our wits' end, our headlamps light up a closed, green shutter. The words 'Rainbow Guest House' have been crudely etched above it.
This is quickly becoming a farce. We have no choice but to get out and ring the bell; but of course, there is no bell. However, our eyes light up at the sight of another sign bearing the promising legend 'Knock', which we do, vigorously and repeatedly. The shutter rolls up quickly

* *'Budget travellers's' sixty-seventy's famous guide.*

visto le lenzuola?" "Lenzuola? Ma a me dal colore sembravano coperte militari... " "Vai a prendere i sacchi a pelo nel pullmino... " "No... basta non ne ho nessuna voglia... " "Certo che a tuo marito per il viaggio di nozze potevi chiedere un albergo un po' meglio... "
In questo assurdo luogo del Pakistan del nord il più trucido e lercio "hotel" del mondo ci fa venire quella "illogica allegria" che sgorga inaspettata e misteriosa quando meno te l'aspetti. Fatichiamo a prender sonno.

La mattina una musica indiana bellissima ci sveglia da un coma profondo. Scendiamo nella "reception" e sui tavolini di ferro tutti scorticati un popolo di freaks e hippies sta tentando di fare colazione. Hanno tutti i capelli lunghi. Le facce sono smunte e la pelle è grigiastra. Mettono un biscotto in bocca e se lo palleggiano da una guancia all'altra per mezzora fino ad ingollarlo con un sorso di tè. Si sente pungente l'odore dell'hascish venire dalle stanze... Siamo dei pesci fuor d'acqua.
Abbiamo una fame bestia e quando, dopo aver chiesto delle uova fritte e patatine, tiriamo fuori tutte le nostre derrate alimentari tra cui scatolette di carne e tonno, la immancabile maionese, frutta secca comprata in abbondanza in Iran, sentiamo tutti gli occhi addosso e ci rendiamo conto che noi, qui, c'entriamo davvero poco. Siamo sulla stessa strada. Abbiamo le stesse mete, ma con questi ragazzi disastrati abbiamo davvero poco da condividere. Sono gli stessi di Kabul a Chicken Street, gli stessi che troveremo a Benares o a Kathmandu o a Manali. Sono i pacifici invasori del subcontinente indiano

and a comatose-looking kid wrapped in a blanket hands us a key attached to a block of wood with a big number 6 on it. 'Second floor' he says.
'Passport?' we enquire. 'No passport... tomorrow' comes the reply. It'd be the understatement of the year to say the place is dirty. It's actually the most squalid place we've been in so far, but, incredibly, we's overwhelmed by an uncontrollable fit of laughter. I switch on the tape recorder – our 'notepad' – and we start relating the days events, slipping in every single nonsensical detail. 'The bed's moving by itself, here!' says Flavio, as three or four king-size cockroaches scurry across the floor.
'Paola, if you want a hot shower, you'll have to fire up the water-heater'. 'Sure, 'course I will...'
'Have you seen the bed-sheets?' 'Sheets? By the colour I'd guessed they were military surplus blankets...''Go and get the sleeping bags from the van...' 'No way... I've had enough for tonight...' 'So this is your husband's idea of a treat on your honeymoon?'
In this absurd little place in northern Pakistan, in the world's filthiest, most disgusting hotel, we's filled with that illogical sort of cheer that mysteriously and unexpectedly bursts out when you least expect it. We find it very hard to get to sleep.
In the morning we are roused from our deep slumber by the beautiful strains of Indian music. We go down to 'reception' to find assorted groups of freaks and hippies occupying the wrought iron tables apparently trying to have breakfast. They all have long hair and gaunt faces, and their skin is an unhealthy shade of grey. They pop biscuits in their maws, and juggle them from one cheek to another for about half an hour before gulping them down with a shot of tea. Drifting from their rooms comes the pungent odour of hashish... We feel

alla ricerca di paradisi artificiali a buon mercato, coscienza espansa fino all'esplosione, del vivacchiare contemplativo con un dollaro al giorno. Non appartengo al loro mondo ma li ho sempre guardati con simpatia e un po' di velata ammirazione almeno per il coraggio di fare scelte totali. Qualcosa però non ha funzionato nel loro progetto planetario di pace e amore. Dico purtroppo ma dico anche prevedibilmente perché sembra proprio che la condanna dell'uomo sia quella di vivere sempre e solo tra violenza, lotte di potere, egoismo e sopraffazione. Bisogna almeno dare atto a quella generazione del tentativo di cambiare questo tragico ordine di valori. Molti non si sono arresi e sono rimasti laggiù, invecchiando, raggrinzendo, ma tenendo sempre ben orgogliosamente esibiti i lunghi capelli ingrigiti e gli emblemi del loro mondo fatto di "peace and love". Disprezzati dagli indiani imborghesiti e ubriachi delle nuove ricchezze e dai poveracci delle sotto caste che faticano a far sera, questi superstiti della "Beat Generation" guardano con supponenza e scherno il mondo globalizzato solo negli obiettivi di stupido consumo che gli scorre davanti. Vedono scendere gruppi ciarlieri dai Deluxe Bus ad aria condizionata e si fanno a volte fotografare, silenziosi, emblemi anche essi di un'India che se ne sta andando portandosi via anche gli ultimi "figli dei fiori".

La strada corre veloce. I finestrini sono aperti ma l'aria calda ci si appiccica addosso. Bufali ovunque a mollo nei fiumi limacciosi. Verde. Traffico. Carretti. Animali. Caos. Lahore è vicina.

Ci hanno suggerito di alloggiare da un certo Father Joseph Nizari. Un prete cattolico che presiede la "St Anthony Catholic Church" La ragione, ci hanno

like fish out of water, here. We's ravenous, and after having requested fried eggs and chips, we start pulling out our own foodstuffs: canned meat and tuna, the all-important mayonnaise, and the vast quantities of dried fruit we'd bought in Iran. As we do this, we feel everyone's gaze on us, and we become aware of the gulf between us and these people. We's on the same road, and we's headed for the same places, but we have little else in common with these poor guys. They're the same folks we found down Chicken Street, in Kabul, and the same folks we'd later find in Varanasi, or Kathmandu, or Manali. These are the pacific invaders of the Indian subcontinent, on a quest for a cheaply acquired artificial paradise, a consciousness expanded to bursting point, and a contemplative 'life' at the rate of a dollar a day. I'm not a part of that world, but I suppose I've always had a certain fondness for them, as well as a kind of veiled admiration for their courage in devoting themselves totally to the life they've chosen. But at some point things went awry in their planetary project of peace and love. This is unfortunate, but also predictable: mankind is doomed to live in the midst of violence, power struggles, selfishness, and the bullying of the weak at the hands of the powerful. You have to at least doff your hat to their generation's attempt to reverse this tragic order of things. Many of them have never given up the struggle, and to this day you can find them down there, growing old and wrinkly, but still proudly sporting their long, grey hair, and the symbols of a world based on the principles of 'peace and love'. Both the new Indian middle classes, inebriated on their new-found riches, and the ragged, overworked wretches of the lower castes look down on these survivors of the Beat generation. The latter, in turn, look down

sempre suggerito, è che possiamo lasciare il nostro pullmino presso la missione visto che il nostro Carnet de Passage sembra non essere valido per entrare in India. Il "Father" parla un fluentissimo inglese e ci accoglie, è il caso di dirlo, calorosamente. A Lahore ci sono 35 gradi. Sdraiati sui charpoy, i letti indiani di bambù, ci portano dell'acqua a temperatura ambiente che tracanniamo in un fiato. Guardiamo un po' disorientati la foto di Paolo VI sulle pareti della stanza e una scritta in un quadretto attira la mia attenzione: "World is full of wonder if you look it with the eyes of wondering..." "Il mondo è pieno di meraviglie se tu lo guardi con gli occhi della curiosità".

Questa frase mi è rimasta impressa tutta la vita e mi sono sempre molto riconosciuto in questa grande e piccola verità compiangendo chi non riesce a provare curiosità per nulla, chi non sente la voglia di esplorare e conoscere (c'è sempre l'opportunità di farlo) chi si limita ad essere passivo fruitore delle cose dispensate dal "sistema" e non ha la voglia di costruire almeno un piccolo progetto, ma proprio.

Il "father" è un fiume in piena e ci racconta le difficoltà della comunità cristiana a Lahore. Emarginati e guardati con diprezzo e sospetto. E non era ancora iniziata la ventata integralista post Khomehini...

Gli spieghiamo durante un salotto forzato il nostro problema di lasciare il pullmino nella missione per una ventina di giorni. Più che un prete sembra il direttore di un'agenzia viaggi. Si attacca al telefono e come una macchinetta sembra risolvere tutte le nostre esigenze. Ci rilascia una dichiarazione che il Fiat 238 targato PS... è in deposito presso la St Anthony Church ecc ecc. Compriamo intanto un

with disdain at the globalized world that occasionally parades before them with its consumerist hysteria. They watch as giddy, chirping groups of tourists get off deluxe, air-conditioned buses, and, without a word, they let themselves be photographed. They, too, are emblems of an India which is slowly but surely vanishing, taking the last of the 'flower children' with it.

We's making good progress on the road. The windows are rolled down, but the hot air sticks to us unpleasantly. Buffaloes abound in the slimy rivers. We's surrounded by green fields, traffic, carts, animals; chaos.

Lahore is nearby. We've been advised to spend the night at the place of a certain Father Joseph Nizari, a Catholic priest who presides at the 'St. Anthony Catholic Church'. According to our source, we can leave our minivan at the mission, given that the Fiat's Carnet de Passage doesn't seem to be valid for entry into India. Father Nizari speaks fluent English, and in the 35 degree heat of Lahore, he gives us a 'warm' welcome. As we lay on the charpoys – the Indian bamboo beds – we are brought some room-temperature water, which we gulp down without even pausing for breath. With a slight feeling of disorientation, we look at the pictures of Paul VI tacked to the walls. My attention is drawn to a little canvas bearing the phrase 'The world is full of wonders if you look at it with the eyes of wondering...'. These words have stayed with me all my life, and I've forever identified myself with the little, great truth of it. I can only feel sorry for those who've never felt curious about anything; those who don't feel the urge to explore and discover things (and everyone has the chance); those who limit themselves to passively take advantage of that which is handed to them by the 'system', and have no desire to nurture and follow their own dreams,

biglietto aereo da Lahore a Delhi perchè con il nostro visto dobbiamo arrivare "by air". Sembra tutto terribilmente complicato. Ma la complicazione peggiore è la faccia del doganiere dell'aeroporto quando legge la dichiarazione di Father Jo'. "Questo pezzo di carta non vale nulla. Dovete lasciare il pullmino alla dogana di Lahore" sentenzia. "In che senso scusi... ?" "Nel senso che dovete portarmi un documento che il pullmino è regolarmente depositato presso i nostri uffici doganali... "
Guardo l'orologio... Mancano due ore al decollo. La decisione è immediata. Voi state qui. Io vado a prendere il pullmino alla parrocchia lo porto alla dogana, mi faccio fare il documento e torno.
Inizia uno dei più devastanti tour de force della mia memoria. Orologio alla mano prendo una macchina nel cuore del mezzogiorno e inizio ad infilarmi nel traffico di Lahore. È un macello! Macchine autobus carretti pedoni. Un magma impenetrabile dove la mia Ambassador avanza a fatica. Clacson continuo. Forse 40 gradi. Sono già 72 kg asciugato da un mese e mezzo di regime dietetico da viaggio, e dal caldo implacabile dell'Iran e dell'Afghanistan ma ora, dentro questo abitacolo-forno, sento di cedere definitivamente da un momento all'altro. Arrivo come un pazzo dentro il cortile della parrocchia. Salgo sul pullmino e mentre manovro urlo la situazione a Father Jo, mandandolo in cuor mio a quel paese per non aver verificato la validità delle sue scartoffie. Rientro guidando nel caos metropolitano e seguendo la macchina che mi guida e in un'altra mezzora guadagno finalmente gli uffici della dogana.
Un girone dantesco. Montagne di sacchi di iuta maleodorante sono disseminati ovunque. Nel

whether big or small. Father Nizari is in full conversational flow, and he tells us of the difficulties faced by the Christian community in Lahore. They're marginalized, looked down upon with contempt and mistrust. And to think this was before the post-Khomeini era of religious fundamentalism...
During the chat thrust upon us, we explain our problem, and the fact that we'd like to leave our van at the mission for twenty or so days. Suddenly he becomes more like a travel agent than a priest. He picks up the phone, and, like some kind of relentless machine, makes one call after another, solving all our problems. He gives us a signed declaration that a Fiat 238, licence plate PS... is currently in deposit at the St. Anthony Church, etc. etc. We then purchase airline tickets from Lahore to Delhi, because our visas state we have to arrive by air. It all seems so complicated. However, the biggest complication of all comes in the form of the airport's customs officer, as he reads Father Joe's declaration. 'This piece of paper is worthless. You have to leave your van at Lahore customs' he decrees.
'Sorry, what do you mean?' 'I mean you have to bring me a document stating the van is legally stored at Lahore customs'. I look at my watch... just two hours to go until the flight leaves. In a flash, my mind is made up. 'You stay here' I say to my companions. 'I'm going to the church to get the van, bring it to customs, get the document sorted out, and then I'll be back. '
Thus began one of the most gruellingly epic endeavours I've ever undertaken. Wristwatch in hand, I take a cab and we begin to negotiate the streets of Lahore at midday. It's murder, plain and simple. The Ambassador slowly struggles through an impenetrable magma of cars, buses, carts, and pedestrians. Horns blare non-stop. It

cortile decine e decine di camion parcheggiati in ordine sparso. Centinaia di ventilatori muovono nell'edificio principale un'aria solida e dolciastra. Schiere di impiegati sotterrati da scartoffie, con calamai e penne compilano stancamente fogli e moduli… Cerco disperatamente il "mio" ufficio. L'aereo dovrebbe decollare tra quaranta minuti. Chiedo, salgo, scendo. Sono a digiuno e mi gira la testa. Finalmente entro in una stanza buia dove un tizio con gli occhiali mi squadra con aria molto diffidente. Conto fino a dieci e poi attacco, calmo, tutta la storia. Il pullmino è già qui. Questi sono i documenti, l'aereo sta per partire, i miei amici sono già lì. "Please!!!"
Incredibilemente l'uomo mi comunica gelido, per quanto questo termine possa adattarsi al clima del momento, che c'è un intervallo per il "lunch time" e che devo aspettare almeno mezzora. Temo un infarto nonostante abbia solo 27 anni. Attacco una specie di supplica contro un muro di gomma. Arriva un ragazzino con un piatto "unico" con chapati, specie di pane molle e circolare, assieme a lenticchie e verdure giallastre. "Take a chair… !" Ma come "take a chair… " Come faccio a sedermi? È pazzo? Mi vuol far diventare una bestia? "You have time sir… take a chair"… Ma come ho tempo? Mancano venti minuti al volo. Sento aria di sconfitta assieme ad una pesante presa per i fondelli. Oso: " Is there something to pay… ?" un filo di voce…
Sguardo ancora più gelido. Si gira e inizia a mangiare. Penso all'armaiolo di Darra e penso che se avessi quel revolver quì potrei spararglì senza difficoltà. Gli occhi mi si gonfiano di lacrime che riesco dignitosamente a trattenere. L'aereo dovrebbe essere

must be 40 degrees in here. I've lost a fair amount of weight with the month and a half of a strict, traveller's diet and the implacable heat of Iran and Afghanistan, and now, sitting in this searing oven-like car, I feel like I might collapse for good from one moment to the next. We come blasting into the church courtyard, and I board the minivan. As I back out of there, I explain the situation to Father Joe at the top of my voice. Deep inside, I'd like to throttle him for not having checked on the validity of his scribblings. I head back into the metropolitan chaos, following the Ambassador, and after another half hour I'm finally back at customs. This is probably the sort of thing Dante had in mind when writing the Divine Comedy. There are piles of stinking jute sacks lying around everywhere. Dozens upon dozens of trucks are parked in a seemingly random order in the courtyard. Hundreds of ceiling fans stir a thick, sickly-sweet air through the main building. Ranks of workers are half-buried in stacks of paperwork, inkwells, and pens, tiredly filling in forms. In the meantime, I'm desperately looking for 'my' office: my plane's leaving in forty minutes. I ask for help, I go upstairs, and I come back down again. I still haven't eaten, and I'm starting to feel dizzy. Finally, I reach a darkened room, where a guy wearing glasses warily looks me up and down. I count to ten, and calmly begin to explain the situation. The minivan is already here. These are my papers, the plane is about to leave, and my friends are already on it. 'Please!!!'
Unbelievably, he tells me coolly – if you can so describe it in the current climate – that he's on his lunch break, and that I'll have to wait another half hour. At the tender age of 27, I can feel a heart attack coming on. I plead with the man to help me, but it's like talking to a

sulla pista. Che faranno? Mi aspetteranno? Certo che si. Dove vanno senza di me??
L'abbiamo perso. Soldi buttati. Al diavolo tutto. Il Pakistan, l'India. Sto pensando che se ci fossimo fermati in Afghanistan ce la saremmo goduta di più. Poi in questi giorni cominciava il Bouzkashi, lo sport equestre nazionale afghano... Tiro giù moccoli e imprecazioni mentali mentre l'autista della macchina mi guarda in piedi con aria smarrita. Lo invito ad aspettarmi e a non preoccuparsi della tariffa. L' "Immigration man" (la canzone di Graham Nash era uscita da poco...) si pulisce la bocca con lentezza inaudita. Beve acqua da un grande bicchiere con il mignolo alzato... È chiaro che fa apposta, lo stronzo! Prende i documenti del pullmino e inizia a trascrivere intingendo varie volte la penna nel calamaio. Chiama un ragazzo con dei bragaloni larghissimi e un lungo gilet verdastro e gli mormora qualcosa. Questo mi fa segno di seguirlo... Andiamo al pullmino. Lo guarda e mi dice di parcheggiarlo meglio. Siamo già mezzora oltre il decollo. Non ho più speranze e faccio tutto meccanicamente. Controlla la targa. Più volte. "Ma che cazzo controllerai?" penso tra me con un odio feroce verso tutto questo.
Saliamo ancora dall' "Immigration man" che finalmente appone la firma e il timbro!
Non lo saluto nè lo ringrazio. Vorrei insultarlo ma evito... Prendo l'autista sotto braccio e filo alla macchina. Ancora caos e traffico. Non guardo più l'orologio. L'aeroporto è deserto. Come arrivo sento tutti gli occhi addosso. Sembra che tutti stiano aspettando me. Anche l'aereo è laggiù sulla pista.
Le eliche si muovono. Sono disorientato. "Forza,

brick wall. A young kid comes along to deliver a plate of chapattis – a kind of soft, circular bread – with lentils and some yellowish vegetables. 'Take a chair...' What? Take a chair? What do I need a chair for? Is this guy gone in the head? Is he trying to piss me off? 'You have time, sir... take a chair'. No, I don't have time for this! My plane leaves in twenty minutes! I can taste the heavy air of defeat, and I know he's silently mocking me. Time to take a risk: 'Is there something to pay. . ?' I say in a barely audible voice. The guy looks at me more coldly than ever, turns away, and starts to eat. I think back to that man from Darra, and I think that if I'd bought that revolver, I'd gladly shoot this guy right now. My eyes fill with tears, but I maintain my dignity and keep them in. The plane's probably on the runway now. What are they going to do? Will they wait for me? 'Course they will; where would they go without me? We've missed the flight. Wasted our money. To hell with Pakistan and India. To hell with it all. I'm thinking we'd have had a much better time if we'd stayed in Afghanistan. Buzkashi season is starting soon; we could've stayed to watch the national equestrian sport... I'm silently cursing all and sundry, as my cab driver just stands there looking lost. I ask him to wait for me, and to not worry about the running metre, I'll pay him what he's due. 'Immigration Man' (Graham Nash's song had recently come out) wipes his mouth clean with exquisite languidness. Then, he drinks water from a big glass. With his pinky up... You bastard, I think, you're doing it on purpose! He picks up the minivan's papers and begins writing, frequently dipping his pen in the inkwell. He calls over a kid wearing enormously baggy trousers and a greenish coloured waistcoat, muttering something to him. The kid gestures for me to follow him, and we head

forza!!" passaporto, documento, timbro. Corro con un poliziotto lungo la pista assolata. Entro nel piccolo bimotore. Le facce dei passeggeri sono indescrivibili. L'aria condizionata è gelida. Paola, Marco e Flavio mi guardano. "Non sai cosa è stato trattenere questo aereo… " "Non sapete cosa è stato avere 'sto pezzo di carta… "

Crollo in un sonno mortale coprendomi il petto con un tovagliolo mentre i minareti della Jama Mashid Badshai di Lahore si allontanano laggiù, confondendosi sempre di più con la cappa di smog che copre la gigantesca città.

over to the van. He looks at it, and tells me to park it better. The plane should have taken off half an hour ago. I've completely given up hope by now, and carry out his orders mechanically. He checks the licence plate. Over and over again. What the fuck are you checking for, I think to myself, seething.

We go back up to the office, where 'Immigration Man' finally signs and puts a stamp on the paperwork. I neither thank him nor say goodbye as I leave. What I'd like to do is let fly with a torrent of abuse, but I take care not to. Taking my cab driver with me, we head off back into the bedlam of traffic. I'm no longer looking at my watch. The airport is deserted, and when I arrive I feel everyone's gaze on me. It appears they're all waiting for me. The plane, too, is down there on the runway, waiting for me, its rotors turning. I'm confused. 'Come on, come on!!', passport, documents, stamp. A police officer runs with me along the sun-drenched runway. As I climb into the little twin jet aircraft, the faces of the other passengers are simply unspeakable. It's freezing cold in here with the air-conditioning on. Paola, Marco, and Flavio stare at me. 'You have no idea what we had to do to stop this plane from taking off. "And you have no idea what I went through to get this stupid bit of paper…' I cover myself up somehow with a napkin, and plunge into deep sleep, as down on the ground the minarets of Lahore's Jama Masjid Badshahi fade away, becoming ever more indistinct under the giant cloak of smog that covers the gargantuan city.

Inizio capitolo:
Scene di strada a Peshawar.
La gola di Jalalabad in Afghanistan.
Cartello al passo di Khyber.
Bazaar di Peshawar.
Venditore di frutta secca a Peshawar.
Nelle pagine successive:
Dentro e fuori la Badshai Mashid, Lahore.

Chapter headline:
Dried fruit peddler in Peshawar.
Jalalabad gorge in Afghanistan.
Sign at Khyber pass.
Bazaar di Peshawar.
Dried fruit peddler in Peshawar.
On following pages:
In and out the Badshai Mashid of Lahore.

In queste pagine:
Scene di strada a Peshawar.
Soldato di guardia al confine Indo-Pakistan.

In these pages:
Street scenes in Peshawar.
A soldier at the Indo-Pakistan border.

IN INDIA

देहरा जोगिन्द्रनगर भराड़ू

hackersey fabrics

StoP

Da Kabul in pochi chilometri si cambia mondo. Precipitando, verrebbe da dire, lungo le gole del Tang I Garoo si scende a Jalalabad e poi ancora fino al mitico passo di Khyber terra di nessuno in mano ancora oggi ad armaioli clandestini e contrabbandieri. Poi l'Indo e Peshawar. Siamo già nella pianura indiana. Il caldo ora è soffocante. I colori ocra, grigi, gialli del lungo altipiano centrasiatico lasciano il posto allo smeraldo del verde, ai sari multicolori e un vago odore dolciastro frammisto a curry e urina di vacca pervade la greve aria umida e opaca. È l'India!

Sono tornato in India quasi tutti gli anni da allora. Ho contratto il morbo e sono felice di non essermi mai curato. L'India intanto è cambiata come del resto sono cambiato io e come è cambiato il mondo nel suo continuo cosmico divenire. Nel bene e nel male. L'India è diventata ancora più caotica, inquinata, devastata in certe sue parti da un'edilizia spaventosa. La massa urbanizzata si è innamorata dei nostri peggiori difetti come accade a gran parte del cosiddetto terzo mondo. Noi siamo modelli forti e conquistatori. Il nostro benessere, la nostra tecnologia, le nostre diavolerie elettroniche, le auto, la Tv commerciale, tutto suscita voglia di possesso e di partecipazione al delirio consumistico. Certo è facile assumere il vago tono di critica da una posizione privilegiata, obietta giustamente qualcuno. Facile filosofeggiare con mazzi di dollari in tasca e con il potere che da essi deriva in un paese, dove il costo della vita è dieci volte più basso che da noi. Verissimo. Si trovano sempre mille argomenti contrapposti ed ugualmente validi per discettare sul senso della vita e sulle ragioni delle proprie scelte ed opinioni. Se

IN INDIA

A whole new world awaits us just a few miles out of Kabul. What feels like an almost vertical drop down the Tang Y Garoo gorges takes us through to Jalalabad, and then further on down to the legendary Khyber Pass - nowadays a no-man's land populated by clandestine weapon makers and smugglers. Our journey then takes us on past the Indus river, into Peshawar. We's now traversing the Indian plains, and the heat is oppressive. The ochres, greys, and yellows of the long Central Asian highlands give way to emerald greens and brightly coloured saris, as the sickly-sweet mixed smells of curry and cow urine permeate the muggy, swollen air. We've made it! We's in India!

I've been back just about every year since then; I've caught the bug. It's one there's no cure for, and I couldn't be happier!

In the meantime, India has changed much in the same way I've changed, or in the way the whole world has changed in its own endless cosmic ontogeny. It's changed both for better and for worse. The country has become even more chaotic, polluted, and in certain parts devastated by frighteningly vicious uncontrolled construction. The urbanized masses have fallen in love with our worst flaws, as is the norm in many so-called Third World countries. We's powerful, all-conquering role models. Our well-being, our technology, our cars, our TV ads and electronic devilry: the urge to obtain, possess, and plunge into the consumerist frenzy is overwhelming. Some may rightly object, saying it's easy for someone in such a privileged position to adopt a vaguely critical stance. That it's easy to be philosophical about things when the wads of cash you have stuffed in your pockets

si parla, però di amore allora si sfugge alla logica e alle regole. Se si parla di sentimenti sappiamo che si possono nascondere ma non eliminare. Se si parla di emozioni si sa che, come recita un saggio spot di una mitica autovettura tedesca, si provano, ma non si spiegano. Se si parla di poesia si vede come nei millenni i temi ispiranti del poeta sono rimasti, in generale, sempre e comunque gli stessi.
Dunque io amo questo paese, dove mi sento a casa mia e dove mi struggo nella contemplazione delle sue bellezze ma anche delle sue aberrazioni. Amo il caos delle metropoli e i silenzi delle montagne, il quieto scorrere dei fiumi e il torrido dei deserti. Sorrido alla petulanza dell'indiano evoluto e occidentalizzato che mi placca curioso e appiccicoso e ammiro l'indiano colto e consapevole della sua cultura e della sua tradizione millenaria, distaccato e un po' snob che ci guarda con aria di malcelato disprezzo. Amo viaggiare in India sui treni, sugli autobus, a piedi e un po' meno in auto.

La motocicletta, poi, è il veicolo benedetto per la viabilità indiana. Amo farlo da viaggiatore o turista (non sottilizziamo) ma, sono consapevole che se dovessi ogni giorno prendere un bus a New Delhi per recarmi al lavoro potrei schiattare. Dunque sono anche consapevole della mia postazione privilegiata anche se per scelta adoro l'understatement. Del resto non posso farci nulla né posso cambiare il destino di un paese di un miliardo di abitanti. Forse anch'io, così innamorato dell'India della tradizione, ho contribuito a portare la mia infinitesima parte di corruzione culturale. Io con le mie telecamere e le mie macchine fotografiche. Con le mie attrezzature

give you such tremendous power in a country where the cost of living is ten times lower than it is back home. All very true. There'll always be a million opposed and equally valid points of view on the meaning of life and the reasoning behind every person's choices and opinions. However, some things never change. If we consider love, we know it will not submit to rules or logic. When we speak of feelings, we know they can be concealed, but never erased. As for emotions, we know that – as the wise, old advertising slogan for a legendary German car tells us – they can be experienced, but never explained. And if we look at poetry, we can see the themes that have inspired poets throughout the centuries have by and large remained the same.
What I'm really trying to say is that I love this country; it's where I feel at home, and it's where I can contemplate in wonder both its beauty and its flaws. I adore the chaos of the metropolis and the silence of the mountains, the calmly flowing rivers and the torrid deserts. I smile at the charming impertinence of the evolved, westernized Indians that follow me around with great curiosity, and I admire the educated Indians, aware of their age-old culture and traditions, distant, snobbish, as they glance over at us with ill-concealed distaste. I love travelling the length and breadth of India on trains, buses, on foot, and – to a lesser extent – in cars. And, of course, then there's the motorbike: the vehicle which allows you to roam through India most freely. Seeing the country in such a variety of ways, both as a traveller and a tourist (I'm not a snob, in that sense), is a wonderful experience, but I'm fully aware that having to get a bus to New Delhi to go to work every day would proffer a hellish existence. So yes, I am aware of the privileged position I occupy; but to be honest, I

tecniche e il mio abbigliamento. Io con le mie risposte e le mie descrizioni sulla vita nel mio paese. Avrò a volte suscitato invidia ma anche indifferenza o compatimento o ammirazione. E chi lo sa?
Ma era comunque amore. Gli articoli, i reportage, i documentari, le conferenze che ho fatto in questi trent'anni. Amo l'India, amo il Tibet, amo la "madre Asia" e cerco di spiegare perché, anche se alla fine il vero perché si nasconde nei più profondi e imperscrutabili meandri della mente. Narcisismo, vanità, egocentrismo, mania di protagonismo? Chi fa in qualche modo il divulgatore rischia sempre qualcosa e tutto questo fa parte del gioco. Ma poi c'è sempre chi condivide, chi si ispira e chi, a sua volta, si innamora. Chi per un pò, chi per tanto, chi per tutta la vita. E in fondo, a pensarci bene, che cosa c'è di più bello che generare amore?

much prefer modesty and humility to a flashy lifestyle. Besides, what else can I do? I certainly can't change the destiny of a country of one billion inhabitants. As deeply in love with old, traditional India as I am, perhaps even I've tainted the place with my own infinitely small share of cultural corruption; what with my camcorders and cameras, my technical equipment and my clothing; with my answers to curious questions, and my descriptions of life in my country. In some I may have inspired feelings of envy, but perhaps in others indifference, empathy, or admiration. Who knows?
But it was, without a doubt, love. The articles I've written, the reports, the documentaries, the conferences I've held in the last thirty years. I love India. I love Tibet. I love 'mother Asia', and I often try to explain why. But the real reason lies within the deepest, most unfathomable meanderings of the mind. Is it narcissism? Vanity? Egocentricity? A desperate need for attention? Those who in one way or another try to spread the word always run the risk of certain accusations, and I suppose those are the rules of the game. But then there'll always be some who'll share what they've learned, some who are inspired by it, and others who in turn fall in love with these lands; some for longer than others. Some of them will stay in love for the rest of their lives. And if you actually stop to think about it, what could possibly be better than generating love?

Inizio capitolo:
il Taj Mahal
Carro di carbone a Chandi Chowk, old Delhi.
Tramonto sul Gange a Benares.
Danze a Bubaneshwar 50.
Veicoli per strade dell'India.
Uttarkhand- Bombay- Lucknow.
In queste pagine:
Le mucche sacre e i cavallini Kathiavari.
Nelle pagine successive:
Donne a Mathura.
Il tempio di Kalpa.
Itmad Ud Dhaula palace ad Agra.
Negozio a Mathura.
Per le strade di Gangtok.

Chapter headline:
The Taj Mahal.
Coal carriage in Chandi Chowk, Old Delhi.
Sunset on Ganges in Benares.
Dance in Bubaneshwar.
Vehicles around the streets of India.
Uttarkhand- Bombay- Lucknow.
In these pages:
Sacred cows and Kathiavari little horses.
On following pages:
Women in Mathura.
Kalpa temple.
Itmad Ud Dhaula palace in Agra.
Shop in Mathura.
In the streets of Gangtok.

Nella pagina precedente:
Stereoscopio a Old Delhi
Sopra:
Bambini del Tibetn Children Village a Leh, Ladakh.
Nelle pagine successive:
Veduta serale di Gangtok- Sikkim
Scuole lungo la strada per Puri in Orissa.
Stazione ferroviaria di Haridwar.

On previous page:
Stereoscope in Old Delhi
Above:
Children of the Tibetan Children Village in Leh, Ladak.
On following pages:
Evening sight of Gangtok, Sikkim
Schools on the road to Puri, Orissa.
Train station in Haridwar.

KINGSTON
DEP4150

PER LE STRADE DI DELHI

CHAND JUNEJA & CO.

GHARAONDA
TEAM PRESENTS
BHIMSAIN'S
DOOORIYAN
[DISTANCES]
PRODUCED & DIRECTED BY BHIMSAIN MUSIC JAIDEV STORY & DIALOGUES SHANIER SHESH LYRICS SUDARSHAN FAAKR PHOTOGRAPHY

A volte penso di vivere a Nuova Delhi. Nel senso che è lì che sono residente, tanto mi è familiare questa enorme città divisa in due ben distinte parti. La città "moghul" e quella "vittoriana". Oggi potremmo aggiungere una terza Delhi, informe e caotica, cresciuta spaventosamente negli ultimi decenni.

Delhi ha avuto nel tempo degli emblemi stradali riconoscibilissimi. Alcuni spariti, altri che resistono. Oltre ai carretti taxi, le Tonga, trainati dai tipici cavalli con le orecchie all'indentro, i Kathyavari, e ai rikshaw a pedali, che rimangono insostituibili nel traffico solido di Old Delhi, per le strade della capitale indiana la fanno da padrone gli scooter-taxi gialli e neri. Una volta erano affiancati anche dai cosiddetti "motoroni", vecchie Indian o Harley a cui attaccavano un carretto coperto capace di portare ben oltre le omologate 6 persone. Potevano facilmente raddoppiare. Facevano la spola tra Connaught Circus e Chandi Chowk, i due "centri" della nuova e della vecchia città. Poi sono spariti per l'eccessivo consumo dopo avere per un po' viaggiato con motori Lombardini a nafta ricavati da motocoltivatori. D'estate, alla sera, la brezza, mista comunque all'odore della benzina, rimaneva un piacevole e lieve sollievo dalla calura devastante del clima monsonico. Altri emblemi di Delhi erano sicuramente le Ambassador, vecchie Austin ancora in produzione con aggiornamenti e modifiche, e con aria vagamente ministeriale; classificate per molto tempo come la macchina di "rappresentanza" in contrapposizione alla "sport car" che era, niente meno, una 1100 Fiat con cambio al volante e chiamata in India "Premier".

ON THE STREETS OF DELHI

I sometimes feel like I live in New Delhi, in the sense that I'm practically a resident there. That's how familiar I am with this enormous city divided into two clearly distinct halves. There's the 'Moghul' Delhi, and the 'Victorian' Delhi.

Nowadays we could also add a third Delhi. A shapeless, chaotic city; one that has grown with frightening speed in the last few decades. Delhi has had its fair share of unmistakeable, emblematic vehicles traversing its roads. Some have since disappeared, while others have managed to survive. Bicycle rickshaws still abound, irreplaceable in their ability to dart in and out amongst the jam-packed streets of Old Delhi, as do the tongas, taxi carts pulled by the Kathiawari, the horses typical of the region with their inward-pointing ears. But nowadays the black and yellow scooter taxis rule the roost on the streets of the Indian capital. Once upon a time they shared the streets with massive, old Indian or Harley motorbikes, to which covered carts for six people had been attached. However, they could easily carry twice as many as they shuttled back and forth between Connaught Circus and Chandi Chowk, the hearts of the old and new city. After a period in which the bikes used diesel-powered Lombardini engines taken from old rotary tillers, they dropped out of circulation due to excessive fuel consumption. The summer evenings were distinguished by the smell of petrol that mixed in with the breeze, furnishing mildly pleasant relief from the devastating heat of the monsoonal climate.
The Ambassador car was without a doubt another one of Delhi's most symbolic vehicles. These were the old

Fino agli anni '70 le Ambassador e le Premier che giravano per Delhi erano per lo più taxi gialli e neri. Pochi privati se le potevano permettere. La maggior parte degli indiani viaggiava e viaggia ancora adesso su due ruote. Spesso in quattro. Spessissimo sulla Vespa. Sempre più raramente sulla mitica Royal Enfield Bullet. Un poderoso monocilindrico 500 di origine britannica e, a mio modesto giudizio, il miglior mezzo di trasporto per muoversi nel subcontinente indiano. Negli anni '80 finì la politica protezionista di Indira Gandhi e si insinuò nel mercato la prima vera utilitaria indiana la Maruti Suzuki. Iniziava l'era della "600" indiana e il boom economico analogo ai nostri primi anni '60.

Con la rottura degli argini doganali sono arrivate anche berline europee e gli status symbol occidentali hanno contagiato la middle e la upper class indiana. Se arrivi oggi a cena al Bukhara Restaurant dello Sheraton vedi che le Mercedes e le BMW la fanno da padrone. Sikh austeri e signore ingioiellate e con addosso sari raffinatissimi, scendono dalle limousine e fanno scintillare bracciali, orecchini, orologi svizzeri. Le figlie e i figli sono già su Armani e D&G e tra non molto il sari verrà usato solo dalle stradine o nelle cerimonie tradizionali.

Negli anni settanta l'edificio più alto di Delhi era l'hotel Oberoi. Forse non raggiungeva i dieci piani. Per diversi anni siamo "scesi" all'Hotel Capitol Park in Jantar Mantar. Era una vecchia caserma coloniale inglese e dall'aria molto vittoriana. L'atmosfera era struggente. Mi piaceva da matti. Il personale era tutto anziano e sembrava invecchiare assieme all'albergo; senza rimpiazzi... Niente aria condizionata. Solo ventilatori e stanze enormi. Docce come dei

Austin cars, still in production, with a few modifications and a vaguely ministerial air about them. For a long time they were classified as being stately, 'representative' vehicles, as opposed to the 'sport car', which was nothing less than a Fiat 1100, with the steering wheel on the right-hand side and a new moniker in India: here it was known as the 'Premier'.

The Ambassadors and Premiers that circulated the streets of Delhi were for the most part black and yellow taxis until the 1970's, as very few people could afford to buy them. The majority of Indians travelled – and still travel, for that matter – on two wheels. And more often than not four people pile on to those two wheels, which usually belong to a Vespa. The legendary Royal Enfield Bullet is becoming harder and harder to spot nowadays. This powerful, British single-cylinder 500 has lately become all the rage, and – in my humble opinion – it's unsurpassed when it comes to moving about in the Indian subcontinent.

The 80's signalled the end of Indira Gandhi's protectionist policies, and the first Indian economy car made it onto the market: the Maruti Suzuki. Thus began the era of the Indian version of the Fiat 600, and an economic boom similar to that experienced in Italy during the early 1960's. The collapse of customs barriers also brought about the arrival of European sedans, as the Indian middle- and upper-classes were infected with the desire for western status symbols. These days, if you go for an evening meal at the Sheraton Bukhara Restaurant, you'll mostly see Mercedes and BMWs.

Unsmiling Sikhs and bejewelled ladies in refined saris step out of limousines, all aglow with glittering bracelets, earrings, and Swiss watches. The children are already wearing Armani and Dolce & Gabbana, and it won't

fiumi in piena. Corvi e uccelli vari come sottofondo musicale. Poi un anno, forse era il 1984, siamo arrivati e abbiamo trovato un mostro di cemento rossastro, alto e squadrato. Nuovo hotel. Nuovo personale. Nuovo stile pretenzioso e spocchiosetto. Filiamo via alla svelta e ripariamo alla Jan Path Guest House al terzo piano di uno degli edifici che circondano Connaught Circus. Ma non è la stessa cosa. Quell'albergo rimane per me il simbolo dell'India accantonata e inghiottita irrimediabilmente dal passato. Passato coloniale sgradito ai più. Ora Delhi in alcuni punti assomiglia a Manhattan. Dai tempi del Capitol Park la popolazione indiana è passata da 600 milioni ad un miliardo di individui.

Tra le cupole di Akhbar e Aurangzeb, i minareti della Jama Mashid e i grattacieli della Kuwait Airlines o dell'American Express, il caos delle strade e lo smog sono decuplicati, ma sempre ai semafori arriva lo storpio, forse provocato in tenera età da qualcuno per suscitare più pena, il lebbroso sul carrettino, la bambina che si picchia lo stomaco e dice in tutte le lingue… "fame… mangiare… "

A molti turisti questa fa parecchio effetto e dopo una prima volta dichiarano chiusa l'esperienza indiana. Altri vengono invece come uncinati dal questo surreale miscuglio di vita e morte, di allegria e malinconia, di profumi dolciastri ed odori marci, dai fiori freschi venduti a quintali in mezzo alle mucche ed i loro escrementi, dalla gente umile che carica come animali da soma si fa largo tra la folla emettendo strani suoni e sputando il rosso betel ma dispensando, comunque, arcani sorrisi.

Davvero l'India la si ama senza capirne la ragione.

be long until saris are used only by road workers or in traditional ceremonies. Back in the seventies, Delhi's tallest building was the Oberoi hotel. It probably wasn't even ten storeys high. For several years we plumped for something a little less 'lofty', at the Capitol Park hotel in Jantar Mantar. It was an old, converted, colonial English barracks, with a highly Victorian air about it. Heart-achingly romantic, it was. I absolutely loved it. The staff were all elderly folk, and they seemed to grow old together with the hotel, without the need for replacements. We didn't have air-conditioning; only fans and huge rooms. The showers ran like rivers in high flood, and crows and various other birds provided the soundtrack. Then one year, 1984, I think it was – we arrived and in its place we found a big, squared eyesore of dull, red cement. It was a new hotel, with new staff, and a new conceited, pretentious style. We beat a hasty retreat and escaped to the Jan Path Guest House, on the third floor of one of the buildings that surround Connaught Circus. But it just wasn't the same thing. In my eyes that hotel will always be a symbol of an India irretrievably forgotten and swallowed up by the past; a colonial past unloved by most. Nowadays some quarters of Delhi look like Manhattan. The population of India has shot up from 600 million to 1 billion inhabitants since our time at Capitol Park. The traffic chaos and smog have expanded immensely amongst the domes of Akbar and Aurangzeb, the minarets of Jama Masjid, and the skyscrapers of Kuwait Airlines or American Express. Nonetheless, at every set of traffic lights you'll always get a cripple – more often than not the result of injuries deliberately inflicted at a young age so as to inspire pity more easily – or a leper on his little cart, or a young girl who'll thump a fist against her stomach,

Inizio capitolo:
Intorno alla stazione ferroviaria di Old Delhi, 1977.
La Grande Moschea.
Sari stesi ad asciugare al Red fort di Delhi.
Negozio di bici a Chandi Chowk.
Cartellone cinematografico, 1977.
I cuochi del Bukhara Restaurant.
Jet set allo Sheraton Maurya.
Carbonai nei pressi della grande moschea.

Chpter headline:
Train station in Old Delhi, 1977.
The Great Mosque .
Sari hung to dry at the Red Fort in Delhi.
Bicycle shop in Chandi Chowk.
Movie poster 1977.
Bukhara Restaurant cooks.
Jet set at the Sheraton Maurya.
Coal peddlers by the Great Mosque.

Nelle pagine precedenti:
Rotonda a New Delhi sotto Le Meridien.
Tempio sikh di Delhi.
Sopra e nelle pagine succesive:
L'osservatorio astronomico Jantar Mantar, del 1700.
Scene di vita alla ferrovia.
Stazioni di New e Old Delhi.
Mezzi di trasporto a Delhi anni '70.
Taxi, scooter, vespe, rikshaw, "motoroni", carretti.
Scene di vita per le strade di Delhi.

On previous pages:
New Delhi roundabout under Le Meridien.
Sikh temple of Delhi.
Above and on the following pages:
Jantar Mantar Observatory, 1700.
Life at the train station.
New and Old Delhi stations.
Delhi transportation in the '70s.
Taxi, sccoter, vespas, rickshaws, bug carts.
Streets of Delhi.

DELHI

STOP

LA VALLE DEL RAME BIANCO

PERMIT
PUBLIC
CARRIER

"La valle del rame bianco". Questo è, più o meno, quello che significa Zangskar. Il nome di una vallata himalayana lunga circa 300 Km e nascosta tra il Kashmir ed il Ladakh. È il 1981. Siamo scesi all'aeroporto di Srinagar, la Venezia dell'Himalaya, e siamo decisi ad organizzare un lungo trekking nello Zangskar: da Padum a Darcha e Manali. Non abbiamo prenotato nulla. Trasporti, alberghi, portatori. Niente di niente. Allora usava così. Appena fuori del piccolo edificio che funziona da Departure e Arrival, piccoli gruppi di tassisti con risciò a motore, blasonate Ambassador, o Sport Premier (la vecchia 1100 Fiat) ci saltano addosso come cavallette, esibendo biglietti da visita delle più svariate "House Boat", gli hotel galleggianti tipici di questa parte del mondo, dotati di "hot shower" "tipical mughaal cuisine" "traditional carpets" "service boat" e così via. Sono piuttosto appiccicosi e invadenti e dato che noi sappiamo già dove vogliamo andare, all'onirico "Heaven Canal", cerchiamo di liberarci della morsa ostentando sicurezza e famigliarità con l'ambiente. Poco lontano un anziano kashmiro dallo sguardo un po' triste ci indica timidamente il suo carretto col quale desidera caricare i nostri bagagli e portarci, senza pressioni sottolinea, dove vogliamo noi. La simpatia del vecchio e la voglia di fare quattro passi lungo il boulevard che fiancheggia il lago Dal, depongono immediatamente per la scelta. Carichiamo i nostri zaini e ci incamminiamo, felici e liberati, lungo il romantico e pretenzioso lungo lago.

Sotto gli ampi e frondosi salici che fiancheggiano il canale sono ormeggiate lunghe file di colorate "shikkare" specie di gondole che svolgono la duplice

THE VALLEY OF WHITE COPPER

'The Valley of White Copper': a rough translation of the word 'Zanskar'. This is the name of a Himalayan valley stretching across almost 200 miles, hidden between Kashmir and Ladakh.

The year is 1981. We've just landed at Srinagar, a Himalayan version of Venice, and we's organizing a long trekking expedition through Zanskar: from Padum to Darcha and Manali. We haven't booked anything; no transport, no hotels, no one to help us carry our stuff. Nothing. That was how we did things. As soon as we's out of the little Arrivals/Departures 'terminal', we's jumped by hordes of taxi-drivers and their vehicles: motor-powered rickshaws, the famous Ambassadors, or Sport Premiers (the old Fiat 1100). They're all over us like locusts, brandishing entry tickets to all manner of 'House Boats', the typical floating hotels of the region, with 'hot showers', 'typical Mughal cuisine', 'traditional carpets', 'service boats' and so on and so forth. These people are a little too clingy and invasive for my liking, and since we already know where we want to go – the dreamy 'Heaven Canal' – we try to shake them off, falsely pointing out our familiarity with the area. Shortly thereafter we meet an elderly Kashmir man with a melancholic look in his eyes. He timidly points at his cart, telling us that if we didn't mind, he'd like to load up our bags and take us wherever we wanted. No pressure, he adds. He seems like a nice enough old guy, and we wouldn't mind a stroll on the boulevard that borders the lake, so we accept right away. We load up our rucksacks and set off, happy and lighter, down the romantically ostentatious lake-side footpath.

mansione di trasporto merci e turisti. Scivolano silenziose, frangendo lievemente la superfice sempre specchiata dell'acqua, che si insinua tra le vecchie abitazioni della città amata dagli imperatori Moghul.
"Se il paradiso c'è, è qui! È qui! È qui!" sentenziava Akbar passeggiando mollemente con la sua corte tra gli zampilli e i fiori variopinti dei Shalimar Gardens. Srinagar è una delle città più belle del mondo, afferma qualcuno. E forse lo sarà anche stata. Certo è che adagiarsi sui morbidi cuscini di una shikkara e inoltrarsi silenziosamente tra i canali e sotto gli archi della vecchia Srinagar è sempre uno dei momenti più languidi ed evocativi del Viaggio all'Eden. Purtroppo, ma fa parte inseparabile del gioco, la tassa che si deve pagare è il frequente placcaggio di venditori di "papier machie", le tradizionali scatolette dipinte in cartone masticato, di scialli di lana abilmente denominati sull'equivoco "kashmir-cachemire" o di pellicce varie. Lupo, volpe, orso, lince. Mi ricordo più volte di aver visto anche pelli di leopardo delle nevi tra i capi mescolati alla rinfusa, nei bauli di lamiera dei mercanti galleggianti.
La città vista dai canali appare pulita di tutto. Non si sente un rumore se non lo sciabordìo dell'acqua e le grida di qualche bambino che saluta festoso al passaggio.

Con le shikkara uno degli appuntamenti tradizionali a Srinagar è l'alba al "vegetable market". Galleggiante s'intende. Nel buio, prima del sorgere del sole, ci si muove furtivi tra ninfee e fiori di loto fino ad approdare in una radura lacustre dove pian piano affluiscono da ogni dove vecchie e affusolate shikkare cariche di ogni ben di dio vegetale. Dal

Rows of colourful shikara boats are moored under the ample, leafy willows along the canal. They're a type of gondola that carry both tourists and goods. Silently they glide over the water, lightly rippling the crystal-clear surface of the canal that winds its way through the old houses of that city so dear to the Mughal emperors.
Out on a quiet ramble with his court amongst the fountains and many-coloured flowers, emperor Akbar proclaimed 'If there is a paradise on Earth, it is this, it is this, it is this!'. Some say Srinagar is one of the world's most beautiful cities. Maybe it was, once. I have to say that laying down on the shikara's soft cushions, and quietly drifting through the canals and arches of old Srinagar will always be one of the most languid, evocative moments of our Journey to Eden.
There is, however, an unfortunate but inevitable price to pay for all this: we'd get continuously mobbed by traders selling 'paper-mâché', those traditional little boxes made of pasted cardboard, woollen shawls (normal wool, but cleverly marketed, playing on the words Kashmir and cashmere), and various furs: wolf, fox, bear, and lynx. I also remember on several occasions seeing snow leopard furs mixed in higgledy-piggledy with the other wares in the sheet-metal trunks of the floating market stalls.
Seen from the canals, the city looks empty. The place is silent but for the lapping of the water and the occasional hearty shout from kids as they greet us on our way.
One of Srinagar's traditional shikara activities is the dawn vegetable market; of the floating variety. In the dark before sunrise we move furtively amongst water lilies and lotus flowers, until we get to a kind of clearing in the lake, which slowly begins to fill with old, slender shikaras packed with all manner of greens. In no time at

silenzio della notte in poco tempo è tutto un brusio di scambi e contratti, con la frutta e le verdure che passano da una barca all'altra. Un set cinematografico bello e pronto con la sapiente e dosata luce dell'alba che filtra tra le piante aquatiche e si riflette sul lago lievemente agitato dall'andirivieni di barche e shikkare. Sembra così lontano e irreale questo film! Mi dicono che Srinagar è oggi tristissima e piena di militari. Che non c'è da mangiare e che della magia cantata da Akbar ormai non v'è più traccia. Leggo sul web di una ragazza che, nonostante tutto, continua a vivere lì su un'House Boat, e che il fascino della città è intatto. Chissà?
Mentre siamo in prossimità del piccolo traghetto che ci porta all"Heaven Canal, un personaggio cicciottello, saltellante e dal fluentissimo inglese attraversa la strada e ci viene incontro come se ci avesse sempre conosciuto. "Ci siamo" pensai "Eccolo! Il pesce guida. " Devo ammettere che è molto simpatico. Si chiama Afis Shalla e sembra conoscere tutte le nostre necessità. Sembra indovinare tutto di noi. Sa pure che vogliamo andare in Zangskar. Come fa? Ipnotizzato da Afis e affascinato dal suo savoir-faire decido di affidarmi a lui almeno per il trasporto fino a Padum (450 Km tutti di carraia in alta montagna). La sua proposta? Viaggiare sul cassone di un camion che trasporta riso. Partenza all'alba. Sonamarg, Zoji La il passo delle betulle a 3700 Mt e tappa a Kargil. Qui si cambia veicolo e ci si inoltra ai piedi del Nun Kun su per la valle di Suru fino a Ringdom e il valico del Pensi La a 4200 Mt per scendere infine a Padum dove arrangeremo cavalli e portatori per la lunga marcia verso Darcha e Manali. Accetto anche l'onestissima tariffa e dopo un paio di giorni

all the nocturne silence gives way to a buzz of haggling and bartering, as fruits and vegetables fly from one boat to another. It's like being on a film set, as the perfectly measured dawn light filters through the aquatic plants and is reflected on the surface of the lake, lightly rippled by the comings and goings of boats and shikaras.
This scene all seems so far away, so unreal, now! They say that nowadays Srinagar is an awful place, full of military personnel. They say there's nothing to eat, and there's no trace left of the magic heralded by Akbar. On the internet I've just read about a girl who, in spite of everything, still lives there on a houseboat, and she says the city's charm is still there for all to see. We can but hope... As we near the ferry that'll take us to Heaven Canal, a tubby guy skips across the street and – in fluent English – greets us as if he'd known us all our lives. 'Oh, here we go' I thought, 'Our friendly neighbourhood tourist guide'. In spite of myself, I have to admit he's a nice guy. His name is Afis Shalla, and he seems to know exactly what we need. He knows everything about us. He even knows we want to go to Zanskar. How does he do it? I feel like Afis has put a spell on me; I'm charmed by his savoir-fare, so I go so far as to let him sort out our transfer to Padum (nearly 300 miles of high-mountain trails). Our travelling arrangements? We's to set off at dawn, riding on a rice-truck. The route takes us through Sonamarg, Zoji La – the birch tree pass at 3,700 metres – and a stop at Kargil. Here we's to change vehicles, and move on towards the Nun Kun massif, up the Suru valley until Ringdom and the Pensi La pass at 4,200 metres. Then we descend towards Padum where we'll sort out horses and luggage carriers for the long march towards Darcha and Manali.
The price is right, and the deal is done. A couple of

ci ritroviamo, rigorosamente prima dell'alba, sul cassone del gigantesco Tata su per la valle di Sonamarg tra conifere gigantesce e torrenti impetuosi. Dire che siamo allegri è dire poco. Ci sembra ora che il distacco dall'Italia, dal nostro mondo, sia già a buon punto. Il primo senso del viaggio. La ricerca dell'altrove. Assaporiamo l'avventura e l'ignoto. Siamo nelle mani di questo gigantesco autista sikh che parla poco, ma beve molto.
I nostri programmi e la tabella di viaggio saltano subito, quando ci viene comunicato che una colonna interminabile di mezzi militari ha bloccato il passo, (che è a senso unico alternato, la mattina si va e il pomeriggio si viene) e tutti i camion diretti verso il Ladakh devono aspettare che termini il serpente verde bosco di automezzi dell'esercito indiano che lentamente scende dal vertiginoso valico.
Morale: alle 8 di sera in un buio pesto e sotto una pioggia torrenziale inizia la nostra salita in un ingorgo lentissimo che si muove tra slittamenti, frizioni bruciate, massi usati per impedire al camion di retrocedere dopo affannosi metri guadagnati nella carraia scivolosa. Il nero fitto ai bordi non ci rivela l'abisso in fondo al quale giacciono diverse carcasse mai recuperate. Le luci dei fari fermi sulla fiancata della montagna ci informano su quanto ne avremo ancora. Probabilmente tutta la notte. Potrei dire un vero incubo, ma l'irresponsabilità ci rende inscalfittibili a tanta alea e le lunghe ore per fare i venticinque Km da Sonamarg a Drass scorrono insonni e il più delle volte a spingere, si fa per dire, il nostro ansimante bestione col suo carico di riso e di pazzi squinternati alla ricerca di avventura. Il nostro driver si prepara un tè facendo uscire l'acqua bollen-

days later we punctually find ourselves at dawn atop a giant Tata truck, winding up the Sonmarg valley. We move amongst giant conifers and impetuous torrents. To say we's feeling merry would be an understatement. It seems that in more ways than one we've come a long way from Italy; a long way from our world.
That's the whole point of a journey. To go beyond. We can taste adventure and the unknown. We've put our lives in the hands of our enormous Sikh driver, a man who rarely speaks, but who often drinks.
Our program for the day comes a cropper almost immediately, when we are told that a gigantic convoy of military vehicles is holding up the pass (the traffic here is always one-way: in the morning it goes in one direction, in the afternoon it comes back the other way). All trucks headed for Ladakh have to wait for the green snake of Indian army vehicles to slowly wind its way down the vertiginous pass.
In the end we begin our ascent at 8 p.m. It's pitch black, and raining heavily. Our progress is a slow crawl, featuring skids, worn-out clutch pedals, and the use of rocks to stop the trucks from sliding back on the slippery trail and losing those hard-earned metres. The darkness engulfing the roadside hides the abyss that plunges beyond, at the bottom of which lie many never-recovered bodies. The sight of our motionless headlights against the mountain-side give us an idea of how long there is to go. We'll probably be here all night. I should say it's a complete nightmare, but the irresponsibility of the whole thing has rendered us impervious to the riskiness of it all. The long hours it takes to make the 15 miles between Sonmarg and Drass go by sleeplessly, and more often than not, we found ourselves getting out and helping to push the wheezing monster that is our means of

te dal radiatore. Lo offre ridendo e al nostro rifiuto ci spiega che l'acqua è cambiata in continuazione e non è molto diversa da quella che cola copiosa dalle rocce circostanti e dal cielo invisibile ma gravido di un furibondo monsone himalayano.

Quando all'alba inizia la strada pianeggiante verso Drass e la pioggia termina come per incanto, diamo un'occhiata alla angusta valle, porta del Kashmir, dove le nuvolaglie nere non riescono più a passare. Sembrano fantasmi scacciati. Ora si respira, e l'aria secca e improvvisa asciuga tutto in pochi minuti.

Arriviamo a Kargil sfiniti e prendiamo alloggio in un modestissimo albergo. Quando nel tardo pomeriggio usciamo a spasso come ubriachi per il villaggio, notiamo che in tutti gli esercizi, i negozi, le taverne, i barbieri, campeggia il ritratto di un personaggio da poco salito alla ribata per aver spodestato da Parigi lo Scià di Persia: è l'ayatollah Khomeini. Erano i prodromi dell'ondata di integralismo islamico che in pochi anni attraverserà tutta l'Asia e condizionerà le esistenze di tutto il pianeta.

La tappa di Kargil, sulla strada per Leh, è sempre stata considerata dai viaggiatori un'inevitabile e sgradevole seccatura. Una specie di incantesimo spezzato nel viaggio verso l'incantato e bucolico Ladakh buddista. Almeno così era visto dai più. In effetti, lungo il "corso" di Kargil i sorrisi sono pochi e la voglia è solo quella di rintanarsi nella francescana guest house per andarsene la mattina il prima possibile. Abbiamo un appuntamento di massima alle 4 del mattino, davanti alla moschea, con due nuovi camion che partono l'indomani alla volta di Padum, e non ci rimane che sperare. Non posso non ricordare la grande tensione di quella notte. Tensione palpitante in questa idea del

transport, together with its load of rice and fools looking for adventure. Our driver makes tea with boiling water from the radiator. Smiling, he offers us some, and when we turn it down he explains that he constantly changes the water; he says it isn't any different from the water which trickles copiously from the surrounding mountains, or that which will fall from the unseen, swollen sky, as it waits to deliver a raging Himalayan monsoon

At dawn we take the flat road to Drass, and as if by magic, it stops raining. We take a glance at the narrow valley, the gate to Kashmir, where the dirty black clouds can no longer get through. They look like forlorn ghosts that have been chased off. We can breathe again. In just a few minutes, the sudden, hot wind dries everything up. Exhausted, we reach Kargil, and we take a room in a humble hotel. We leave the hotel in the early afternoon and stumble around town like a bunch of drunkards, always seeing the same portrait everywhere; in businesses, shops, taverns, and barber shops there's always a poster featuring a man recently in the limelight for having deposed the Shah of Persia all the way from Paris: Ayatollah Khomeini. These were the beginnings of a wave of Islamic fundamentalism that would soon sweep through Asia and would affect life across the globe.

Travellers have always considered the Kargil stage – on the road to Leh – to be an unpleasant but inevitable annoyance. Here, the magic of the trek to the bucolic, enchanted Buddhist haven of Ladakh dissipates. At least that's what they all say. To be fair, there have been few smiles on the Kargil run, and all we want to do is hole up in our Franciscan guest house and leave as soon as possible the next day. We have an early appointment at 4 in the morning in front of the mosque, where two

viaggio verso il nulla. Nessuno ci aspetta a Padum e tutto il viaggio sarà da costruire ed organizzare sul posto. Struggente meraviglia dell'improvvisazione e della "ventura". Quando la nostra sveglia suona alle 3 e un quarto, siamo tutti vigili e pimpanti e una sciacquata gelida agli occhi è più che sufficiente a collegare i nostri neuroni. Prendiamo i nostri zaini e in un buio pesto ci portiamo con un certo anticipo sul luogo dell'appuntamento. Non si vede nulla se non i fasci delle nostre deboli torce che saettano sul terreno per non inciampare. Ci guardiamo beffardi e con una stretta al cuore. Si va davvero? Lontano un rumore grosso di motori diesel annuncia l'arrivo dei due Tata.

I fari si fanno strada tra i salici e le misere abitazioni di Kargil prendono forma. Improvvisamente anche il muezzin della moschea inizia a salmodiare il corano ad altissimo volume e tutto ora appare come un caos indescrivibile di voci concitate, motori accesi e fumanti. Come il genio della lampada, dal nulla appare all'improvviso l'ineffabile Afis Shalla con il suo inglese arrotato e chiarissimo. Impartisce perentorie istruzioni agli autisti e in una valanga di "no problem" sistema le donne nei vari sedili anteriori dei due bestioni e sui cassoni, in mezzo alle granaglie, gli uomini. Saluto mestamente mia moglie che non è felicissima di sedersi accanto al kashmiro al volante, ma l'irruenza di Afis non ammette repliche. Tra urla, sgasate, botte sulle portiere, "challò challò" "via via… !" i due Tata abbandonano, caracollando tra le buche, con il motore su di giri, ma goffi e lenti, il bazar di Kargil per imboccare alle prime luci di una gelida alba la vallata di Suru.

new trucks will be waiting to take us to Padum. We can only hope the ride will be smoother this time around. I'll never forget the tension of that night. I remember the way my heart raced, as I thought of the following day's journey to that great, big void. There's no-one waiting for us in Padum; we'll have to organize all our travels when we get there. But that's the heart-rending wonder of improvisation and adventure.
When our alarm clock goes off at a quarter past three, we's wide awake and chirpy, and a quick splash in the face with freezing cold water is more than enough to set the cogs moving in our brains. Well ahead of schedule, we pick up our rucksacks and set off in the dark to the meeting place. In the pitch black of night, the weak beams of our torches dart across the ground, allowing us to move without tripping. We smirk at each other, feeling a pang. Are we really going? A loud rumble of diesel engines announces the arrival of the two Tata trucks.

The headlamps light our way amongst the willows, and the humble houses of Kargil begin to take shape. All of a sudden the mosque's muezzin begins reciting the Qur'an at a deafening volume, and it's like a signal: all of a sudden an indescribable bedlam of babbling voices and rumbling, smoking engines pops up all around us. The weirdly indefinable Afis Shalla appears out of nowhere with his perfect English, like a genie from a lamp. With authority he issues instructions to the drivers and repeats 'no problem' over and over, getting all the women to sit near the front of the two juggernauts. The men sit in the back with the grain. My wife isn't too pleased about having to sit with the Kashmiri driver, but Afis' assertive manner is not easily challenged, and I glumly wave as I make my way to my seat. Then there's

La strada è una carraia mal tracciata. Le sagome scure delle vette dell'Himalaya tengono ancora la gola in una notte fonda. Muti e affascinati da questo mondo primordiale che ci si dischiude lentamente saliamo di quota. Ci viene incontro il ghiacciaio del Nun Kun, la montagna più alta dello Zangskar, 7700 metri, e lambisce la strada. È imponente. Poco più là una scena agghiacciante. Un camion militare è precipitato nel fiume e lungo la strada ci sono i corpi in fila di una decina di soldati. Sono tutti morti. Siamo costretti a scendere perché anche i nostri camion devono affrontare l'infido ponticello traditore. Passiamo muti davani ai corpi che giacciono sotto le coperte militari, Un'indicibile tristezza ci pervade. Si intravede una mano che spunta fuori. La pelle è scura. Questi ragazzi probabilmente venivano da chissà quale posto dell'India continentale. Bihar? Kerala? Karnataka? Chissà? Sappiamo solo che sono venuti a morire in un luogo di frontiera del cui fascino, che tanto ci ammalia, avrebbero fatto volentieri a meno. I due Tata gialli e decorati si muovono lentamente tra massi da spostare franati sulla carraia e impantanamenti continui. Non si può parlare di media oraria. Forse a piedi faremmo prima. Il cielo ora è scuro e denso di pioggia pronta a rovesciarsi sulla cupa vallata di Ringdom che stiamo risalendo. Siamo a quasi 4000 Mt. Ogni tanto una sciabolata dell'ultima luce del tramonto si fa strada fra le nuvolaglie e ci ammutolisce con paesaggi surreali.

Il camion davanti si è fermato di colpo e l'autista scende di corsa verso di noi.

Indica concitato la parete sinistra della vallata. In mezzo a dei cespugli c'è qualcosa che si muove. È quasi mimetizzato e facciamo fatica a capire che

a burst of shouts, revving engines, hands slapped against the truck sides, and exclamations of 'challò, challò', 'Go, go!', as the Tatas leave the Kargil bazaar, weaving in and out amongst the potholes. At first light of a chilly dawn, we enter the Suru valley.

The road is a badly marked trail. The dark masses of the Himalayan peaks keep the gorge in total darkness. We's speechless; bewitched by this primordial world, as we slowly make our ascent. Then we encounter a glacier: here's Nun Kun, Zanskar's highest mountain, at 7,700 metres. Its imposing figure reaches the side of the road. A chilling sight awaits us just a little further on: a military truck has plunged into the river, and ten or so dead soldiers line the road. No survivors. We have no choice but to descend, as our trucks also have to cross the treacherous bridge. We silently drive by the bodies hidden under the military blankets, and we are filled with an unspeakable sadness. A dark-skinned hand pokes out from under a blanket. These kids probably came from some part of the Indian subcontinent. Bihar? Kerala? Karnataka? Who knows? We only know they came to die in a place whose beauty – although awe-inspiring for us – was something they could have done without.

The decorated yellow Tatas gradually advance through various obstacles: rocks that have tumbled onto the road and the constant bogs. There's no average speed to speak of, and we could probably get there quicker on foot. Presently the sky is dark and swollen with rain; it seems like sooner or later the heavens are going to open up on us as we make our way up the dark valley of Ringdom. We's at almost 4,000 metres now. Every now and then a sliver of dawn's last light shines through the clouds, leaving us breathless at the sight of these surreal landscapes.

cos'è. È un animale eretto di colore rossastro che si fa strada lentamente sulle gambe posteriori. "Lion!" gridano gli uomini. Ma i leoni non camminano! Prendo la mia Nikon F con un 200 mm. Corro verso l'animale, ma sono prontamente bloccato da uno degli uomini. Mi mima un'aggressione in piedi agitando le braccia e digrignando i denti, quanto basta per farmi ragionare. Non c'è un accidente di luce. Apro, apro. Un quarto di secondo a tutta apertura. Provo ad inquadrare. Lo vedo relativamente bene. Sembra uno scimmione o forse un orso. Mi appoggio allo sportello del camion con il vetro tirato giù. Un paio di scatti. La bestia ci guarda altezzosa poi si gira e si confonde fino a sparire tre la scarsa vegetazione. Ripartiamo con l'adrenalina alle stelle perché tutti, senza dirlo, sono convinti di avere visto uno "yeti". A pochi minuti di strada un cavallino completamente sbranato giace in una pozza di sangue, mentre la madre lo annusa e si guarda intorno smarrita. Per oggi, direi, ne abbiamo avute abbastanza!

Una spessa coltre di brina ricopre le tende dell'accampamento stabile di Ringdom. Abbiamo cercato di dormire in otto in una grossa tenda dove gli spifferi di vento gelido hanno sibilato tutta la notte. Siamo a pezzi. L'autista sta facendo un'operazione che mi fa venire ulteriori brividi. Con un bastone ed uno straccio inzuppato di nafta accesa sta cercando di scongelare la cannetta del carburante sotto il serbatoio, visto che il camion non sente ragioni di partire. Mi allontano subito temendo un botto, ma gli indiani sembrano non preoccuparsi, anzi qualcuno porge le mani alla fiamma per darsi una stiepidita. Roba da matti!

The lead truck slams on the brakes, and the driver comes running in our direction. He excitedly jabs a finger towards the valley's left wall. There's something moving in amongst the bushes. Whatever it is, it's well camouflaged, and we can't make it out. It seems to be a reddish-coloured beast, walking on its hind legs. 'Lion!' shout the men. It can't be; lions don't walk on their hind legs! I pull out my Nikon F and the 200 mm lens, and start running towards the thing, but one of the other men stops me. He mimes an attack, all furiously waving arms and gnashing teeth, and it's enough to make me see sense. Dammit, there's no light here for a picture! I adjust the aperture settings… a quarter of a second at maximum aperture. I can make it out fairly well through the viewfinder; it looks like a big ape, or perhaps a bear. With the window rolled down, I steady myself against the truck door, and quickly take a couple of shots. The beast gives us a haughty look, turns around, and stalks off, disappearing in amongst the scant vegetation. We set off again, and our adrenaline is pumping, because – although no-one says it out loud – we's convinced we've seen a yeti. Just a few minutes further down the road we's in for another harrowing sight: a young horse has been torn to shreds by something or someone, and it's lying in a pool of blood. Its mother sniffs at the carcass, and dazedly looks around. I reckon we've just about had enough for today.

A thick blanket of frost covers the tents in the campsite at Ringdom. Eight of us had unsuccessfully tried to get some sleep in our big tent last night, as freezing drafts whistled through it all night. We's dog-tired. Our driver is doing something that makes me shudder even more than the cold. The truck won't start, so he's got a stick

Sullo sfondo della valle il Nun Kun saetta con i suoi oltre settemila metri, illuminato da una luce accecante. La neve e i ghiacciai abbarbicati sulle immani pareti compongono una vera cattedrale protesa verso l'infinito del cielo. È una meraviglia!
La luce del sole che in pochi minuti ammanta tutta la valle scioglie la brina, scalda le nostre giacche e le nostre ossa. Mentre saliamo gli ultimi tornanti prima del valico appare improvviso il piccolo monastero di Ringdom con i suoi festosi "lung-ta" (bandierine di preghiera) che garriscono al vento e i riflessi dorati dei "Vessilli della Vittoria" ai quattro angoli del tetto. Ora è tutto un tripudio di luce, di trasparenza e di colossali montagne e ghiacciai che arrivano a lambire la strada di terra battuta che, da adesso in poi, scivolerà lieve e sicura verso la vallata di Padum, piccola capitale del remoto regno di Zangskar.

Lo Zangskar è stato aperto ai visitatori da un anno e ci appare totalmente integro nel suo magico ed arcaico "look" tibetano. È uno dei tanti piccoli reami autonomi che costellavano il mondo himalayano. Se ne contavano parecchi dal Ladakh al Bhutan: lo Spiti, il Lahul, il Mustang, il Dolpo, il Sikkim.
Le difficilissime comunicazioni tra le vallate in mezzo alle montagne più alte del mondo permettevano a queste realtà di vivere la loro reclusa esistenza al riparo dai grandi sconvolgimenti politici del pianeta ignari e, spesso privilegiati attori di un teatro del tempo fermo nei secoli. Esistenze durissime eppur serene ed equilibrate. Densità di popolazione minime rendevano le relazioni fra gli uomini solidali e prive di attriti. Gli incontri lungo le carovaniere erano, a parte rari casi di brigantaggio romantico, solo occa-

with a flaming, diesel-oil soaked rag wrapped round the end, and he's trying to defrost the fuel hose, just under the tank. Fearing an explosion, I immediately back away. The Indians, however, don't seem too worried; on the contrary, some of them reach to the flame to warm their hands up. Utter madness!
In the background, the massive Nun Kun stands against the sky, aglow in a blinding light. Snow and glaciers cling to the titanic rock walls, forming a white cathedral that thrusts towards the heavens. It's simply magnificent! In just a few minutes, the sun comes out, covering the valley. It melts the frost, and warms both our jackets and bones. As we negotiate the last few upward curves of the pass, the little Ringdom monastery suddenly appears, with its playful lung-ta (prayer flags) that squeak and flap in the wind, and the golden reflections coming off the 'Victory Banners' on the four corners of the roof. Now the air rejoices with light, transparency, and the colossal mountains and glaciers that brush lightly against this narrow, unpaved road. From here on in, our path takes us slowly but surely towards the valley of Padum, the miniature capital of the remote kingdom of Zanskar.
Zanskar has only been accessible to tourists for a year now, and it looks to us like it's still managed to retain its magically archaic Tibetan look. It closely resembles all those little autonomous kingdoms scattered here and there in the Himalayan world. There were a fair few stretching between Ladakh and Bhutan: Spiti, Lahaul, Mustang, Dolpo, and Sikkim. The difficulty of moving through the valleys in between the world's highest mountains allowed these kingdoms to enjoy their reclusive existence, sheltered and unaware of political upheaval across the globe. These were the fortunate, un-

sioni di festa e fratellanza. Piccole scaramucce locali cambiavano per qualche tempo i confini che poi si ricomponevano nei durissimi e inospitali inverni.
Zangla è un piccolo villaggio ad un giorno a piedi da Padum e vanta ancora il suo arcaico e pittoresco monarca, ovviamente privo di potere politico, ma sempre rispettato e in qualche modo venerato dai pochi sudditi dispersi nella valle.
Come tanti nobili inglesi decaduti, alcuni di questi aristocratici dei reami himalayani si sono a volte riciclati come operatori turistici semplicemente mettendo a disposizione le loro dimore come alloggio o intraprendendo campagne a tutela della conservazione dei valori e delle tradizioni dei loro antichi terrritori.

Quando arriviamo a Padum sembriamo dei fornai. Coperti da una polvere penetrata ovunque e che ha reso levigati anche i denti, iniziamo a scaricare i nostri zaini nei pressi di un fiumiciattolo fresco e dall'acqua vagamente lattiginosa. Qualcuno ci dice che l'acqua ha solo una parte di limo ma che questo non la rende imbevibile. Sarà?! Qui faremo il nostro campo. In pochi attimi siamo circondati da bambini curiosi e silenziosi. Guardano, si schermiscono, fuggono. Poi arriva un ragazzetto con una chupa tradizionale color vinaccia. Si chiama Konchok e ci chiede se abbiamo bisogno di cavalli per arrivare a Darcha. Come fa a saperlo? Forse non è difficile. Le mete qui non sono troppe. Certo che sì! Abbiamo bisogno di uomini e cavalli. Contrattiamo, decidiamo e pianifichiamo la nostra partenza di lì a tre giorni. Il tempo di riprenderci dal massacro del viaggio Srinagar-Padum e di fare qualche escursione nella

knowing actors in a play that has remained untouched for centuries. It may have been a hard, austere life, but without a doubt it was serene and balanced. The low population density in those places ensured solidarity and a lack of friction amongst the people. Apart from a few isolated cases of romantically-styled highway robbery, any chance meetings on that trail were joyous occasions of brotherhood and celebrations. Every now and then the borders between these kingdoms would be temporarily redrawn after trivial local skirmishes, but they would return to their previous state during the bitter, inhospitable winters.
Zangla is a little village a day's walk from Padum. It still boasts its archaically evocative monarch. Of course, he has no political power, but is still highly respected and revered by those few subjects scattered about the valley. In a manner akin to those members of the English nobility fallen on hard times, the Himalayan kingdoms' aristocrats have taken to moonlighting as tour operators: some of them have opened their stately homes to the public, or some have undertaken campaigns to protect and conserve the values and traditions of their ancient territories. By the time we get to Padum we look like bakers covered in flour. The dust we've picked up on the road seems to have enshrouded every possible surface; it's even on our teeth. By a fresh stream with vaguely milky water we start unloading our rucksacks. A guy tells us the water contains only small traces of slime, and that it should be safe to drink. I'm not so sure, myself.
This is where we'll be camping. After just a few short minutes we's surrounded by a group of silent, curious kids. They look at us, start, and run off. Then another boy arrives, wearing the traditional deep purple-coloured chupa. His name is Konchok, he says, and asks

vallata. Siamo sfiniti. Ma che felicità!
L'ampia valle di Padum è circondata da immani bastionate di rocce brulle. Abbarbicati qui e là, templi, chortèn e monasteri delineano un ambiente tipicamente tibetano. La luce è abbagliante e la nostra piccola tendopoli colorata rompe tutti gli armoniosi equilibri cromatici che si susseguono senza fine tra gli sterminati spazi. A circa sei Km in linea d'aria il poderoso complesso monastico di Karsha scende da una parete verticale come una quinta dipinta.
È superbo ed inquietante allo stesso tempo. Camminiamo da un bel po' di tempo e, pur delineandosi sempre di più nei dettagli, sembra non si arrivi mai. Ecco che, preannunciato da un rombo cupo e non meglio identificato, ci si para d'innanzi un fiume impetuoso e assolutamente non guadabile. È lo Zangskar, che, gonfio di monsoni e denso di limo grigio, genera paurosi mulinelli, gorghi e onde decisamente scoraggianti. Quando, sconsolati, stiamo per rinunciare, ecco un oggetto giallo che galleggiando come una piuma corre veloce seguendo l'impetuosa corrente e si dirige verso di noi. Si distinguono due uomini che pagaiano e urlano come ossessi. Ci fanno cenno di aspettare.
Marmorizzati da questa scena surreale assistiamo all'attracco, si fa per dire, del "canotto tutto una pezza", reperto di una spedizione tedesca dell'anno prima, i cui baldi caronti si propongono come nostri traghettatori a Karsha. I nostri incroci di sguardi sono eloquenti, mentre uno di loro tira il canotto sulla sassosa riva e inizia a gonfiarlo energicamente facendogli riprendere una consistenza più rassicurante. Il gigantesco monastero è lì sopra le nostre teste separato da noi ormai solo da questo torrentaccio

us if we need horses to get to Darcha. How did he know that's where we's headed? It doesn't take a genius, I suppose; there aren't that many other destinations around these parts. Absolutely, we answer. We need men and horses. We haggle for a while, come to an agreement, and start planning our departure, three days from now. That'll give us just enough time to recover from the hard slog of the Srinagar-Padum trek, and to quickly explore the valley. We's shattered, but oh so happy!
The broad valley of Padum is surrounded by immense bastions of bare rock. Here and there, temples, chortens, and monasteries cling to the rock, forming a perfectly typical Tibetan environment. The light here is dazzling, and our little gathering of coloured tents completely breaks up the chromatic harmony that stretches out endlessly in the vast spaces. About four miles away as the crow flies, the powerful monastic complex of Karsha cascades down a vertical rock wall like a painted scene on a theatrical stage.
It's magnificent, yet unsettling at the same time. We've been walking for quite a while now, and although the monastery's features keep getting clearer, it feels like we's getting no nearer. We'd been hearing a deep, unidentifiable roaring for a while, and presently we find the source: a tempestuous river blocks our way, and we definitely won't be wading across it. It's the Zanskar river. Swollen by monsoons and thick with grey slime, the surface is broken by eddies, whirlpools, and severely daunting waves. Just as we's about to trudge off disconsolately, we see something yellow floating down on the raging current towards us, light as a feather. We can make out two men on board, they're paddling and shouting for all they're worth. They make gestures at us, pleading with us to wait. We watch them as they dock,

con portata di fiume. Non c'è alternativa. O meglio, l'alternativa sarebbe risalire la riva fino al ponte di Sani 7 Km più a monte. Non esiste! A tre per volta iniziano le operazioni di imbarco e traghetto. Il canotto si sgonfia a vista d'occhio, ma i giovanotti assicurano la tenuta certa fino alla riva opposta, mentre pagaiano tra i flutti sempre più impetuosi e, di fatto, si fanno trasportare dalla corrente. La circolazione si ferma. Le mani salde ai bordi e lo sguardo fisso verso il fondo bagnato. Un'esperienza indimenticabile o... da dimenticare!?

Dopo un'ora siamo nel Gon Kang del monastero in mezzo ad una puja cupa e dissonante. I monaci, per i quali sembriamo trasparenti, hanno indossato i copricapi tantrici a cinque punte con l'immagine dei Dhyani Buddha: la raffigurazione simbolica dei cinque principali stati mentali.

Tutto è arcaico, fragoroso, onirico. Misterioso e impenetrabile. Siamo soli in questa vallata remota ad assaporare un momento sospeso nel tempo. Un mondo arrivato ai nostri giorni fermo nei secoli. L'universo tibetano vagheggiato e sognato da anni si dischiude davanti ai nostri occhi in un rituale tanto incomprensibile quanto intrigante e magnetico.

Quando chiudo la cerniera del mio sacco a pelo, sento il rumore del vento che gonfia la tenda e il fiume vicino che scorre ancora lontanissimo dalla sua fine. Sono eccitato ed in preda ad un flusso di pensieri incontrollato. Penso al mio mondo. Così drammaticamente e definitivamente lontano.

Uno scampanellìo e un rumore di zoccoli ci svegliano dolcemente dal sonno profondo guadagnato solo sul limitare dell'alba. In uno stato semi incosciente metto il naso fuori della tenda. Cè Konchok, il

mesmerized by the surrealism of it all. Their patched-up dinghy is a relic from a German expedition the previous year, and its brave crew offer themselves as our ferrymen to Karsha. As one of them pulls the dinghy onto the pebbly shore and energetically starts inflating it to a more reassuring constitution, we exchange a very eloquent glance. Only this stupid, raging torrent stands between us and the huge monastery above our heads. We have no choice. Well, actually, we do, but it would mean walking down the shore to the Sani bridge, another four or so miles away. No chance! Three at a time, we get on the 'ferry' and cross the river. We can actually see the dinghy deflating as we cross, but our young friends assure us it'll at least make it to the other side. And although they continue to paddle in the ever more terrifying waves, they eventually stop fighting the current. My blood runs cold, and my hands are clamped to the sides of the dinghy, as I concentrate on the wet bottom of the boat. I can't quite decide if this is an unforgettable experience, or an all too forgettable one...

An hour later we find ourselves in the monastery Gon Kang, in the midst of a dark, dissonant puja. The monks – who appear oblivious to our presence – are wearing five-pointed tantric head coverings adorned with the images of the Dhyani Buddhas: a symbolic representation of the five principal states of mind.

Everything here is uproariously archaic and dreamlike. It's mysterious; impenetrable. Time appears to have stopped, as we alone savour the moment in this remote valley. In the modern era we live in, this is a world which has remained frozen in time. The Tibetan universe we've dreamed of and longed for all these years reveals itself to us in a ritual which is as incomprehensible as it is magnetically intriguing.

comandante, con sei cavalli e altri due zangskarpa scuri e sbrindellati, gli stewart. È il nostro equipaggio verso Darcha. I cavalli sono piccoli e simpatici. Sono pony tibetani. Hanno tutta l'aria di essere a loro agio anche con sulla groppa le ceste di vimini che abbiamo comperato a Srinagar per caricare le nostre cose. Tutto il campo è sistemato su di loro. I bagagli di otto persone. Quattro tende. Un paio di cavalletti. Quando riusciamo a muovere, il sole è già alto e picchia feroce lungo la stretta valle che è tracciata dal fiume.

Il sentiero è mal tracciato su fianchi ripidi e ogni tanto attraversa il fiume su incerti ponticelli molto artigianali per abbarbicarsi di nuovo sul lato opposto. Il rumore è solo quello dell'acqua e l'ipnosi rilassante e meditativa del camminare si appropria lentamente delle nostre anime. Stiamo bene, anche se i nasi già bruciano, l'arsura incombe puntuale e il fiato è corto. Sulla strada, nel cuore del mezzogiorno, svetta su un cocuzzolo il gompa di Bardun.

È un po' sinistro e ha l'aria più di una fortezza che di un luogo di preghiera. Sembra tutto chiuso e non vediamo anima viva. Konchok ci dice che i monaci sono via, da qualche parte nella valle.

A testa bassa proseguiamo verso la nostra prima tappa. Il monastero di Mune. I cavalli sono avanti a noi e quando arriviamo, quasi all'imbrunire, troviamo tutte le nostre cose già scaricate e sette o otto monaci che sembrano attenderci. Sono curiosi di vedere come montiamo il campo ed hanno un'aria un po' triste e vetusta.

Noi siamo invece desiderosi di fraternizzare mentre il suono lacerante dei gyaling, gli oboi liturgici del mondo tibetano, ci arriva netto dal monastero sovra-

Later, when I pull up the zip of my sleeping bag, I hear the sound of the wind puffing up our tent and the nearby river that flows ever onwards, still so far from its destination. I'm feeling fired up and thoughts run through me feverishly and uncontrollably. I think of my own world; so dramatically and definitively far away.

Only when dawn is just around the corner do I fall asleep. We are gently woken from our deep slumber by a ringing of bells and the sound of hooves.

I poke my nose out of the tent in a semi-conscious state. It's Konchok, our captain, with six horses and another couple of zanskarpa, our stewards. This is the crew that'll take us to Darcha. The horses are small and funny-looking, in a nice way. They're Tibetan ponies. They look perfectly at ease even while carrying the wicker baskets we bought in Srinagar to carry our things. They're actually loaded with our entire campsite: luggage for eight people, four tents, and two tripods for our cameras. When we finally get moving, the sun is high in the sky and beats down ferociously as we walk through the narrow valley along the river.

The path is marked badly along the steeply sloped sides, and every now and then we have to cross the river on unsteady little man-made bridges, only to then return over the river to the opposite bank.

The place is silent but for the running water, and the relaxing, meditative rhythm of our walk is almost hypnotizing. We feel great, even though our noses are already burning, and we's clearly parched and out of breath. At the peak of midday we suddenly see the Bardun gompa soaring skywards over a rise in the road.

It's a tad sinister, looking more like a fortress than a place of worship. It looks closed, and there doesn't seem to be anyone around. Konchok tells us the monks are

stante. C'è qualcosa. Una preghiera? Una cerimonia? Via di corsa con cavalletti e foto camere per il nostro "safari mistico" quotidiano.
Oggi sorrido a quel superficiale fervore. Ma allora tutto questo ci appariva come la scoperta di uno scrigno misterioso che rivelava uno dopo l'altro i suoi reconditi tesori.
Il monastero, di scuola Gelugpa, è piuttosto povero e desolato, e la cerimonia, la puja serale, non coinvolge più di una quindicina di monaci. Tutti anziani. Le movenze rituali e le salmodìe mi appaiono molto stanche e distratte. La sveltezza con cui abbandonano le loro postazioni per dedicarsi alla tsampa, la farina d'orzo abbrustolita, e al gur gur chai, il tè al burro salato tibetano, mi irrita e, egoista come sono, non mi passa neanche per l'anticamera del cervello che cosa significa stare lì trecentosessantacinque giorni all'anno o passarci una notte da trekker fighetto e ben organizzato.
Certo la puja di Mune nulla ha a che vedere col poderoso e vibrante cerimoniale di Karsha di tre giorni or sono, ma imparerò col tempo che l'universo tibetano non è abitato solo da mistici e ascetici lama, ma da esseri umani con tutte le loro storie, debolezze, virtù, pregi e difetti. E alla fine continuerò ad amarli proprio solo e semplicemente per questo. Comunque un po' per la delusione della liturgia e un po' per la stanchezza della prima tappa, ce ne torniamo sfiniti a montare il nostro campo e a cucinare le prime minestrine Knorr portate dall'Italia che ci raccontano subito i problemi dell'acqua che a questa altezza bolle a circa 88°. Risultato: una pappa immangiabile!
Non sono molto interessato alla qualità del cibo visto che mi inebrio e mi nutro di questo spetta-

away, somewhere in the valley.
We set off for the next stage of our journey with our heads down. The Mune monastery. Our horses have gone on ahead of us, and when we get there – almost at dusk – we found our things have already been unloaded and a group of seven or eight monks are waiting for us. There's a frail, melancholy air about them, but they're curious to see how we set up camp.
We's actually more interested in mingling and discovering this place, as the ear-piercing sound of the gyaling – the liturgical oboes of the Tibetan world – rings out clearly from the monastery that looms above us. Does that signal anything? Is it time for prayers? A ceremony? And away we go with our cameras and tripods, off on our daily 'mystic safari'.
Now I can look back on that superficial fervour with a smile. But back then it felt as we'd discovered a mysterious chest that kept on revealing its hidden treasures, one after another. It's a gelug-pa monastery, somewhat Spartan and desolate. No more than fifteen or so monks are taking part in the ceremony; the evening puja. They're all elderly. There's a feeling of ritual about their movements, and it seems to me the sermons are recited in a tired, almost distracted manner. I feel a kind of selfish irritation at the speed with which they abandon their posts and move on to the preparation of tsampa, their roasted barley flour, and gur gur chai, Tibetan salted butter tea. I never actually stopped to think that there's a big difference between being there 365 days a year and just passing through, spending a night there like the jumped-up well-organized hiker I am.
Of course, the Mune puja was nothing like the powerful, vibrant ceremony we witnessed in Karsha three days ago, but in time I'll come to learn that the Tibetan

colo incredibile che ci circonda. Oggi, dopo quasi trent'anni da allora, sono perfettamente consapevole del grande privilegio che quelli della mia generazione hanno avuto nel poter cogliere questi mondi nel momento in cui uscivano per la prima volta dal loro remoto ed arcaico isolamento. Un momento magico che è durato un pugno di anni fino a quando la macchina infernale del turismo di avventura e di massa ha censito e violato meticolosamente ogni anfratto dell'Himàlaya che potesse suscitare qualche minimo interesse esotico. Il mito di Shangri La è stato poi il catalizzatore di una marea montante di turismo "filo tibetano" dove tutto quello che drammaticamente si cela dietro la vicenda del Paese delle Nevi interessa e colpisce solo una parte marginale dei "cacciatori di mistica ad alta quota". Sembra impossibile fermare tutti i processi di accelerazione della fenomenologia del villaggio globale. Inutile piagnucolare sugli effetti collaterali delle tante comodità senza le quali sembra non si possa vivere più. Cito i più ovvi telefonini ed internet che ormai ci tengono in costante e nevrotica comunicazione col nostro mondo, impedendoci definitivamente di godere dell'irresistibile fascino dello smarrirsi, del perdersi e dell'essere finalmente lontani".

La nostra piccola carovana procede lenta nel ventre sempre più selvaggio della vallata. "La maestà della natura che schiaccia" come diceva Giuseppe Tucci, è qui tangibile, sperimentabile ad ogni dosso, ad ogni mutare di paesaggi mentre gli incontri con i locali si fanno sempre più rari. Gli zangskarpa viaggiano per lo più in solitudine con a fianco il loro fido pony carico di cose di quotidiane e di essenziale utilizzo:

universe is not inhabited solely by mystic, ascetic lamas, but by human beings, with all their stories, weaknesses, virtues, merits, and flaws. It's precisely for this reason that I'll always love them. Anyway, partly because of the disappointing liturgy, and partly because we's so tired after the first stage of the journey, we exhaustedly return to the campsite to set everything up. We start cooking the Knorr soups we brought over from Italy, encountering our first problem: at this height, water boils at about 88°C. The end result is a pot of inedible slop! Seen as how I'm feeding to the point of inebriation on the spectacular beauty that surrounds us, I'm not all that interested in the quality of the food. Today, almost thirty years after our journey, I'm perfectly aware of just how privileged my generation was to have been able to experience these worlds when they had just broken away from their archaically remote isolation. It was a magical moment that lasted just a handful of years, until the infernal machine of adventure tourism for the masses surveyed the land and violated every possible site of the Himalayas which could be considered even vaguely exotic, down to the last ravine.

Then the legend of Shangri-La triggered a rising wave of 'pro-Tibetan' tourism. However, the dramatic events that have unfolded in the Land of Snows actually only interest a marginal part of those 'high-altitude mysticism hunters'. Trying to slow down this accelerating transformation of the world into the 'global village' seems like an impossible task. There's no use in crying over the collateral effects of those commodities we seemingly can't live without. I'm obviously referring to mobile phones and the internet; the instruments which keep us constantly, neurotically in touch with our world, indefinitely denying us the pleasure of exploring

pelli, granaglie, pentolame o preziosi sterpi, raccolti lungo la via, da accantonare per accendere il fuoco. Quello che ci viene incontro potrebbe non essere diverso da quello che qui accadeva due o tre secoli fa quando i rarissimi viaggiatori occidentali capitarono in questa vallata secondaria, nascosta tra il Kashmir ed il Ladakh, e vi trovarono preziosi gioielli, ammaliandosi di questo mondo fuori del tempo e spesso rimanendovi prigionieri. Uno di questi gioielli resta a mio giudizio uno dei più spettacolari Gompà del mondo himalayano: Pukthal. Costruito interamente all'interno di un'enorme spelonca a picco su una parete verticale, appare all'improvviso come una iconografia surreale di un pittore visionario. Sembra non avere regole architettoniche e sfidare le leggi della fisica. Qui nel XIX secolo visse per un bel po' di tempo un ardito ungherese Alexander Ksoma de Koros (Korosi Choma), arrivato da queste parti per cercare le origini del suo popolo. Il monastero si trova a qualche chilometro di distanza dal sentiero principale. Per imboccarne la strada occorre superare il più assurdo e pericoloso ponte mai visto in oltre trenta anni di peregrinazioni da queste parti del mondo. Sovrasta un fiume limaccioso e urlante che sembra ipnotizzarti con l'agitarsi forsennato dei suoi gorghi. La passerella, (la parola ponte è davvero inappropriata), è stata ricavata da due cavi di acciaio tesi da una parte all'altra del fiume su cui sono stati appoggiati, senza nessuna assicurazione, dei fasci di rami secchi a mo' di lettiera. Sull'insieme giacciono pietre piatte che dovrebbero compattare il tutto. È una follia assurda e Konchok deve andare avanti e indietro simulando, con dei raggelanti saltelli al centro della struttura, la solidità dell'insieme che per altro

the unknown, getting lost, and going far away.

Our diminutive convoy slowly proceeds through the ever-thickening wilderness of the valley. 'The crushing majesty of nature' as Giuseppe Turci had referred to it, is tangible here. We feel it going over every bump and rise, and every time the landscape changes, as our meetings with the locals become ever scarcer.

Our zanskarpa usually walk alone with their entrusted ponies, the latter loaded up with essential everyday items: furs, grain, pots, and precious brushwood we've gathered along the way to light a fire with. Two or three centuries ago, just a few western travellers ended up in this secondary valley, hidden between Kashmir and Ladakh, finding natural riches beyond their wildest dreams. They were bewitched by this land out of time, often remaining there for the rest of their days. Who knows? Maybe we's headed for the same destiny. In my opinion, one of these jewels is Pukthal, without a doubt one of the Himalayan world's most spectacular Gompas.

It's built entirely within a gigantic cave, overlooking a sheer cliff face, looking for all the world like a surreal iconography by a visionary painter. It doesn't follow any architectural rules, and actually seems to defy the laws of physics. A daring Hungarian by the name of Alexander Csoma de Kőrös lived here for quite a while in the 19th century, having arrived to search for the origins of his people. The monastery is a few miles off the main track, and in more than thirty years of travelling around these parts, I have never seen a bridge as absurdly dangerous as the one we had to cross in order to get there. It hangs over a gurgling, slimy-grey river whose agitated, swirling currents seem to hypnotize you. The catwalk (calling it a bridge would be far too generous) consists of two iron cables pulled taut from one bank to the other,

ondeggia vistosamente. Insomma, alla fine, dopo qualche discussione su chi passa per primo, proviamo l'ebrezza vertiginosa del passaggio. Esperienza da non ripetere mai più. Konchok ci rassicura che al ritorno passeremo più a monte su un ponte "much much better… !" Vedremo!

L'apparizione di Pukthal fa svanire il panico, del resto anche molto eccitante, procurato dal passaggio del ponte. È estremamente più spettacolare che qualunque riproduzione fotografica. Siamo abbacinati! Le bandiere di preghiera multicolorate garriscono sotto un cielo scuro e una luce devastante. Il Gompa sembra parlare. È dell'XI secolo e la sua fondazione è attribuita a Richenzangpo, il fautore della seconda diffusione del buddismo nel Tibet. Tutto il territorio del Ladakh, dello Zangskar e dello Spiti è ricco di monasteri attribuiti al maestro che assieme ad Atisha consolidò la religione di Gautama detto il Buddha come elemento fondamentale e peculiare della civiltà del Tibet. La sua struttura bianco-calce acceca e le finestre bordate di nero sembrano occhi misteriosi che sorvegliano l'arrivo dei fedeli. Perchè devo andarmene di qui? Perchè non posso fermarmi? Mi basterebbe per un giorno o due.

C'è una piccola lapide che ricorda il soggiorno di Ksoma De Koros. Sono divorato da un'invidia insensata e odio i miei tempi. Le mie trappole. E non mi rendo conto che lì, allora, stavo, di fatto, assaporando gli ultimi sprazzi di una qualità di viaggio destinata a soccombere presto alla globalizzazione anche del turismo avventura.

Dopo l'apparizione surreale di Pukthal il nostro viaggio torna ad essere un errabondo vagare in fondo alla vallata, dove rari si susseguono i piccoli

across which are laid bundles of branches and twigs. Flat stones have been placed atop the bundles to weigh it all down. This is sheer insanity! Konchok walks backwards and forwards on it, chillingly hopping up and down on it right in the middle, so as to demonstrate the solidity of the structure. All the while it sways visibly. And so after a short discussion over who gets to go first, we all experience the vertiginous thrill of the crossing. Never again! Konchok assures us that on the way back, we'll be passing over a bridge further north, one that's 'much, much better…!'. We can only hope…

That momentary, thrilling sense of panic vanishes at the sight of Pukthal. It's so breathtakingly spectacular that no picture could ever do it justice, and we stand there dazzled by its beauty. Under a dark sky with its blinding flashes of light, the multicoloured prayer flags squeak and chirp, making it sound as if the gompa is talking. It was built in the 11th century, and its foundation is attributed to Richenzangpo, advocate of the second era of the expansion of Buddhism in Tibet. He was accredited with the building of scores of monasteries across the territories of Ladakh, Zanskar, and Spiti. Together with Atisha, Richenzangpo worked to consolidate the religion of Gautama Buddha as a fundamental, specific element of Tibetan civilization. Its lime-white structure dazzles the eyes, and the black trim makes the windows look like mysterious eyes that watch over the arrival of the faithful. Do I really have to leave this place? Can't I just stay here? A day or two would be enough.

A little headstone commemorates Csoma de Kőrös' stay. I'm eaten up by a senseless kind of envy. I hate the times I live in; the web I'm ensnared in. I didn't realize at the time that I was savouring the last glimmers of the kind

villaggi in puro stile tibetano di questo sperduto angolo di Himalaya.
A Theta, Konchok ci presenta la sua famiglia. La sua casa è la più grande della piccola borgata e veniamo accolti come ospiti importanti. Tè salato al burro e dolcetti locali, trangugiati a fatica, ci sono serviti dalla sorellina del nostro "capitano". Siamo nella stanza di sopra che, mi racconta il padre, in inverno è abbandonata quando tutti si ritirano al piano basso vicino al bestiame per usufuire del suo tepore "ecologico". Konchok mi dice che qui a Tetha per tutto l'inverno si rimane bloccati da metri di neve. Nessuno esce per mesi, anche per la paura dei lupi che spesso rimangono intrappolati nelle alte trincee nella neve ricavate tra una casa e l'altra. Quegli stessi lupi che, continua, hanno sicuramente sbranato quel leopardo delle nevi la cui carcassa quasi integra ci siamo trovati dinnanzi pochi chilometri prima. Gli stessi lupi che, continua ancora, ogni tanto cadono nelle trappole al limitare del villaggio, ricavate in grosse buche bordate da una fila di pietre taglienti e disposte in modo tale da non permettere più l'uscita dell'animale attirato per lo più da un povero agnellino usato come esca.
Tutti questi raccontini, che ascoltiamo a bocca aperta, mi fanno capire che tra la mia immagine bucolico-mistica e la dura realtà di queste terre ci deve essere una qualche discrepanza.
Reduce dalla lettura del bellissimo "Il Leopardo delle Nevi" di Matthiensen, che l'anno prima mi aveva spinto fino alle soglie del Mustang nel Nepal centrale, la vista del mitico animale, pur mummificato ma con tutta la folta pelliccia integra, mi aveva procurato un sussulto. Lo stesso Konchok mi aveva

of journey which would soon succumb to globalization in the form of mass adventure tourism.
After the surreal apparition that was Pukthal, we resume our wandering at the bottom of the valley, passing through a few isolated villages of the Tibetan style so typical in this secluded corner of the Himalayas.
At Tetha we meet Konchok's family. His house is the biggest in the modest village, and we are welcomed like important guests. Our 'captain's' little sister serves us some salted butter tea and local sweets, which we bolt down with some difficulty. We's occupying the upstairs room. Konchok's father tells us that in winter, the family abandons this room and moves downstairs, near the cattle, in order to share some of that 'ecological' warmth. Konchok reports that Theta is often covered in metres of snow during the winter, and the whole place grinds to a halt. For months no-one goes out, fearing – amongst other things – the wolves that often find themselves trapped in the high snow trenches formed in between the houses. Those, he goes on, were probably the same wolves that tore to shreds the dead snow leopard we'd come across just a few miles earlier. The very same wolves that every now and then fall in traps set at the village borders: gaping holes lined with sharp stones, dug in a way that anything that enters, attracted by the bait – usually an unfortunate lamb – can't get back out again. We listen open-mouthed to these little anecdotes, and I realize there must be some discrepancy between the bucolic-mystic image I have of these people and the harsh reality of life in these territories.
The previous year, Matthiessen's glorious 'The Snow Leopard' inspired me to travel to the boundaries of Mustang, in central Nepal. I felt a sweet pang when I finally saw this legendary animal; its thick fur was

riferito che sono animali solitari che raramente scendono in prossimità dei villaggi e che la sua fine non poteva che essere stata causata da un attacco di un branco di lupi. Gli unici che, appunto in branco, possono avere la meglio sul mitico felino. L'ultimo campo nella vallata lo facciamo a Kargya. Il villaggio, con i suoi 4500 Mt, è il più alto dello Zangskar e racconta solo desolazione in parte addolcita dai vicini campi di orzo e piselli ancora capaci di crescere a queste quote.

Ci aspetta ora l'ultimo cimento: superare il valico dello Shingo La a 5150 metri.
La nostra lentezza e il soffermarci troppo sulle poche "distrazioni" del percorso ci fanno arrivare nei punti critici fuori tempo massimo. Prima un guado gelido con l'acqua alle cosce. Konchok brontola seccato "Ve l'avevo detto di darvi una mossa… !" L'acqua verso sera sale continuamente. Siamo fradici, ma non ci togliamo neppure gli scarponi e continuiamo ad arrancare su per la morena, mentre il fiato si spegne per la stanchezza e per la quota. Uno di noi manca all'appello. È Paolo, il single del gruppo, ottimo camminatore e spirito molto indipendente. "Vedrai che ci trova" dice Aldo, ma è poco convinto. Intanto però si fa buio e mentre montiamo il campo al limitare del passo, comincia a serpeggiare una concreta preoccupazione. Konchok si trattiene dall'esternare completamente il suo disappunto. "Non avremmo dovuto accamparci qui! Farà un ferddo cane! Siamo a 5000 metri! E quell'altro dov'è?" "I am not responsable!!" continua a ripetere. La situazione appare critica. Vedo che Konchok confabula con Tashi, uno dei cavallari. Poi salgono in groppa a due pony e ci

intact even though it was mummified. Konchok himself tells me they're usually solitary animals that rarely descend and approach the village, so its fate could only have been the result of an attack by a pack of wolves. They're the only beasts that can get the better of the snow leopard, but even then, they can only manage it in packs. We set up our final campsite in this valley at Kargya. At 4,500 metres, it's Zanskar's highest village, and its desolation is sweetened only by the nearby fields of barley and peas, which apparently survive at this sort of altitude.

Just one more endeavour awaits us in our quest: negotiating the 5,150 metre high Shingo-La pass.
Our slow progress and our repeated 'distractions' along the way mean we reach the critical points way behind schedule. First we have to wade across a numbingly cold river, in which the water comes up to our thighs. Konchok grumbles irately: 'I told you we should get a move on!'. As evening progresses, the water rises steadily. We's soaked, but we don't even think about taking our hiking boots off as we continue our struggle up the moraine, and our breath becomes ever more ragged with the altitude and exhaustion. We's minus one member of the party. It's Paolo, the bachelor of the group; an experienced hiker, with a very independent spirit. 'He'll turn up, you'll see' says Aldo, but he doesn't sound too confident about it. In the meantime it starts getting dark, and as we set up camp on the edge of the pass, a tangible sense of worry snakes through us. Konchok tries hard not to fully express the chagrin coursing through him. 'We shouldn't be camping here! We's going to freeze! We's at 5,000 metres! And where's the other guy?'. He keeps repeating 'I am not responsible!'. The

dicono senza tante storie che vanno a cercare Paolo. Ma è praticamente notte!! Li vediamo sparire giù per la morena mentre noi, stremati da una tappa durissima e piena di emozioni, ci rintaniamo nelle nostre tende aspettando gli eventi. Devo avere un po' di febbre e nell'oblio che mi sta prendendo mi sembra come di percepire dei suoni allucinati, lontani che si confondono con lo scorrere del fiume che nasce sotto il ghiacciaio su cui siamo accampati. Sono campanelle?! Cavalli?! Usciamo di corsa. È notte fonda e uno stellato mai visto prima ci permette di distinguere le sagome scure dei due animali che salgono lenti. Urliamo "Paolo!" Ma nessun risponde. Sentiamo Konchok che sprona il cavallo… Uszz… Ohhh… Yeeou…

Solo a venti metri distinguiamo che su uno dei due animali ci sono due persone. Paolo è stato trovato! È sfinito, ma riesce a sorridere. Aveva proseguito là dove noi avevamo guadato, scoraggiato dall'altezza dell'acqua. Risalita tutta la valle si era reso conto che aveva smarrito il sentiero. Era solo e non trovava anima viva a cui chiedere. Tornato sui suoi passi aveva incontrato due locali che gli avevano indicato senza mezzi termini la via per lo Shingo Là, oltre il fiume. Entrato nell'acqua si era ritrovato zuppo fino al petto. Solo al buio. Una follia! Riconosciuta una traccia di sentiero si era avviato al buio verso la sommità del passo confidando in un riparo fino all'incontro con Konchok e Tashi, e alla fine del suo incubo.

L'indomani ci svegliamo, gonfi e contratti, in un tripudio di vette, ghiacciai e nevai scintillanti. È uno spettacolo! Ecco: "Siamo a tu per tu col respiro dei continenti" sublime considerazione di Maraini sulla vetta del Natu La! Eccoci qui, dimentichi di

situation appears to be critical. I see Konchok chatting with Tashi, one of our horsemen. Then they mount up and declare that they're off to look for Paolo. But it's practically night, now! We watch them drop out of sight down the moraine. Shattered from an emotional day of hard hiking, we hole up in our tents and wait for news. I must be getting a temperature; in the darkness that begins to engulf me, I perceive far-off, hallucinatory sounds that mix in with the running water that springs forth from the glacier we's camping on. What's that? Bells? Horses? We dash out of our tents. In the dead of night, a starry sky the likes of which we've never before seen affords us just enough light to make out the dark silhouettes of two slow-climbing animals. 'Paolo!' we bellow, but no-one answers. We hear Konchok spurring on his horse… Uszz… Ohhh… Yeeou… Only when they're about twenty metres away do we comprehend there are two people mounted on one of the horses. It's Paolo! He's completely drained, but he manages a smile. Back where we'd waded across the icy water, he'd been put off by the height of the stream, so he'd carried on walking up the pass. Having ascended the entire valley, he'd realized he'd lost the path. He'd been alone and hadn't found a single soul to ask for directions. Doubling back, he'd found a couple of locals who told him in no uncertain terms that he'd have to cross the river to get to Shingo-La. At that point the water came up to his chest. And he was alone in the dark. 'I must be insane', he'd thought. He'd managed to pick out a marking in the path, and in the dark he'd set off towards the summit of the pass, hoping to find some kind of shelter. Then, Konchok and Tashi had arrived, signalling an end to his nightmare.

Swollen and achy, we wake up in the morning to be

tutte le traversie e disagi patiti, immersi nella infinita immensità delle montagne più alte del mondo. Qui e là architetture estreme e perfette ci ricordano la creazione della terra, mentre il sentiero, che non esiste, di fatto, va cercato in mezzo a rocce colossali. Un fiume spumeggiante e già gonfio di acqua nera, genera una cascata spettacolare a pochi chilometri dal ghiacciao sovrastante che lo ha generato. Sembra impossibile che abbia già una potenza così devastante. Le prime tracce di terra, erba rasa e qualche fiore che spunta gentile tra le pietre sembrano volerci riaccogliere nel mondo dei "vivi".

Nell'ultima notte in tenda a Jangkar Sumdho (confluenza di due fiumi) i nostri uomini ci vogliono cantare delle canzoni tradizionali dello Zangskar. I volti segnati dal sole, precocemente rugosi e dagli occhi scintillanti, balenano nella luce incerta delle lampade. Una di queste canzoni dice: "...passo la mia vita sognando di vedere un giorno il Dalai Lama... ".

greeted with the triumphant sight of peaks, glaciers, and glittering fields of snow. It's simply breathtaking! 'We's face to face with the breathing of the continents', Fosco Maraini's sublime remark on the peak of Nathu La! Here we stand, deep in the boundless immensity of the world's highest mountains, as the memories of our misfortunes and discomfort fade away. Here, the extreme, perfect architecture evokes the world's creation, and we look for the path – which to all extents and purposes, no longer exists – amongst the colossal rocky masses. A swollen, foaming river of black water runs out in a heart-stopping waterfall just a short way away from the looming glacier from whence it sprang. It's hard to fathom how it can have such a devastating force so early on its course. We begin seeing the first suggestions of earth, short grass, and a few flowers gently poking out in between the stones. It's as if they're welcoming us back to the land of the living.

During the last night in our tent in Jangkar Sumdho (two-river junction), our companions decide to treat us to some traditional Zanskar songs. They're countenances are marked by the sun, all premature wrinkles and glittering eyes that flash in the flickering light of the lamps. One of their songs goes '...I spend my life dreaming of the day I'll meet the Dalai Lama...'.

Inizio capitolo:
Muri "mani" a Ringdom.
Adagiato sul Dal Lake a Srinagar.
Bivacco in Zangskar.
Il convoglio di camion che ci porta a Padum.
Barbiere a Srinagar.
In queste pagine:
Scene di vita sul lago Dal

Chapter headline:
Muri 'mani' in Ringdom.
On Dal Lake in Srinagar.
Bivouac in Zangskar.
Truck convoy to Padum.
Barber in Srinagar.
In these pages:
Life on the Dal lake.

Sopra e a fianco:
House boat lungo il fiume Jelhum a Srinagar.
Scene di vita sul lago Dal.
Nelle pagine successive:
La vetta dello Z3 e il monastero di Phugtal Zangskar
Chorten a Ringdom.
Ponticello a Phugtal.
Il traghetto di Karsha.
Il leopardo ucciso dai lupi.

Above and on the right:
House boat on the Jelhum river in Srinagar.
Life on Dal lake.
On following pages:
Z3 peak and the Phugtal Zangskar monastery.
Chorten in Ringdom.
Bridge in Phugtal.
Ferry in Karsha.
Leopard killed by wolves.

Nelle pagine successive:
Cerimonia e oggetti rituali a Karsha.
Villaggio di Teta.
Da una finesta a Padum.
Sulla piana di Ringdom a 4000 mt.
I cinque Dhyani Budda a Padum.
Il villaggio di Kargya.
Zangskari lungo il sentiero.
Nonno e nipote verso il vegetable market a Srinagar.

On Following pages:
Ceremony and ritual objects in Karsha.
Teta village.
Out the window in Padum.
Ringdom plain at 4000 mt.
The five Dhyani Buddha in Padum.
Kargya-Zangskari village along the trail.
Grandpa and grandson on the way to the vegetable market in Srinagar.

IL FESTIVAL DEL KUMBH MELA

दूसरा

Inizio capitolo:
Sadhu ad Amarnath.
Preparativi per il Kumbh Mela di Haridwar.
Processione.

Chapter headline:
Sadhu in Amarnath.
Kumbh Mela preparation in Haridwar.
Procession.

Il 19 ottobre del 2007 mi trovo sull' Harki Peri Ghat di Haridwar in compagnia di alcuni amici medici di Rimini con cui sto andando a Dharamsala per una missione medica e umanitaria: il "Cardiolab". È in pieno corso la cerimonia di purificazione del fuoco e dell'acqua sulle rive del sacro Gange mentre io mi appresto ad un malinconico rito. Ho con me le ceneri del mio forse più caro amico, Ulisse Nardini, scomparso improvvisamente un mese fa. Ulisse ha vissuto con me tanti momenti memorabili e viaggi straordinari e tanti anni fa, proprio su questa riva e guardando le fiammelle votive che si allontanavano sulla corrente del fiume, mi mormorò qualcosa sul fatto che non gli sarebbe dispiaciuto, una volta abbandonato il corpo terreno, essere disperso tra i flutti di questo fiume di cui lui tanto sentiva la intrigante spiritualità. Era il 1986 ed eravamo giunti qui, da soli, per assistere al grande Kumbh Mela di Haridwar. Mentre nel caos liturgico cerco un brahmino a cui affidare la cerimonia di dispersione delle sue ceneri, mi vengono in mente come in un rapido susseguirsi di scene, tutti i momenti di quella singolare esperienza. Due occidentali al festival hindu più grande dell'India.

Febbraio 1986: La stazione ferroviaria di Haridward è stipata all'inverosimile. Gente ovunque, sdraiata, ammucchiata, colorata. Rumori di ferraglia mista a radio gracidanti e grida di ambulanti. Fumi e odori contrapposti (curry e urina di vacca la fanno da padroni) si spandono nell'aria; una locomotiva ansimante arriva tra sbuffi di vapore e con i suoi grappoli di decorazioni umane appese qua e là. I tetti dei vagoni sono coperti di folla variopinta, turbanti, sari, masserizie varie, viveri, materassi. Da ogni fine-

THE KUMBH MELA FESTIVAL

On October 19th, 2007, I find myself on the Har Ki Pauri ghat in Haridwar, together with a group of friends of mine – all doctors. We's heading for Dharamsala on a medical and humanitarian mission: the 'Cardiolab'. The ceremony of the purification of fire and water is in full flow on the shores of the sacred Ganges river, while I take part in a melancholy ritual. I'm carrying the ashes of Ulisse Nardini, perhaps my closest friend, who passed away suddenly a month ago. Together we'd shared scores of memorable moments and extraordinary journeys. Many years ago, we'd been sitting on this exact same shore, watching the flickering votive flames sweep down the river, carried by the current. He'd murmured something about the fact that, upon leaving his earthly body, he wouldn't have at all minded if his ashes were scattered on the waves of the river that to him held such an intriguing spirituality. This was in 1986, and we'd come here alone to witness the great Kumbh Mela of Haridwar. In the midst of a liturgical bedlam I search for a Brahmin willing to perform the ritual of the scattering of the ashes, and one after another the memories of that unique experience come flooding through my mind.

Two westerners at the biggest Hindu festival in India.

February, 1986: Haridwar train station is packed to the roof. There are people everywhere: they lie on the floor or stand together in huge crowds; the place is awash with colour. The air is filled with the sounds of brakes squealing on the tracks, crackling radios, and the shouts of wandering traders. Clashing fumes and odours expand in the air (curry and cow urine stand out above the rest); a wheezy locomotive arrives into the

strino si vedono almeno quattro o cinque teste che si protendono attraverso le grate per assaporare quell'arrivo tanto agognato. Siamo arrivati al più grande festival religioso del mondo: il Kumbh Mela.
È una esperienza indimenticabile per tutti. Una esperienza da ricordare per la vita. Sia per i milioni di pellegrini che vi arrivano da tutta l'India ma anche per un occidentale che, tra mille difficoltà, abbia la ventura di parteciparvi.
Il Kumbh Mela (lett. raduno dell'Urna) è un festival induista legato al mito della lotta fra dei e demoni per la conquista dell'Amrita Kumbh: l'urna del nettare che dona l'immortalità.
Le sue origini sono antiche probabilmente come lo stesso induismo e le cronache sin dai tempi di Alessandro raccontano dei Naga Baba (asceti nudi) e dei loro raduni, i Mela. Dunque partecipare ad un Kumbh Mela significa in qualche modo partecipare ad una arcaica ritualità collettiva che si è mantenuta pressocchè intatta fino ai nostri giorni. Inoltre si tocca con mano l'immensa realtà dell'india popolare, quell'India che Gandhi chiamava la "vera India" e che non è cambiata più di tanto nemmeno oggi. L'India dei villaggi, l'India dei pellegrini che nel momento in cui si aggrega in milioni di individui da un lato ci incute timore ma dall'altro ci esalta con la sua inamovibile ed incontaminabile grandiosità.
Il Kumbh viene celebrato ogni tre anni in quattro città diverse, tutte situate sulla convergenza di due fiumi (prayag), in tutto il subcontinente luogo di grande sacralità. Queste città (Haridward, Allahbad, Ujiain e Nasik) furono, secondo la leggenda, contrassegnate da quattro gocce di nettare cadute dall'urna dal dio Jayanta inseguito dai demoni durante

station with its plumes of steam and decorative bunches of people hanging off it here and there. The roofs of the carriages are bedecked with colourful multitudes: turbans, saris, household effects, provisions, mattresses, etc. At least four or five faces poke out of every window; they lean out through the grating, savouring their long yearned-for arrival. We've come to the world's largest religious festival: the Kumbh Mela. It's an unforgettable experience for all involved; something that stays with you a lifetime. Not only for the millions of pilgrims pouring in from all of India, but also for a westerner, one who's managed to overcome an endless series of obstacles to be lucky enough to take part.
The Kumbh Mela (literally, the 'gathering of the urn') is a Hindu festival born of the mythical struggle between the gods and demons over the Amrita Kumbh: an urn containing the nectar which, when consumed, could grant immortality.
The origins of the festival are probably as ancient as Hinduism itself, and reports of the Naga Baba (naked ascetics) and their gatherings – the Mela – have been chronicled since the times of Alexander the Great. This means that participating in a Kumbh Mela in some way means taking part in an archaic, collective ritual which, to this day, has remained practically intact. And here, the immense reality of the Indian people – that which Gandhi defined as 'the true India' and which is still largely unchanged – is a tangible thing. You can feel it. This is the India of small villages, the India of pilgrims, and when you join in with those millions of individuals you feel on the one hand a sense of fear, but on the other you feel elated by its pure, immovable grandeur. Kumbh is celebrated every three years in four different cities, all situated at the converging point of

la sua fuga verso la terra. La fuga durò dodici giorni che, trasposti in tempi umani divennero dodici anni. Complicate ed affascinanti le connessioni astrali dei vari Kumbh sono regolate con il movimento del sole e di Giove. Il Kumbh viene celebrato quando Giove è in Acquario e il Sole è in Ariete. Nel momento astrologicamente più propizio migliaia di sadhu si gettano tutti insieme nelle sacre acque del Gange creando situazioni bibliche drammatiche e spettacolari. Dopo il tragico Kumbh del 1954 durante il quale morirono 500 persone e migliaia rimasero ferite, il governo indiano decise di non permettere più l'auto gestione di questi megaraduni. Diede vita ad una serie di infrastrutture organizzative e allo stesso tempo furono allestiti dei cordoni sanitari per evitare il propagarsi di epidemie. Ragubir Singh, noto fotografo indiano, fornisce una serie di dati impressionanti sul grande Kumbh (il Maha Kumb, quello che si celebra ogni dodici anni) che si tenne ad Allahbad nel 1977. In quella occasione fu costruita una tendopoli che occupava 25 acri... Furono allestiti 14 ponti galleggianti sul Gange e sette torri di controllo. Si impiegarono 250 altoparlanti e più di 8000 spine elettriche. Il servizio d'ordine era garantito da 8000 soldati più centinaia di boy scouts e volontari. Le ferrovie istituirono 1400 treni speciali, 1000 autobus, 2500 barche e migliaia di camion, risciò, scooters che portarono ad Allahbad 40.000 sadhu, 500.000 kalpavsi 800.000 pellegrini che si fermarono per gli oltre due mesi del Kumbh) e più di venti milioni di persone vennero al Kumbh per qualche giorno. In momenti diversi furono perdute 40.000 persone e più di diecimila furono dimenticate nelle varie stazioni dagli autobus notturni.

two rivers (prayag), considered in the subcontinent to be a deeply sacred location.
According to the legend, these four cities (Haridwar, Allahabad, Ujjain, and Nashik) were marked by four droplets that spilled from the urn, as the god Jayanta, chased by demons, fled towards the Earth.
That flight lasted twelve days, and transposed in human time, that became twelve years.
The complicated, fascinating astral connections of the various Kumbh are ruled by the movements of the sun and Jupiter. The Kumbh is celebrated when Jupiter is in the sign of Aquarius, and the sun is in Aries.
At the most astrologically apt moment, thousands of sadhu throw themselves into the sacred waters of the Ganges, and recreate spectacularly dramatic, epic scenes. After the tragic events of the 1954 Kumbh, in which 500 people lost their lives and thousands more were injured, the Indian government took over the organization of such colossal gatherings, which had until then been self-handled. This gave life to a whole new organizational infrastructure, as well as the setting up of containment barriers to help prevent the propagation of epidemics.
Ragubir Singh, an illustrious Indian photographer, reels off some mightily impressive statistics from the great Kumbh (the Maha Kumbh, celebrated every twelve years) held in Allahabad, in 1977. For that occasion, a 25 acre stretch of land was prepared for tents. 14 floating bridges were set up over the Ganges, as well as seven control towers. 250 loudspeakers and more than 8,000 electrical plugs were used. Public order was provided by 8,000 soldiers with the aid of hundreds of boy scouts and civilian volunteers. The rail service began running 1,400 special trains for the occasion, adding to the 1,000 buses, 2,500 boats, and the several thousands

Il 16 gennaio 1977 l'Upper India Express partì da Calcutta già strapieno attraverso il Bengala ed il Bihar continuò a raccogliere gente fino ad occupare ogni centimetro di spazio. Durante la notte ci furono princìpi di incendi, si infransero tutti i vetri e tutte le lampadine, infine centinaia di feriti e contusi si rovesciaraono nella stazione di Allahbad quando il treno, dieci ore dalla sua partenza da Calcutta, arrivò con oltre 10. 000 persone invece delle 2000 consentite. Durante il festival ci furono momenti di grande tensione drammatica.
Fotografare sadhu nudi e la gente che si bagna sulle rive del fiume è strettamente proibito; anche se muniti di permessi speciali si è continuamente aggrediti dalla gente che sembra volere difendere i sadhu dalla indiscrezione degli occidentali.
Si ritiene (credo giustamente) che gli indiani, a differenza degli occidentali, abbiano nei confronti delle nudità, in questo caso rituali, un atteggiamento non morboso ed infatti ho più volte sentito esprimere preoccupazioni sul fatto che in occidente si potesse fare un cattivo uso delle foto dei Naga Sadhu (asceti nudi) o delle donne intente alle loro abluzioni. In quell'anno Michelangelo Antonioni decise di girare un documentario sul Kumbh Mela. All'arrivo di una processione di Sadhu egli piazzò i cavalletti e comandò il ciak. I sadhu fecero ripetutamente segno di smettere di girare ma Antonioni rifiutò l'invito. In un attimo lui, la sua troupe, il magistrato e la scorta di polizia che li "proteggeva" furono travolti da un'orda di naga sadhu armati di tridenti e spade che distrussero tutte le attrezzature e continuarono imperterriti la loro marcia verso il Gange.
I Sadhu godono durante la festa di speciali privilegi,

of trucks, rickshaws, and scooters that carried 40,000 sadhu, 500,000 kalpavsi pilgrims that stayed for the entire duration (more than two months) of the Kumbh. Not to mention the twenty million people who attended the Kumbh for a few days. 40,000 people got lost in various moments amidst the confusion, and more than 10,000 pilgrims mistakenly didn't get picked up by the night buses at stations around the country.
On 16th January, 1977, the Upper India Express set off from Calcutta already crammed with passengers. It passed through Bengal and Bihar, all the while picking up more passengers, until every square inch of the train was occupied. Small fires broke out during the night, and all the windows and lamps were broken. Ten hours after its departure from Calcutta, the train arrived at its destination with 10,000 people instead of the maximum 2,000, and the hundreds of battered, bruised, and otherwise wounded spilled out into Allahabad station. This was just one of the greatly dramatic moments of tension during the festival.
Taking pictures of the naked sadhu and those who bathe on the shores of the river is strictly prohibited; even if you have a special pass allowing you to document the festival, the locals will jealously try to defend the sadhu from prying western eyes, and will repeatedly attack those who attempt to take photographs.
Back home popular belief has it (and rightly so, in my opinion) that, unlike westerners, Indians are not morbidly embarrassed about nudity during these ritual occasions. More than once I've heard people express their worries about the possibility of westerners tastelessly using pictures of the Naga Sadhu (nude ascetics) or bathing women. That same year, Michelangelo Antonioni wanted to film a documentary on the Kumbh Mela.

sono i primi attori del festival e sono sempre loro a guidare le processioni seguiti da migliaia di sannyasin, swami, o bawrasi come si definiscono diverse tipologie di asceti.
La folla si china a baciare il terreno calpestato dai sadhu ed essi ripagano la devozione della gente con esibizioni a volte grottesche dei loro poteri yogici.
Ad Haridward c'erano persone che sostavano attorno a dei tumuli di terra dove da diverse settimane erano seppelliti, in condizioni di quasi catalessi, dei famosi yogi provenienti dalle sorgenti del Gange.
Altri yogi dimostravano il loro controllo sul dolore esibendosi in virtuosismi ginnici con il proprio organo genitale, come trasportarci due persone appese con un bastone arrotolato al medesimo o trascinarci una jeep con dieci persone sopra.
Fu durante quest'ultima "performance" che venni aggredito da un sadhu con uno spadone. Ero chino in mezzo alla strada e riprendevo da una certa distanza la scena quando il mio amico Ulisse mi gridò qualcosa. Ero talmente ipnotizzato da quel gigantesco sadhu che come un bufalo trainava la jeep con il suo "lingam" che non ci feci caso. Un colpo violento sulla telecamera che spostò di colpo l'inquadratura mi riportò al presente. Fui spintonato a terra e quando mi girai per realizzare cosa succedeva, di fronte a me si ergeva una creatura completamente nuda, coperta di cenere, con i capelli lunghissimi raccolti in una treccia e dei segni shivaiti sulla fronte che lampeggiando gli occhi emetteva frasi in hindi incomprensibili letteralmente ma molto chiare nel tono. Tentai timidamente di mostrare il permesso che avevo faticosamente ottenuto dalla polizia ma mi resi subito conto della mia ridicola posizione. Pretendevo di far

With his film crew, he set up the equipment and started filming when the Sadhu arrived. The latter repeatedly gestured for them to stop filming; a request which Antonioni tuned down. Suddenly he, together with the crew, the magistrate, and the police escorts who where there to 'protect' them, were overwhelmed by a horde of naga sadhu armed with pitchforks and swords. They smashed all the filming equipment to pieces, and resumed their march towards the Ganges as if nothing had happened. During the festival, the Sadhu enjoy certain privileges. They're the festival's main protagonists, and it is they that lead the processions, followed by thousands of sannyasi, swami, or bawrasi, as the various different ascetics are defined. The multitudes kneel to kiss the ground walked on by the sadhu, who in turn repay the people for their devotion with often grotesque exhibitions of their yogic powers.
At Haridward, groups of people stood around little piles of earth. Here, famous yogis from the source of the Ganges lay buried, in a semi-cataleptic state.
Other yogis demonstrated their ability to control pain, in a series of audacious exercises involving their genitals. These included carrying two people hanging from a pole around which their member had been tied, or using it to tow a jeep bearing ten people.
It was during this last 'performance' that I was attacked by a sadhu with a sword. I was crouched in the middle of the road, filming the scene from a fair distance, when my friend Ulisse shouted something. I was so completely mesmerized by the gargantuan sadhu pulling that jeep with his lingam that I simply didn't take any notice. The image in my viewfinder jerked suddenly as a hard blow connected with my film camera, jolting me back to my senses. I was shoved to the ground, and when

valere un pezzo di carta "istituzionale" su un individuo libero da qualsiasi condizionamento esterno o interiore. Un uomo "nudo" che non aveva bisogno di nulla e che nulla temeva. Ulisse venne in soccorso e ce la filammo con l'adrenalina allo stomaco per passare il resto della giornata nella nostra squallida ma protettiva stanzetta.

Ma al di là di queste esibizioni popolari che tendono a dimostrare un dominio assoluto del dolore e la mortificazione delle passioni, i sadhu rappresentano comunque l'antica saggezza dell'India e la gente viene al Kumbh oltre che per bagnarsi, anche per il Dharsan ovvero "il contatto spirituale con i saggi".

Ed infatti durante i due mesi del festival si susseguono dibattiti, rappresentazioni religiose od epiche e, di notte, ogni angolo di Haridwardd risuona di mantra, canti e preghiere mentre tutta la città sembra avvolta nell'incenso.

Centinaia di barbieri lavorano continuamente poichè è necessario radersi prima del sacro bagno. Molti bambini hanno la loro iniziazione al Kumbh e questo è considerato di grande auspicio. E poi ancora si vedono le vacche sacre decorate con sete e broccati che si aggirano tranquille mangiano ghirlande di fiori e accarezzate dalle mani dei devoti. Si susseguono i minuscoli luoghi di ristoro dove per pochi pàisa si può avere un pugno di riso ed un piatto di "dal" (lenticchie al curry). Cercare carne è inutile poichè tutta la città e rigorosamente vegetariana.

Ed infine molti muoiono al Kumbh. E se morire a Benares per un Indù rappresenta la massima aspirazione, morire al Kumbh dà al devoto la certezza di essere un bagyawan, un "benedetto".

Altri curiosi personaggi sono i pellegrini che si sono

I span around to take in what was happening, I was greeted by the sight of a creature covered in ashes, long, long hair tied up in a braid, with Shaivite markings on his forehead, but otherwise stark-naked. His eyes flashed angrily as he spewed forth a torrent of Hindu exclamations that, although incomprehensible to me, left no doubt as to the general meaning. Timidly, I tried to show him the pass I'd obtained with some difficulty from the police, but I immediately realized just how ridiculous I looked. I was trying to assert the validity of an 'institutional' piece of paper with an individual who was completely free from external or internal conditioning. A naked man, who needed nothing, and feared nothing. Ulisse came to help me up and we skedaddled, our adrenaline pumping like crazy, to spend the rest of the day in our dirty – but safe – hotel room.

However, the sadhu aren't just about popular exhibitions of their mastery of pain and their ability to completely revoke any carnal desires. They're also a living representation of India's ancient wisdom, and aside from bathing, folk come to the Kumbh for the Dharsan, or 'spiritual contact with the sages'.

Indeed, the two months of the festival feature debates and religious or epic stage plays; at night, every corner of Haridwar echoes with the sound of mantras, chants, and prayers, as the entire city appears to be enfolded in the aromas and smoke of burning incense.

Given that one must be fully shaved before taking the sacred bath, hundreds of barbers work around the clock. Many children undergo their initiation at the Kumbh, a fact considered to be a good omen for their future. Once again we see the sacred cows, bedecked with silk and brocades, serenely wandering around,

presi l'incarico di portare l'acqua benedetta del Gange a parenti ed amici malati. Si assiste così allo spettacolo di migliaia di persone che, chine sulla riva, raccolgono l'acqua in minuscole bottigliette coperte di fango per renderle meno fragili e le sistemano in cesti rituali a bilancia chiamati "lata pani". Partono così per tutta l'India, spesso a piedi per devozione, a portare l'acqua benedetta da miracolose virtù.
E alla sera migliaia di piccole fiammelle preparate su foglie di pipal si staccano lentamente dalla riva tra preghiere, suoni e canti surreali.
Del resto l'universo induista è caratterizzato dal fuoco e dall'acqua. Si dice infatti che l'universo si sia sviluppato dalle acque cosmiche dopo che vi si era gettato il germe del fuoco. Nacque così la prima delle quattro ere induiste, la Krita Yuga considerata la migliore. In seguito gli uomini caddero preda della lussuria e della cupidigia ed il mondo degenerò e così ora ci troviamo nella Kali Yuga, l'era peggiore.
Ma al suo termine l'universo verrà distrutto dai flutti e dalle acque ribollenti e riapparirà la Krita Yuga e forse anche allora, così come oggi e tremila anni orsono, la gente dell'India continuerà a percorrere le sue sconfinate terre alla ricerca dei Tirtha, i luoghi sacri, lungo i fiumi che conducono dalle vette dell'Himalaya ai mari tropicali.

E forse ancora saranno i sadhu itineranti a rappresentare il punto di riferimento per un ideale di rinuncia e liberazione dalle catene dei desideri e l'acqua ed il fuoco entreranno simbolicamente nei rituali di purificazione quotidiana. Oppure no! Oppure la tragica omologazione culturale verso cui andiamo inesorabilmente incontro non risparmierà neppure il polmone spirituale del mondo: l'India.

chewing on flower garlands as the devoted approach and caress them.
There are rows upon rows of those tiny restaurants where you can get a handful of rice and a plate of dal (lentil curry) for just a few paisa. No point in looking for meat: the whole city is strictly vegetarian. Ultimately, many come to die at the Kumbh. If dying in Varanasi is the principal aspiration of those of the Hindu faith, then dying at a Kumbh affords the devoted the certainty of becoming a bagyawan – one of the 'blessed'.
Also worthy of note are those pilgrims that take it upon themselves to carry the sacred waters of the Ganges back with them to sick friends and relatives. Here we come across the arresting sight of thousands crouched along the shores, collecting the water in minute bottles covered in mud so as to render them less fragile, and placing their filled bottles in ritual balanced baskets called lata pani. They then set off for their homes all over India – often devotedly on foot – to take back the blessed water with its miraculous virtues. In the evening, thousands of little flames set up on pipal leaves slowly break away from the shore and float down the river, amidst prayers and surreal sounds and chants.
After all, the Hindu universe is characterized by fire and water. Indeed, it's said that the universe developed from the cosmic waters after the seed of fire had been thrown in. Thus began the first of the four Hindu eras, the Krita Yuga, also considered to be the purest. Later, mankind would degenerate and become victim of its own lust and greed, giving rise to Kali Yuga, the most calamitous era. But in the end the universe will be swallowed up by the seething waves, and Krita Yuga will once again appear. Perhaps even then the people of India will continue – as they do and have done for the

E forse allora non ci sarà più posto per una nuova Krita Yuga. Chi lo sa?

La cerimonia del fuoco sull'Harki Peri Ghat sembra oggi più affollata del solito. Del resto qui tutti i pomeriggi è un convenire di devoti per le sacre abluzioni e l'affido delle sacre fiammelle votive al grande fiume. Dagli altoparlanti, ad un volume quasi fastidioso, si levano canti e invocazioni in tutta la vasta area del ghat, mentre tutte le campanelle dei templi, come impazzite, vengono percosse all'unisono dalla folla esaltata. In mezzo al caos più totale si levano grandi fiamme liturgiche che vengono agitate da quattro o cinque bhramini in prossimità della riva del Gange. Si vedono molte donne immergersi e riemergere in rapida sequenza. Sono assorte ed hanno gli occhi chiusi. Pregano. Si reggono alle catene predisposte lungo le gradinate per non essere trascinate via dalla corrente. Fra la gente si aggirano personaggi muniti di varie tessere o distintivi appartenenti a congregazioni religiose hinduiste, che chiedono offerte ma rilasciano regolare ricevuta. È un delirio di suoni, fumi, fuochi, acqua che corre e che riflette i lumini che continumente prendono il largo accompagnati dalle devote mani dei sacerdoti.
È uno di questi che mi prende in affidamento per disperdere le ceneri di Ulisse.
È ovvio che vuole dei soldi e la cosa mi irrita molto. Cerco di spiegargli con calma, per quello che si può in quel caos, cosa significa per me questa cosa. Per me e per la famiglia del mio amico. Con lo sguardo gli chiedo di rinunciare per un attimo a "monetizzare" le sue funzioni sacerdotali e di dedicarsi a questa piccola cerimonia con un po' di amore. E solo

last 3,000 years or so – to roam their boundless lands in the search for Tirtha, those sacred sites found along the rivers that lead from the peaks of the Himalayas to the tropical seas.
And maybe the wandering sadhu will still be a point of reference, an ideal, representing the forsaking and liberation from the chains of desire. Perhaps water and fire will become a symbolic part of the rituals of everyday purification. Or maybe not… maybe not even India, the spiritual heart of the world, will be safe from the tragic cultural homogenization we's inexorably sliding into. And perhaps there'll never be another Krita Yuga. Who knows?
Today there seems to be a bigger throng than usual for the Har Ki Pauri ghat fire ceremony. But then again every afternoon sees an influx of the devoted coming for their sacred cleansing and to launch their hallowed votive flames from the shores of the great river. Chants and invocations issue from the speakers at an almost bothersome volume, and the elated crowds frantically ring the bells in all the temples in unison. In amidst the chaos, four or five Brahmin nurture a dancing fire by the shore of the Ganges. Several women wade in and back out again in quick succession. They're eyes are closed, completely absorbed in their activity. As they pray, they tightly hold on to the chains fixed to the steps, so as to avoid being swept away by the current. Various characters pick their way through the crowd with badges and identification cards decreeing their belonging to differing religious Hindu groups. They solicit offerings, handing out a perfectly valid receipt to contributors. It's a delirium of sounds, smoke, fire, and running water that reflects the lights that still head out into the river, gently pushed out on their way by the devoted hands of

per pochi secondi che mi accorgo di non sentire più nulla e lo sguardo del giovane e paffuto ragazzo mi danno l'impressione che mi prenda sul serio. Io sono molto serio. Mi accarezza una spalla e prende il contenitore che mi sono portato nello zaino dall'Italia. È un vasetto di vetro dentro un sacchettino di un qualche prodotto turistico di San Leo (un liquore? Una marmellata… ?) con scritto "Il conte di Cagliostro". Ulisse era nato e viveva a San Leo nella sua patrizia casa di famiglia e il personaggio di Giuseppe Balsamo, avventuriero palermitano passato alla storia come il "Conte di Cagliostro", fu incarcerato e finì i suoi giorni nella poderosa fortezza che sovrasta la casa del mio caro amico; una presenza familiare per tutti i leontini. Sicuramente molto responsabile della notorietà internazionale dell'ardita fortificazione di Francesco Di Giorgio Martini. Personalità cupa, intrigante, affascinante e misteriosa, legata alla massoneria e al mondo degli alchimisti. Ulisse, che era conte, amava scherzare sovente su suggestive identificazioni con il controverso personaggio.
Ora le sue ceneri erano protette da questa scritta beffarda ed ironica come lui amava spesso essere; dissacratore e allo stesso tempo rispettoso delle culture e devozioni altrui.

Il brahmino inizia a salmodiare delle formule e mi chiede di ripeterle. Non capisco nulla e vado a suono… Ripeto, ripeto e dentro di me sorrido un po' malinconicamente pensando ad Uli che mi guarda da qualche parte. Ride anche lui, sono certo, di questa improvvisata liturgia dedicata ma so anche che non gli dispiace affatto questo ultimo tuffo in quel fiume che tutto riporta al cosmico fluire delle esi-

the ministers. I entrust one of these to scatter Ulisse's ashes. He makes it clear he wants to be paid, a fact which angers me. Amidst the surrounding chaos I try as best I can to calmly explain just what this rite means to me. Not only to me, but also to my friend's family. I stop arguing, and with my eyes I plead with him to put aside the 'commercialization' of his priestly duties, and to dedicate himself with just a little bit of love to this unpretentious ceremony. Then, in those few seconds of silence, I read in the young man's plump countenance that he's taking me seriously. And indeed, I'm very serious about it. He caresses my shoulder and takes the container I've brought with me from Italy in my rucksack. It's a small glass jar inside a carrier bag that once carried some tourist product or another from San Leo (liquor? A jar of marmalade?), with the words 'Il conte di Cagliostro' (The Count of Cagliostro) written upon it. Ulisse was born and bred in San Leo, in his family's noble house. The character of Giuseppe Balsamo, the adventurer from Palermo who went down in history as the 'Count of Cagliostro', was imprisoned and spent the rest of his days in the mighty fortress that looms over our dear friend's home; a familiar presence for all the folks of San Leo. He was almost solely responsible for the international notoriety of Francesco Di Giorgio Martini's boldly fortified castle. Balsamo was a dark, intriguing, fascinating, and mysterious figure, linked with freemasonry and the alchemist underworld. Ulisse, who was himself a count, loved to joke and allude to suggestive similarities between himself and the controversial character. Now his ashes were under the protection of this title, full of charm and irony, just as he himself had been; desecrating and at the same time respecting the rituals of other cultures and devotions

stenze. Di ieri di oggi e di tutto il domani che rimane a questa piccola terra. Tra preghiere, canti e scampanellii forsennati in tre o quattro manciate Ulisse viene disperso tra le fiammelle che galleggiano per qualche decina di metri per essere poi travolte dai flutti e impartire il loro ultimo, finale insegnamento sull'impermanenza di tutte le cose.

The Brahmin begins to recite verses, and asks me to join in. I can't make out the words, so I try to copy the sounds. I listen and repeat, listen and repeat, and inside I smile a little melancholically, as I imagine Uli nearby, watching me. He's smiling, too, I'm sure of it, at the sight of this improvised liturgy dedicated to him. I know he's enjoying this one final plunge into that river that carries everything back into the cosmic flow of existence. The flow of yesterday, today, and all that remains of tomorrow on this small, insignificant world. As prayers, chants, and furiously ringing bells sound all around us, Ulisse is scattered in a few handfuls amongst the flames that float down the river for a few feet, until they're overcome by the waves, imparting their final teachings on the ephemerality of all things.

Sopra:
L'ansa del Gange a Rishikesh.
Nella pagine successive:
Tre sadhu durante il festival.
Sulle rive del fiume ad Haridwar.
Anziano sadhu.
Personaggi al Kumbh mela.

Above:
L'ansa del gange a Rishikesh.
On the following pages:
Three sadhu during the festival.
River banks in Haridwar.
Old sadhu.
Kumbh mela characters.

A fianco e nelle pagine seguenti:
Pellegrini che raccolgono le acque sacre del Gange e le trasportano a casa in piccole bottigliette. I pappagalli sopra i cesti a bilancere decorati sono il veicolo della dea Ganga.
Cerimonie religiose e rappresentazioni durante il Kumbh.
Scene di vita ad Haridwar

Beside and on the following pages:
Pilgrims bottling Ganges holy water to take home. Parrots perched on the pole of decorated baskets means used by the goddess Ganga.
Religious ceremonies and representations during the Kumbh.
Life in Haridwar

मिश्रा

IL TRENO PER BENARES

RB

Benares (Varanasi) sembra rappresentare la quintessenza dell'India religiosa e inamovibile nella sua austera, complessa e decadente ritualità induista. Città dedicata al culto di Shiva e adagiata sulle rive del maestoso Gange per gli indù è un po' quello che la Mecca rappresenta per i musulmani. Il pellegrinaggio è una delle pratiche cruciali nella vita di un fedele induista. L'India è disseminata di luoghi sacri dedicati alla miriade di divinità che compongono il pantheon indù. Sull'Himalaya i Tirtha, luoghi sacri, vedono flussi interminabili di fedeli sfiancarsi sulle pendici ripide delle montagne del Garwal, di Amarnath, Badrinath, Kedarnath. Città grandi e piccole rese sante perché nate nei pressi di confluenze di due fiumi, i prayag, vedono avvicendarsi da secoli festival e "mela", raduni raligiosi il più famoso dei quali è certamente il Kumbh Mela.
L'induismo, sorta di complesso "feudalesimo religioso" che di fatto è basato su una relazione di offerte-favori tra gli umani e le divinità, vede nel fuoco e nell'acqua gli elementi purificatori per eccellenza. Ecco quindi che le sacre abluzioni lungo i "ghats", le scalinate che scendono al Gange, e le pire che bruciano i morti tra le fatiscenti costruzioni, templi, angiporti che caratterizzano la zona prospiciente il fiume, riassumono in modo impressionante il rapporto del fedele indù con la vita e la morte.
Quell'anno decidemmo di raggiungere Benares in treno. Il Varanasi "Express". 635 Km in 16 ore.
In realtà volevamo proprio vivere le "Indian railways". Un altro mondo a sé, tutto da scoprire. Possibilmente con lentezza. E la stazione di Delhi ci dà il suo cordiale benvenuto tra montagne di sacchi pieni di merci, piccoli punti di ristoro ogni due passi,

TRAIN TO BENARES

Benares (Varanasi) seems to represent the quintessence of religious India, so unyielding in its dour, complex and decadent Hindu ritualism. The city thrives along the majestic Ganges riverbanks and is devoted to the cult of Shiva; in its entirety, it has the same importance as the Mecca to the Muslims, and pilgrimage is also quite as essential. India is riddled with holy spots dedicated to a myriad of deities as part of the Hindu creed. The Tirtha on the Himalayas are the sacred sites where endless flows of pilgrims gather by literally climbing the steep trails of mountain Garwal, Amarnath, Badrinath, Kedarnath. Towns of all sizes are considered holy simply because founded nearby some confluence point of two rivers, the prayags, thus for centuries home to festivals and religious gatherings called 'mela', the most famous Kumbh Mela.
Hinduism is a sort of 'religious feudalism' based upon a symbolic trade of offerings and favors between humans and deities where fire and water are the purifying elements. Hence, amid the poor constructions, temples and docks on the river, it's common to catch sight of ablutions along the 'ghats', the steps to the Ganges, as well as of pyres used to cremate the bodies. It's the epitome of Hindu life and death. That year we decided to make it to Benares by train as our full-on 'Indian Railways' experience. Varanasi 'Express', 635 km in 16 hours. A world of its own, ready to be discovered, possibly in a slow motion mood. Delhi station welcomes us with its mounds of sacks full of merchandise, tiny refreshment spots, colorful gofers pushing unearthly loads and screaming hawkers of 'chai', the typical tea full of milk and spices, served in disposable small terracotta cups.

facchini colorati che spingono carichi sovrumani, venditori urlanti di "chai", il tè all'indiana ricco di latte e spezie, servito in piccole tazzine di terra cotta rossa "a perdere". I binari erano tutti rossi per le tazzine gettate via. Oggi il mare di bicchierini di plastica bianchi non fa davvero lo stesso effetto. La gente colorita e chiassosa denuncia la provenienza o la destinazione. Ecco un gruppo di donne, sicuramente rajasthane, nei loro fantasmagorici sari colorati. Con loro ci sono alcuni uomini con giganteschi turbanti. Andranno a Udaipur? Quegli uomini più in là hanno tutti il cappellino Himachali... Sicuramente andranno a Chandigarh o Pathankot... o Dehra Dun... Chi lo sa? Tra i binari succede di tutto. C'è chi si fa la doccia, chi dorme. Mucche paciose si aggirano libere e tranquille sulle rotaie mentre rallentano una sbuffante locomotiva in arrivo da Morhadabad. Questa storia delle mucche che, ancora oggi, passando fermano tutto il mondo ha dell'incredibile e sembra davvero il simbolo di un'India incapace di rinunciare al proprio culto religioso e a quel senso di rispetto per tutte le creature viventi che fa di questo paese la culla del vegetarianesimo. Certo la poesia della mucca sacra viene tristemente a meno quando ci dicono che nel ventre di queste povere bestie spesso si trovano centinaia di sacchi di plastica che le poverette brucano ignare tra i rifiuti agli angoli delle strade.

Sul treno, in rigorosa seconda classe "sleepper", non ci si annoia davvero. Sequenza eterna di bambini ben vestiti da viaggio che ci squadrano fissi e timidi. Il papà attacca "Wich country you belong??" Le donne si soffermano sulla gonna di Cacharel, ormai distrutta, e sui capelli biondi della Paola. Continua-

The rail tracks used to be red because of them, whereas today's drab bundles of white plastic cups look sadly different. People's colors and loudness tell all about their departures or destinations. Here a group of women, most likely from Rajasthan, wearing flashy saris. Also a few men with giant turbans, off to Udaipur maybe? Then some others over there with Himachal hats, surely heading to Chandigarh or Pathankot ... or Dehra Dun... who knows? There's so much going on among the tracks. Some take a shower, some sleep. Laid back cows roam around causing a chugging locomotive from Morhadabad to slow down. This is still a rather unbelievable picture, the symbol of how deeply rooted religion is, cows as other living creatures can't be touched anyhow, making of India the cradle of vegetarianism. This romantic side of looking at things definitely belies a rougher reality where most cows' stomach is actually filled with garbage and plastic bags they graze on around the corners. On the train, rigorously in their 'sleeper' second class, you never get bored. A slew of nicely travel-dressed kids stare at us shyly as their dad asks: 'Which country you belong??' Women gaze at Cacharel's worn out gown, and at Paula's blond hair. Everybody keeps offering food, lentils and chapati, curry chicken, rice and vegetables, as the landscape along the way appears so sluggish and monotone. People at work in the fields, rice paddies, animal-drawn carriages away from paved roads, it all depicts that evocative and dramatic rural India outwardly so immovable within its daily essence. Noisy and chaotic is Lucknow's enormous train station; it's Uttar Pradesh' capital city and India's most densely populated state together with the near Bihar. We finally get the chance to get off and stretch out a bit, it's going to be a longer stopover yet not quite hospi-

mente arrivano offerte di cibo, lenticchie e chapati, pollo al curry, riso e vegetali, mentre il paesaggio scorre sonnolento e monotono. Lavori nei campi, risaie, carri e animali lontani dalle strade asfaltate ci restituiscono dal treno l'affresco suggestivo e drammatico dell'India rurale, apparentemente inamovibile nella sua dura esistenza quotidiana.
Una stazione gigantesca caotica e rumorosa: è Lucknow, capitale dell'Uttar Pradesh che, assieme al vicino Bihar, è lo stato più densamente popolato dell'India. Scendiamo a sgranchirci un po' le gambe approfittando della sosta più lunga del solito. La stazione respinge. Potremmo in qualche modo dire che stiamo percorrendo la "pianura padana" dell'India. Me ne sto sotto i ventilatori che lavorano a pieno regime senza provare alcun sollievo. La mia mente stanca si avventura in ardite similitudini tra l'Italia e l'India... Beh, comincio a pensare, tutte due sono una penisola... Al posto della Sicilia c'è Ceylon... Ci sono le Alpi-Himalaya... c'è il Po-Gange con tutti i suoi affluenti e l'area produttiva padano-biharese, ci sono gli Appennini-Deccan. C'è il Kashmir con i suoi abitanti di origine afgana, i piemontesi-francesi (sempre da nord ovest...) Al sud, considero, sono più scuri. Sono di razza dravidica... Beh, ragiono, anche da noi al sud sono più scuri e si sente l'influsso mediorientale... Ma quante belle cosine... !
Mentre comincio francamente a dare un po' i numeri il treno inizia a rallentare. È quasi mezzanotte e il caldo è ancora micidiale. Edifici informi e tutti uguali ci stanno dicendo da tempo che siamo entrati in una grande città. "Varanasi!!" "Varanasi Cantonement station!!" Il treno sbuffa vapore e pezzi di carbone incombusto e si ferma tra stridore di

table. Back on the train, I'm standing under full-speed fans without any relief and my mind starts meandering into arduous parallels between Italy and India... both are peninsulas... Sicily as Ceylon... Alps and Himalayas... Po and Ganges with all their tributaries and the industrial northern plain (Italy's Pianura Padana) as Bihar, there's also our Appennini as Deccan. Then the Kashmir and its Afghani roots, as in our Piedmont and the French influence. Down south they're all darker, of Dravidian race... well, in our south, people are darker too and there's some residue of the past Middle-Eastern influence... so many nice little things then! Maybe I'm spacing out a bit too much here; it's almost midnight, still damn hot and muggy as the train begins to slow down. Dreary and shapeless buildings all around tell us we's entering some big city. 'Varanasi!!' 'Varanasi Cantonment station!!'
The train spews out steam and unburned coal as brakes shriek and weird chiming can be heard far off. An army of blue and red gofers approaches the train as the motley crowd pours out on the side enclosing four clueless western foreigners looking for the local Tourist Bungalow. Sure thing, in India you never feel forsaken. There's always someone around for help or info, so as we get on the outside, literally hundreds of rickshaws keep offering to drive us wherever we need to go. Many have threadbare business cards of some guesthouse on the Ganges riverbanks; others even offer some pot. During our journey a 'killer' pineapple poisoned us all, we's dog-tired, dehydrated and soaked in all that train soot. Straight to the Tourist Bungalow, no questions asked!
We run into this ragged looking rikshavala with some lively eyes and a betel reddened mouth, a local drug mix made of alkaline matter, spices and a plant, the

freni e scampanellii strani e lontani. Viene assalito da facchini colorati di blu e rosso mentre inizia a vomitare tutta la sua colorita popolazione tra cui i quattro smarriti occidentali alla ricerca del Tourist Bungalow.
Se c'è una cosa certa dell'India è il fatto che non si è mai abbandonati. C'è sempre qualcuno cui chiedere aiuto o informazione e quando usciamo sul piazzale antistante la stazione diverse centinaia di risciò si offrono di portarci in qualunque posto vogliamo. Molti hanno sdruciti biglietti da visita di qualche Guest House sulle rive del Gange.
Qualcuno ci offre del fumo.
Durante il viaggio un ananas assassino ci ha colpito in serie e siamo esausti, disidratati e sporchi di fuliggine entrata dappertutto.
Direzione Tourist Bungalow! Senza discussioni. Un rikshavala macilento e dagli occhi vispi, si rivolge a noi in buon inglese e con la bocca piena di betel rosso, il miscuglio di alcali, spezie e un'erba, il betel appunto, usato largamente come "droga della mutua" da una gran parte della popolazione indiana fino agli anni ottanta. Ha una faccia simpatica e gli diamo l'appalto dei nostri giri nei prossimi giorni. Recluta un silente socio più anziano e attacca tutta la cantilena sui sari, le sete di Benares, gioielli e affini. Troppo stanchi per polemizzare lasciamo perdere fino a quando non giungiamo al fatiscente "Tourist bungalow" governativo. La luce verdastra dei neon, i giganteschi ventilatori in funzione, una quantità di saettanti gechi sulle pareti delle stanze, i letti lontani dalle pareti. Siamo un po' depressi… Ci basta un letto e una fiumana di acqua con cui lavarci tutto il carbone che ci si è accumulato addosso. "passport

betel, largely used in the eighties as 'welfare drug'. He has a nice face and good English, so we hire him to show us around for the upcoming days. He then employs a silent older buddy of his and takes up some trite stories about saris, Benares thirst, jewels and similar stuff. Too tired to argue, we don't even bother at this point; soon after, we arrive at the seedy Tourist Bungalow run by the government. Greenish neon light, gigantic fans, geckos swirling around the walls, and beds detached from those same walls. A bit depressing to say the least… All we need is a crash pad and tons of water to wash away that coal soot on our bodies… 'passport tomorrow?' 'No, passport NOW!'
Some of you might know already what it means to fill out those forms in an Indian lodge. But few know how damn hard it is at one in the morning after a 16 hour train ride on the Varanasi Express!
The intestinal problems have now hit Marco, the survivor who earlier on laughed at us while running back and forth from the commode, or whatever that was on that stifling convoy. Definitely not a night to be remembered, but still so vivid in my memory. As we say good night, our rikshavala guide lets us know he'll be by the bungalow at our beck and call, so sweet of him and I deeply appreciate his distinct professionalism. Little do I know that I'll meet the guy again ten years later by that same bungalow: 'Sir!! Sir!!' I hardly recall his features, but as he starts speaking in his neat and rounded English, things come to mind, that's him again Sri Ravi Shankar. I remember being back with this lean and garrulous little man on some night, around the dim and winding alleys of Benares by the ghats looking for a sitar store… I was panicking, it was 11 pm. 'What if I get mugged here, who's going to find me?', I was think-

tomorrow?" "No, passport NOW!"
Qualcuno di voi sa certamente cosa significa compilare il form di un hotel indiano. Non tutti sanno cosa si prova a compilarlo all'una di notte dopo 16 ore sul Varanasi Express!
I problemi intestinali hanno intanto colpito Marco, il superstite che ridacchiava al nostro andirivieni nel bagno, chiamiamolo così, dell'ansimante convoglio. Una serata da dimenticare. Sarebbe stata. In realtà è ancora vividissima nella mia memoria.
Mentre lo salutiamo il rikshavala ci comunica che fino alla nostra partenza non si muoverà da davanti al Tourist Bungalow a nostra completa disposizione. Mi fa molta tenerezza e ammiro la sua dignitosa professionalità. Lo rincontrerò dieci anni dopo davanti allo stesso albergo.
Mi sento chiamare "Sir!! Sir!!" Faccio molta fatica a ricordarmi della sua faccia ma quando comincia a parlare mi viene in mente il suo inglese scandito e arrotato; mi tornano alla mente quei giorni quando mi portò di notte, da solo, a cercare il negozio di sitar che serviva, così mi disse, Sri Ravi Shankar. Tra vie buie e anguste di Benares in prossimità dei ghats, mi facevo trasportare da questo ometto scuro tutto nervi e muscoli che non stava zitto un attimo. Mi ricordo quel momento di panico... Erano le 11 di notte. "Ma se qui mi aggrediscono chi mi trova più?" pensai guardando volti furtivi che si ritiravano nella penombra da porte semichiuse Ma lui ricambiò la mia paura con uno sguardo protettivo e rassicurante. Pedalava e non voleva mai che scendessi.
Comprai un po' di sete per farlo contento... Mi ricordai quando ci scaricò dal suo amico barcaiolo alle 5 della mattina mentre dagli altoparlanti dei

ing to myself as murky figures seemed to lurk in the shadow of ajar doors. But he reassured me with his eyes as he kept on pedaling, making sure I did not get off.
I even bought some silk items to make him happy... I recalled when he dropped us by his boatman friend at 5am while the temples' speakers were blasting heartbreaking sarangi, shenai and tabla kind of dirges throughout the left riverbank. We were touched and moved by the melancholic distance of our world, so magically far away back then. It was our last stop, the turnaround of our legendary trip. Benares! I can see that woman as beautiful as a goddess with emerald green eyes and a vivid red sari leerily walking around the pyres. She's so sublime, a breathtaking vision for the steep and unexpected contrast between such a handsome creature and the feeling of decay and demise throughout such a mystic site, yet so full of death. After all these many years, I happen to see once again that yard filled with carriages and trucks, where my camera eye pictured tens of sallow workers unloading stuff around. I wanted to enter the compound, but did not dare. I felt like it could be humiliating for them. 1988, I was with my friend Piero Verni on our way back from Sarnath where we'd go to on a daily basis to attend the 'Tulku's Conference': a huge gathering of the most important Tibetan lamas, with the presence of the Dalai Lama himself and other Buddhist school chiefs, together discussing the future of the Land of Snows under a solely spiritual point of view, or so it seemed... Piero prodded me. 'C'mon man... can't you see they are smiling?' Shy and embarrassed I stepped in. As I shelled out my Nikon, barely showing my intention, they all started to pose for me all the way, engaging themselves in a sort of athletic competition to show who could lift the biggest

templi si diffondeva per tutta la riva sinistra una nenia struggente di sarangi, shenai e tabla... Eravamo emozionati e travolti dalla lontananza malinconica dal nostro mondo, allora così magicamente lontano. Era la nostra ultima tappa. Il giro di boa del nostro mitico viaggio in India via terra. Benares! Rivedo quella donna bella come una dea, con due occhi verde smeraldo e un sari rosso vivido aggirarsi circospetta e sublime tra le pire dei morti. Un'apparizione mozzafiato per il contrasto violento e inaspettato tra quella creatura meravigliosa e il senso di degrado e fine in quel luogo mistico sì, ma intriso di morte.
Rivedo tanti anni dopo quel cortile pieno di carri e camion, dove decine di operai, ormai dello stesso colore dello zolfo che stavano scaricando, attiravano la mia attenzione fotografica.
Volevo entrare, ma non mi azzardavo. Mi sembrava di umiliarli. Ero con il mio amico Piero Verni. Era il 1988. Tornavamo da Sarnath dove ogni giorno andavamo alla "Tulku's Conference": una specie di megaraduno di tutti i più importanti lama tibetani che, assieme al Dalai Lama e a tutti i capi delle scuole buddiste del Tibet, discutevano sul futuro del Paese delle Nevi. Sembrava, così ci riferivano, solo dal punto di vista spirituale...
Piero mi incoraggiò. "Ma vai... non vedi che ci sorridono?" Entrai timido e imbarazzato, ma quando tirai fuori dalla borsa la mia Nikon e abbozzai l'intenzione di ritrarli, tutti cominciarono a posare a mio esclusivo beneficio ingaggiando tenzoni atletiche su chi caricava i sacchi più grossi. Ridendo come matti uno dell'altro e suggerendomi le inquadrature. Mostravano i muscoli. Qualcuno, più timido, aveva approfittato dell'estemporanea rappresentazione e si era

sack while laughing at one another, flaunting muscles and prompting poses. Others, maybe more reserved, just sat down to rest and watch their peers ham it up for the 'sahib' of the moment in such a cursory stint.
That was so exciting; such an unexpectedly warm welcome was yielding some awesome shots, I had a lump in my throat and held back tears behind my 50mm F1,2. Overwhelming experience. The light was going down and had to use what I considered my jewel lens. For a second it dawned on me to even offer money, but it felt odd and awkward so I didn't. We shook hands and took a picture with them as Piero looked like he was having fun watching the whole scene. While in a taxi cab jammed in traffic, he then defiantly reminded:' Try and take shots at anyone out of some factory in Milan's outskirts, see if they smile at you... !' A dark huge shape, kind of hopped through the cars, buses, rickshaws and bicycles in the dusty heat after sunset: it's an elephant! All embellished around his head and loaded up with pounds of forage, driven by a tiny man sitting between its flapping ears. Benares!
Then the river, that magical and majestic bank riddled with temples, terracing, and an array of strange and surreal buildings. Ritual ablutions take place at dawn, yet dusk can be surprisingly intense and languid in its azure-hued light right before nightfall. Remember also that multicolored boat taking us down to the new crematory along the Ganges, where the first votive evening offerings could be spotted floating by... Piero at the bow, lying on his back with the elbows on the wooden surface and legs crossed, looking at the muddy water and the motley washmen toiling in it all the way with their limbs. We's in a subdued and spacey mood then suddenly he goes:' hey Claudio, what if we could go up-

seduto un attimo a riposarsi guardando i suoi amici recitare generosamente per il “sahib” di passaggio. Ero eccitato perché le foto mi sembravano bellissime e allo stesso tempo frastornato da quella accoglienza inaspettata, calorosa e amichevole. Avevo le lacrime in tasca e deglutivo mentre guardavo tutta quella scena attraverso il mio 50mm F1,2. Non c’era più luce ormai e dovevo ricorrere a quello che consideravo il gioiello luminoso dei miei obiettivi. Evitai con cura di offrire del denaro. Per un attimo mi assalì l’idea balzana. Ci salutammo dandoci la mano e feci una foto in mezzo a loro. Piero, lontano, sorrideva bonario e compiaciuto alla scenetta. Mi ricordo poi perfettamente quel taxi bloccato in una strada trafficata e affollata di tutto. Piero che mi provocava: “Prova ad andare a fare le foto all’uscita di una fabbrica alla periferia di Milano; vedrai come ti sorridono!” Una sagoma scura, enorme, saltellante tra le macchine, i risciò, le biciclette e i bus nella calura polverosa del dopo tramonto: è un elefante! Tutto decorato sulla testa e carico di quintali di foraggio, guidato da un ometto sistemato tra le grandi orecchie. Benares!

E poi quel fiume. Quella riva magica e sontuosa di templi, gradinate ed edifici strani, surreali.

Dai più è visitata all’alba per le abluzioni rituali, ma si rivela straordinariamente languida ed intensa anche al tramonto nella luce azzurrognola dell’ombra prima della notte.

E quella barca colorata che ci portava verso il nuovo crematorio lungo il Gange, e le prime offerte votive della sera che venivano abbandonate alla corrente… Piero a prua, adagiato con i gomiti appoggiati alla superficie di legno e le gambe incrociate, scruta lo

stream in time as we now do here on this river… ’ The rikshawala holds my hands tight asking: ‘How are you? How many kids do you have? This is my family!’ as he shows me a tattered picture of him, a chubby nice lady and seven kids lined up from the tallest down. ‘ Oh my God! When did you have time for seven children?’ and he goes ‘ In the past seven years, Sir! I got married and was blessed with such a gift. ’ He stops for a second and avows: ‘They are my pride!’. Minding my own business didn’t apply this time around and I come up with: ‘ Fine, how can you feed all those mouths though?’. He stands there silently, then smiles as to somehow forgive me for my brazen question, then slaps the rickshaw’s seat two or three times with the palm of his hand and says aloofly: ‘With this one here, what else?’ that sounded like: what are you thinking you arrogant fool westerner? That kids are expensive and I’d be better off without… or they might get sick or … take drugs… become gay… ? Anyway, he’s not angry with me whatsoever. He’s a little great man, a cut above all the envy, the malice and stupidity. Envy, what am I talking about? ‘I got two boys, six and four’, ‘Oh… you still have time; have more, let me tell you sir!’… ’ Five at least!!’

scorrere dell'acqua e guarda i lavandai colorati che si ammazzano di fatica con le gambe immerse nelle acque melmose. Siamo silenziosi e ognuno è in compagnia dei suoi pensieri quando se ne esce: "pensa Claudio se potessimo risalire il tempo della nostra vita come stiamo risalendo la corrente di questo fiume… " Il rikshawala mi stringe forte le mani "Come sta? Quanti figli ha? Questa è la mia famiglia!" Tira fuori una fotografia piuttosto conciata dove c'è lui, una bella donnina un po' cicciottella, e sette bambini tutti in fila disposti per altezza decrescente. "Ossignore!! E quando li hai fatti sette figli?" "Negli ultimi sette anni, Sir! Mi sono sposato e abbiamo avuto questa benedizione di Dio"

Poi tace un attimo e afferma grave "Sono il mio orgoglio!" Perdendo una delle tante occasioni per starmene zitto mi scappa un terribile "E come fai a mantenerli?" L'omino mi guarda silenzioso, sorride un attimo per perdonarmi l'infelice scappata, poi batte tre o quattro volte il palmo della mano sulla sella del rikshaw e dichiara altezzoso: "Ma con questa qui? What else??" Con cos'altro pensavi sciocco e borioso occidentale della serie che i figli costano e poi bisogna mantenerli e nel mondo di oggi è meglio non farli e se hanno problemi di salute… e poi la droga e magari gay… ? So che non ce l'ha con me. Lui è un piccolo grande uomo, superiore al livore e all'invidia e alla stupidità. Invidia di cosa poi?

"Io ho due figli, maschi, hanno sei e quattro anni…"

"Oh… hai ancora tanto tempo; fanne ancora, mi raccomando sir!", "Five at least!!"

Inizio capitolo:
Ombrelloni sui gath di Benares.
Campi e contadini dal Varanasi Express.
Monaci tibetani a Sarnath.
Bufali lungo il Gange a Benares.
Lavandai sulla riva sinistra del fiume.
A fianco e nelle pagine successive:
Scene sulla riva sinistra del Gange.
Asciugatura dei sari.

Chapter headline:
Umbrellas on the gaths in Benares.
Fields and peasants from the Varanasi Express.
Tibetan monks in Sarnath.
Buffalos along the Ganges in Benares.
Beside and on the following pages:
Life on Ganges left bank.
Drying saris.

A fianco e nelle pagine seguenti:
Gli operai del cortile posano per l'autore.
La riva al tramonto.
Bagni rituali, preghiere e andirivieni di barche.

Beside and in the following pages:
Workers from the yard pose for the author
Bank at sunset.
Ritual ablutions, prayers and moving boats.

73

IL TRENINO PER DARJEELING

अत्यन्त सुन्दर
HILL

Alla stazione degli autobus di Kathmandu c'è una animata discussione in corso tra il sottoscritto e l'autista. Sto aspettando il mio amico Svano che se n'è andato a farsi due foto tessera convinto che l'orario di partenza per Kakarbitta, confine orientale del Nepal, sia alle "six fifty", mentre in realtà scopro adesso, che sono le "six fifteen" e l'autobus ha acceso il suo motore, che è ora di muovere per il lungo viaggio notturno. Viaggio notturno reso ancora più inquietante dal fatto che il personale di bordo carica quattro fucili in cabina di fianco al guidatore. "Possibili agguati notturni" sentenzia l'addetto alla sistemazione bagagli sul tetto. Bene! Una notizia interessante. Svano nei giorni scorsi si è perso il passaporto e attraverso una procedura che definire atipica è estremamente riduttivo, ne abbiamo ottenuto uno nuovo "espresso" in solo mezz'ora al consolato italiano. Quando il console Calamai e l'incaricato d'affari Di Fonzo, travolti dalle nostre istanze, ci consegnano il librettino verde, non sanno neppure loro la ragione di tanta disponibilità. Evidentemente li ho convinti della nostra grande emergenza di avere il passaporto nuovo, pena il viaggio in Sikkim annullato, la compagnia frantumata (poveri cocchi) il ritorno a casa forzato. Devo confessare che oggi guardo con memoria alquanto critica alla decisione di quel viaggio nell'India orientale. Non tanto per la qualità e l'interesse dello stesso, certamente non conforme alle nostre aspettative, quanto per aver forzato la mano in famiglia lasciando a casa il mio primo figlio Francesco, di pochi mesi, nel periodo delle famigerate vacanze di natale. Vacanze che a casa mia hanno avuto sempre una rilevanza cruciale nel ribadire l'unità della medesima e nel confermare

THE TOY TRAIN TO DARJEELING

I'm having an animated argument with a driver at Kathmandu' s bus station as I'm waiting for my friend Svano to take two ID pictures convinced as he is that the bus to Kakarbitta, along Nepal's eastern border, is leaving at six-fifty, whereas I've just realized it's at six-fifteen and the engine is revving up ready to leave for this night ride. To make matters worse, some personnel are placing four rifles next to the driver for 'possible night time ambushes', as the luggage boy on the roof suggests. Great! Good news then. Svano has lost his passport thus we manage to have an'express' new one from the Italian consulate in just half hour through some atypical procedure, and that's an understatement. Maybe both consul Calamai and attaché Di Fonzo did not even realize how promptly they have responded to our demands, as if there was some kind of emergency going on, which instead basically comes down to the fact these poor guys don't want to see the trip of their lives to Sikkim fall through. Anyway, I'm so openly persuasive that we get the passport in a jiffy.
In hindsight, I look back at that trip to eastern India with some self-reproach. Not just because it did not live up to our expectations after all, but mostly for leaving only a few months after my first son Francesco was born and right in the middle of the known holiday season that always meant a great deal to our family. As my much-loved little Francesco came into my life, my world came tumbling down all along, so was my perspective as to that faraway-journey-hysteria of sorts I had going on those days. I just felt like I needed to be there to witness the dramatic changes to come in those far-off countries. The archaic authenticity of the Himalayas was some-

le relazioni parentali. Quell'anno l'arrivo dell'adorato Franceschino mi scombussolò non poco le idee sulle prospettive future proprio dal punto di vista del viaggio "faraway" che in quegli anni sembrava una specie di nevrosi da placare. Dovevo andare laggiù ogni momento possibile per la sensazione quasi tattile del drammatico cambiamento in corso di quei paesi lontani. Non volevo perdermi gli ultimi sprazzi di autentica arcaicità dei paesi himalayani. Arcaicità che mi affascinava ed evocava in me sentimenti lontani legati a chissà che cosa. Il mondo contadino del mio paese natìo... I racconti sulle vicende del passaggio del fronte, quando a casa mia c'era un circolo degli ufficiali alleati e mia madre mi raccontava dei sikh che si facevano il lungo turbante nell'aia o i gorkha addetti alle cucine che preparavano il tè agli inglesi... Sentivo la globalizzazione incombere con tutti i suoi nefasti appiattimenti. La nascita del primo figlio aveva creato un nuovo polo magnetico in famiglia e mi era venuta una specie di angoscia latente che da quel momento in avanti avrei dovuto mettere la "testa a posto" e fare solo il bravo papà. Pensare al futuro dei miei eredi. Insomma diventare grande. Qualcosa però non mi tornava e mi chiedevo perché non sarebbe stato possibile fare tutto questo senza cadere nelle solite convenzioni. Perché non posso essere un buon padre se vado via tre settimane in un periodo canonico? Se andassi in gennaio nessuno avrebbe qualcosa da dire. Perché? Del resto, mi dicevo, Francesco ha poco più di tre mesi e neppure si accorgerà se manco qualche settimana. Forse. Paola è tutta presa dal suo nuovo ruolo di mamma e non sarà certo la mia assenza a procurarle un disagio. Quattro nonni impazziti a servizio com-

thing I could not miss out on, it was so compelling and able to stir up so many remote emotions in me connected to I didn't even know what. Maybe it had something to do with my small town farmer world... or my parents' war stories as in our house, back then turned into the officers' quarter for the allies, the Sikh would roll up their turbans in the backyard and the Gorkha in the kitchen would make tea for the British...
Anyway, to me it was like the looming globalization was about to flatten the world as I knew it. My son's birth had polarized the family's attention causing some distress on my end as from now on I'd better get a grip, straighten up and become a daddy. Think about the future, grow up. I kept wondering why I couldn't blend it all together without falling into clichéd behaviors. Why couldn't I be a good father only because I was leaving in such a stereotypical time of the year? If I had gone in January, nobody would have complained right? All in all, Francesco was something over three months old only to even notice. So I thought. Paola was so caught up in her new role as a mom that my absence could not be felt much anyway. Four crazy grand parents then would have gone out of their way to help. It looked to me like a venial sin to go visit the mysterious Sikkim, land of 'fairies and gnomes' clinging up on the foot of the Kanchenjunga, in addition to that my first ever reportage on 'Geodes' magazine was in perspective too.
That's what I was thinking at that point, looking for alibis and excuses, as futile as that might sound. Perhaps I was just being a bit too selfish in my somewhat claustrophobic vision of the family, yet surely willing to mark my own territory. Back to the story, I'm trying to hold up the bearded bus driver beyond his 5-minute leeway and by now, I hate being here with all my guts. The

pleto. Insomma mi sembrava, allora, che fosse un piccolo peccato veniale andare a visitare il misterioso Sikkim, terra di "fate e gnomi" abbarbicato ai piedi del Kangchenjunga e con la prospettiva del mio primo reportage pubblicato sulla rivista "Geodes". La pensavo così e cercavo alibi e giustificazioni che in realtà non c'erano. Ero forse semplicemente un po' egoista e con una visione molto claustrofobica della famiglia e inconsciamente volevo ribadire i confini oltre i quali non si ammettevano interferenze.

In quel momento cercavo in tutti i modi di trattenere quel bus di fronte al driver barbuto che non sentiva ragioni oltre i 5 minuti di tolleranza e stavo proprio stramaledicendo la decisione di essere partito.

I passeggeri mi avrebbero infilzato. I minuti passavano pesanti e di Svano neppure l'ombra. Sei e trentacinque. Il facchino sale sul tetto e prende i nostri due zaini con l'aria di sbatterli giù mentre quattro o cinque violente sgassate ci affumicano tutti e dichiarano inequivocabilmente l'intenzione di levare le tende. Sono disperato e mi attacco alla portiera del driver dicendogli che pagherò il danno ai passeggeri. Neanche mi guarda più. Inizia a manovrare in mezzo agli altri bus.

In realtà se perdiamo questo viaggio non possiamo davvero entrare nel Sikkim dove la data di ingresso è fissata dal permit e quella deve essere. Disperazione. Potrei farvi l'identikit delle facce dei passeggeri delle prime file mentre supplice e patetico mi appello credo con la nota faccia di Alberto Sordi quando non ha più cartucce da sparare.

Ecco Svano in arrivo saltellante e garrulo che dichiara, ignaro del dramma che è stato fino ad ora la stazione di bus per il sottoscritto, che ha fatto un po'

clock is ticking, the other riders would shoot me right on the spot and Svano is nowhere to be found. Six-thirty-five, the luggage guy gets up on the roof reaching for our backpacks to then throw them off as the driver revs the engine outrageously four or five times in a row smoldering us all and so ready to take off.

Desperately, I hang on to his door basically imploring that I'll pay for the possible damage to the passengers, but he just shuns me and keeps on maneuvering in between other buses. Our main concern is to match the fixed admission date on our permit to enter the Sikkim, it has to be on that day. You should have seen the front row passengers' faces as I'm pathetically beseeching them. Here comes easy-go-lucky Svano at last, just hopping around and blabbing about doing some shopping for me, completely oblivious to the on-going drama. In his head we still have fifteen more minutes to go, so I snarl and howl at him from the top of my lungs, heave the backpacks back on to the roof and sneak up on the bus as a hate parade rages on in everybody's eyes the moment we tiptoe by the fuming fellow riders. We take the two seats behind the driver, the best ones… I need time to decompress in silence as the bus speeds on through the night by the scantly visited eastern Nepal hills. I simply crash out lulled by the curves. We wake up to the shake and tumble over the holes and bumps in Kakarbitta, and 16 hours have gone by.

Once at Siliguri station we get the tickets for the magical miniature Toy Train covering an 86 km stretch over to Darjeeling in some nine hours. It's been there since the end of '800, coal fueled and climbing 2000 meters high surrounded by the Bengali tropical forest, yet not without stopping more than just a few times to quench its thirst like an animal would do. By the little train

shopping tanto mancava ancora un quarto d'ora. Dalla mia gola esce una specie di latrato. Ricarico velocemente gli zaini sul tetto del bus; intanto mormorii e sbuffate dei passeggeri ci accolgono odiosi mentre ci sediamo nei due sedili dietro al guidatore. I migliori…

Impiego qualche ora a decomprimermi in silenzio mentre l'autobus solca veloce la notte tra le colline del poco visitato Nepal orientale. Crollo cullato dalle curve. Quando ci svegliamo a Kakarbitta frantumati dalle buche e dalle gobbe, sono trascorse 16 ore.
Alla stazione di Siliguri andiamo a fare i biglietti per il Toy Train. Questo magico trenino in miniatura percorre gli 86 Km fino a Darjeeling in nove ore. Quasi a passo d'uomo. È in servizio dalla fine dell'800 e, alimentato a carbone, si inerpica fino ai duemiladuecento metri di Darjeeling tra le foreste tropicali del Bengala, fermandosi più volte a rifornirsi di acqua come un animale assetato. I bambini alle stazioncine lungo la strada corrono di fianco al treno, salgono e scendono agevolmente giocando con lui come se fosse una creatura vivente e a loro ben familiare. Il macchinista e il poco personale a bordo tollerano sorridendo. Oggi l'economia del trenino subisce negativamente le tensioni locali a causa dei movimenti separatisti del Gorkhaland. Un ipotetico nuovo stato autonomo che chiedono le minoranze locali di etnia gorkha. Ipotesi davvero remota che non impedisce ai gruppi di tenere alta la tensione nel nord Bengala da parecchi anni. Ogni tanto il servizio del Toy Train si ferma per scioperi o scontri ma soprattutto per mancanza di turisti e anche qui le tensioni di questo inizio di millennio hanno rovinato

stations on the way, kids run alongside jumping on and off almost playing with it like with a familiar pet. The machinist and the few personnel just put up with that with a smile. Social tensions caused by Gorkhaland separatist movements have a clout on the economy then affecting the Toy Train too. An independent new state as claimed by the local Gorkha ethnic minority is such a remote hypothesis, however they keep the tension high all over northern Bengal, which ends up in strikes and clashes thus hampering all services, Toy Train included. This definitely kills all the romance and poetry of it. Anyway, the train enters the tunnel made of bamboo, fern and eucalyptus whistling and chugging at the rhythmic pace of the pistons in a sort of swinging melody… fast, slow… fast, slow…
The train zigzags on uphill, sometimes shifting gears back and forth in order to scramble out of the steep and narrow turns; meanwhile distant mountains can be spotted through the thick vegetation, unveiling a mesmerizing background. As we approach Ghom, the peak of the third highest mountain of the planet, the Kangchenjumga, stands right there in all its 8950 meters, like a huge backdrop behind the quaint Darjeeling. This familiar sounding name is related to the local tea plantations and has Tibetan roots: 'Dorje Ling' meaning city of the lightning and bolt, of the pure energy, of the available means. Dorje is the symbol of Tibetan Buddhism represented by the little scepter held in between the fingers with the bell called 'gantha' symbol of wisdom. This territory alternated between Nepal and Sikkim over the years for being such a key trade hinge with the Tibetan plateau since the British discovered it in '800 and used it as summer retreat to break away from Calcutta's stifling heat between May

davvero un angolo di poesia. Il treno si addentra in tunnel di bambù, felci, eucalipti. Fischia e urla al suo passaggio mentre il ciuf ciuf degli stantuffi segue un ritmo quasi musicale altalenante: veloce e lento... veloce e lento... Su certi pendii ripidi il treno procede zig zagando sulla collina tra marce avanti e indietro non potendo affrontare curve a gomito. Ogni tanto si scorgono pareti di montagne lontane in fugaci apparizioni magiche tra la fitta vegetazione fino a quando, in prossimità di Ghom, la vetta del Kangchenjumga, la terza montagna del pianeta, saetta con i suoi 8590 metri come una gigantesca quinta che fa da sfondo al pittoresco abitato di Darjeeling.

Darjeeling è un nome conosciuto in tutto il mondo perchè legato alle piantagioni di tè che caratterizzano quest'area ed è di origine tibetana: "Dorje Ling" città della folgore, del fulmine, dell'energia pura, dei mezzi abili. Dorje è simbolo del buddismo tibetano, rappresentato da quella specie di piccolo scettro che i monaci tengono fra le dita assieme alla campanella "gantha" simbolo, invece, della saggezza.

Nodo cruciale dei traffici con l'altipiano del Tibet Darjeeling, il cui territorio è stato in passato alternativamente parte del Nepal o del Sikkim, fu scoperta dagli inglesi nell'ottocento come meta turistica per passarci l'estate e sfuggire alle calure micidiali di Calcutta da maggio a settembre.

Come Simla, sua corrispondente dall'altra parte occidentale dell'Himalaya, è tutta sviluppata sul fianco di una montagna e le sue abitazioni sono un misto di anglo, bengali, tibeto, hindostano, ville "mock Tudor" e chiese in stile gotico. È oggi piena di rifugiati tibetani e vanta diversi insediamenti monastici buddisti recenti, come Ghom, ma anche alcuni co-

and September. Tibetan refugees and various recent Buddhist monasteries, like Ghom can be seen today, as well a few others from the 19th century just like Bhutia Busty, back when Darjeeling and the near Kalimpong, were the privileged access onto the plateau coming from the plain. In the spring of 1959, this area became the international press headquarters during Dalai Lama's exile from the occupied Tibet, and this forbidden border was the closest everybody would get to follow up on the sad on-going events. Darjeeling is such a stunning place. The colonial past is everywhere to be seen, for the most part old hotels like the Windemere or the Green remind so much of the British style with the architecture and furniture, not to mention the silverware used to blend the best tea. In the main square, the highest spot in town, dark skinned kids from well-off Indian families ride ponies. This still is a main vacation site for people coming from Bihar, Mumbai or Madras and mostly from Calcutta. A vintage marquee at the square corner draws my attention: 'Oxford Bookstore and Stationery Company' and I was actually looking for it. Founded by the Primlani family in the early 20s, the mystique about it lingers on like you might happen to dig out some rarities anyhow. It's December and very cold; in the middle of the main room with its cracking woodworm floor, there's a small burner giving off juniper scent. The manager seems to be out of some old sepia postcard with his grimy thick glasses, brown scarf and hood and is now eagerly rushing in my direction ready to help this western browser. So I spend quite a good few hours at Oxford's adding some more weight to my luggage by buying an oriental version of Ekai Kawaguci's 'Three years in Tibet', different old Raj guides on eastern Indian regions, two volumes on Lhasa

struiti nel secolo XIX come il Bhutia Busty, quando Darjeeling costituiva in qualche modo, assieme alla vicina Kalimpong, una delle poche porte di accesso dalla pianura verso l'altipiano tibetano.

Durante la fuga del Dalai Lama dal Tibet nella primavera del 1959 questa zona era divenuta il quartiere generale di giornalisti provenienti da tutto il mondo che seguivano le tristi vicende dell'occupazione del Tibet dal posto più vicino possibile all'invalicabile confine.

L'atmosfera di Darjeeling è struggente. Il passato coloniale è palpabile ovunque, in particolare nei vecchi alberghi come il Windemere o il Green con il loro mobilio coloniale decisamente british e l'argenteria vissuta per gustare il tè migliore del mondo. Nella piazza principale, nel punto più alto della città, cavallini addobbati fanno salire bambini indiani dalla pelle scura che con le loro famiglie abbienti vengono in vacanza quassù dalle pianure del Bihar, da Bombay o Madras ma soprattutto da Calcutta. In un angolo della piazza una scritta molto, molto retrò attira la mia attenzione: "Oxford Bookstore and Stationery Company" la cercavo. È una delle librerie fondate negli anni '20 dalla famiglia Primlani, pionieri librai indiani, e conserva intatto il fascino mistico della caccia al tesoro al libro ultra raro. È dicembre ed è piuttosto freddino e un piccolo braciere in mezzo alla sala principale, scricchiolante di assi tarlate sul pavimento, profuma tutto l'ambiente di ginepro.

Il direttore sembra uscito da una cartolina color seppia e con un paio di grossi occhiali un po' bisunti, la sciarpa marrone e il cappuccio dello stesso colore si getta premuroso ed appassionato sul nuovo avventore occidentale. Passo alla Oxford delle belle

by Perceval Landon and Sven Hedin's tome on central Asia. The manager then, is a Tucci hardcore fan and shows me a complete 'Indo-Tibetan' for an outrageous price… well, maybe not that much… I tell him about becoming a mail order customer, and later in time, I will be enjoying the mail trade with Darjeeling and the smell of cargo shipped books after months' worth of travel. Those years' 'chronic Tibet syndrome' was powerfully fueled by my readings out of the Oxford Bookstore, along with Alpina bookstore in Bologna (Italy) owned by the Mingardi brothers.

Anyways, a few days later we finally made it into the mysterious, so to speak, Sikkim: undeniably so disappointing. Gangtok teemed with small seedy shops and ugly constructions, a style soon to spread all over India for the years to come.

The atmosphere described by my 'guru' Maraini wasn't there at all. On top of that, in Phodang and Rumtek, nothing was really welcoming and spiritually appealing, let alone were the local karma-kaghyupa monks who actually did not show any interest toward foreigners. On the contrary, all the other Tibetan settlements I oftentimes happened to be in had an opposite demeanor, always hospitable and friendly. Maybe it was just them or the fact that the XVI Karmapa had died a year before in 1981 and the new incarnation had become the object of an on-going inter sectarian tension among the various kaghyu religious schools. Such a spiritual void negatively affects the whole Tibetan world and social fabric, either that be the monk or the layman. Anyhow, Ogyen Trinley Dorje a young kid from Tibet, raised, fed and indoctrinated in the Chinese monastery of Tsurpu, 70km from Lhasa, would then become

ore e appesantisco notevolmente il mio bagaglio con, tra l'altro, una versione originale di "Three years in Tibet" di Ekai Kawaguci, diverse vecchie guide del Raj Britannico sulla zona orientale dell'India, due volumi su Lhasa di Perceval Landon e un tomo di Sven Hedin sul centrasia. Il direttore è un fanatico di Tucci e mi mostra una "Indo Tibetica" completa ad un prezzo che allora mi sembrò fuori di senno. Non lo era… Rimango d'accordo con il direttore che farò degli ordini per posta e per diversi anni assaporerò la doppia emozione dello scambio epistolare con Darjeeling e la dolce attesa dell'arrivo del pacco odoroso di stiva di nave dopo diversi mesi.

Alla Oxford Bookstore, assieme alla libreria Alpina dei fratelli Mingardi a Bologna, devo una buona parte dei libri sul Tibet della mia biblioteca e la responsabilità di aver alimentato efficacemente la mia malattia, una forma aggressiva di "Tibetanite cronica", in quegli anni cruciali.

Quando dopo alcuni giorni abbiamo finalmente accesso al misterioso, si fa per dire, Sikkim, non nascondo che la delusione fu non poca. Trovai Gangtok un'accozzaglia di brutti negozietti sporchi tra un'edilizia già promettente il disastro che avrebbe subito più o meno tutta l'India negli anni a seguire. Dell'atmosfera descritta sapientemente dal mio "guru" Maraini non v'era traccia e faticosamente a Phodang e a Rumtek provai un mediocre senso di smarrimento mistico, subito fugato dall'impertinente acidità dei monaci della setta karma-kaghyupa, molto poco inclini all'ospitalità verso gli stranieri. Fenomeno molto locale visto che in tanti anni ho trovato sempre grande simpatia e generosa ospitalità in tutti gli insediamenti tibetani che ho frequentato as-

the XVII Karmapa a few years later. On the night of December 28, 2000 this healthy looking fifteen year old decided to give a voice to his latent thoughts, an outspoken enlightenment that would result in an epic runaway from the Chinese guards helped by several Tibetans and accompanied by two faithful assistants using all possible schemes to hide and protect him. One week later, the sturdy teenager would show up in Dharamsala, a bit unkempt yet proclaiming with firm and powerful voice: 'I am the XVII Karmapa'.

Checkmate to the Chinese who actually relied on steering him onto anti-Dalai Lama positions, as with the phony Panchen Lama they recruited in 1995. Such move caused quite a stir with the hosting Indian government. In October 2000, I showed up in Dharamsala for the Tibetan Children Village foundation anniversary. As I entered the open space of the facility by McLeod Ganj's lodging, an old Mercedes pulled in and suddenly all the Tibetans there dashed toward the car in the yard with their heads down almost to the ground while mumbling mantras. The Karmapa got out with his imposing presence laying his hands on their heads. Like the kids wearing tees and shorts and playing soccer around, I stopped on a dime, almost paralyzed. Heinrich Harrer's words came to mind as he stood in front of the Dalai Lama in 1947: 'He's just a kid', so I kept saying to myself: 'He's just a kid'. The Karmapa temporarily lives in Sidbhari, in the Himalayan state of Himachal Pradesh, by the Gyuto Ramoche monastery, waiting to reach Rumtek monastery in the Sikkim. Speaking of that, our stay in Sikkim ends with a grueling trek to Dzongri in an enchanting yet hostile world. The magnificent vegetation looks like glass, as the relentless wind and icy fog seem to grow stronger. We's exhausted; it's so cold and humid

siduamente. Va detto che era morto il XVI Karmapa l'anno prima, 1981, e la nuova incarnazione, oggetto di fortissime tensioni intersettarie tra le varie scuole religiose kaghyu, non era ancora stata trovata. Questi momenti di vuoto spirituale e politico sono, nel mondo tibetano, dolorose mancanze di punti di riferimento per tutti, monaci e laici, che si riverberano pesantemente in una psicosi collettiva avvertibile anche da chi non faccia parte di quel tessuto sociale ma ne entri in qualche modo in contatto ravvicinato. Il XVII Karmapa fu trovato poi in Tibet alcuni anni dopo in un bambino: Ogyen Trinley Dorje.

Dopo essere stato cresciuto, nutrito e indottrinato a dovere dai cinesi nel monastero di Tsurpu, a 70 Km da Lhasa, la notte del 28 dicembre del 2000 il bimbo, divenuto ormai un robusto quindicenne, decide di dare concretezza ad un qualche cosa di latente dentro di lui: una voce, un istinto, un'illuminazione che culmineranno con una epica fuga per l'altipiano, sfuggendo alle guardie cinesi tra mille sotterfugi, con la complicità di diversi tibetani ed accompagnato da due fidi attendenti. Dopo una settimana da quella notte cruciale, a Dharamsala si presenta un ragazzone un po' conciato ma dall'aria molto energica e decisa. "Sono il XVII Karmapa" dice. Smacco terribile per i cinesi che contavano di pilotarlo in chiave anti Dalai Lama, assieme al Panchen Lama fantoccio trovato nel 1995. Imbarazzo notevole per i tibetani timorosi di agitare le già difficili relazioni di ospiti scomodi del governo Indiano. Nell'ottobre di quell'anno 2000 arrivai a Dharamsala per l'anniversario della fondazione del Tibetan Children Village. Giunto sul piazzale principale del TCV sopra l'abitato di McLeod Ganj,

that we don't even bother looking around the marvelous landscape. In Sandakhpu, a soothing camp fire makes us dream about being somewhere else, I light up my pipe filled with Clan Italian tobacco to console myself but I feel like throwing up. Still with clothes on, I snug into my sleeping bag and start thinking of my home and folks in Secchiano. The fireplace, the dumplings, the chicken and all the different sauces, the snow and the moon over San Leo fortress, my son… 'Good night everybody. '

Inizio capitolo:
Il trenino per Darjeeling.
Alla stazione di Ghom.
Mercanti kashmiri a Gangtok.
Tibetani giocano sulla strada.
Monaco al monastero di Dorje Ling.
Nelle pagine seguenti:
Il Black Bhairawa a Kathmandu.
Il figlio di un mercante.

Chapter headline:
Toy train to Darjeeling.
Alla stazione di Ghom.
Kashmiri merchant in Gangtok.
Tibetans playing in the street.
Monk at Dorje Ling monastery.
On following pages:
Black Bhairawa in Kathmandu.
Merchant's son.

vidi una Mercedes vecchiotta entrare sola nell'ampio cortile. Improvvisamente tutti i tibetani presenti si precipitano verso la macchina con il capo chino quasi fino a terra. Brusii e mantra mormorati. La macchina è assediata da ogni lato. Esce il Karmapa. Imponente. Apoggia le mani sulle teste dei tibetani. Ci sono anche dei ragazzi che stavano giocando a calcio in maglietta e pantaloncini. Sono paralizzato anch'io. Mi vengono in mente le parole di Heinrich Harrer di fronte al Dalai Lama nel 1947: "Non è che un ragazzo" continuo a ripetermi "non è che un ragazzo… " Il Karmapa vive oggi provvisoriamente a Sidbhari, nello stato himalayano dell'Himachal Pradesh, nel monastero di Gyuto Ramoche, in attesa di poter raggiungere la sua sede principale al di fuori del Tibet, il monastero di RuMtek, nel Sikkim.

Il soggiorno in Sikkim si conclude con un faticoso trekking a Dzongri in un mondo fatato ma ostile. Tutta la imponente vegetazione sembra di vetro mentre un vento implacabile e una nebbia gelida aumentano ogni attimo che passa lo spessore del ghiaccio. Siamo stremati. È freddo e umido e non vediamo nulla del meraviglioso paesaggio che ci circonda. A Sandakhpu un fuoco ristoratore ci fa sognare di essere altrove. Beviamo del tè. Due, tre, quattro tazze fumanti. Accendo una pipa con del tabacco italiano Clan per confortarmi e mi viene da vomitare. Entro nel sacco a pelo praticamente vestito e penso ai miei a Secchiano, la casa dove sono nato. Caminetto, cappelletti, capponi bolliti e salse; andirivieni di amici e parenti. Forse tanta neve e la luna sopra la fortezza di San Leo. Mio figlio. "… Buona notte ragazzi".

Sopra e nelle pagine seguenti:
Il confine terrestre col Sikkim
Ci si scalda per strada.
Banane a 2500 metri.
Personaggi lungo il trekking per Dzongri.
Monaco a Ghom
Monastero Dorje Ling
Monastero di Ghom.
Strada per Dzongri in Sikkim.
Monastero tibetano.
Angoli squallidi della capitale.

Above and on the following pages:
Sikkim boundaries
Warming up.
Bananas at 2500 meters.
Trekking to Dzongri, people along the way.
Monk in Ghom.
Dorje Ling monastery
Ghom monastery.
Road to Dzongri in Sikkim.
Tibetan monastery.
Seedy corners of the capital.

R.K DIYALI
SAMSING
GURUNG

KUNNU & FRIENDS

Può capitare di entrare in un aeroporto, guardare verso dove volano i prossimi aerei sul tabellone e dire: "Ok vado lì" senza una ragione particolare...? Forse in qualche film lo si è visto ma è cosa davvero rara e quella mattina, quasi "fuggiti" dal Kumbh Mela e con dieci giorni ancora a disposizione, Ulisse ed io avevamo deciso proprio questo. Andiamo all'aeroporto e decidiamo. Così è stato anche se, come al solito, la decisione, o meglio l'indicazione, la diedi io. Bubaneswar, Orissa. Puri. Perché no? Non ero mai stato sul mare in India e la spiaggia di Puri era già molto celebrata nel giro dei figli dei fiori, imbattibili nello scovare i più bei posti da "Buen Ritiro" e che sono poi finiti regolarmente per essere assaliti anche dal turismo di massa. Manali, Goa... vi dicono qualcosa? Bene, il volo costa una puzza e di lì a due ore sorvoliamo molto soddisfatti la miriade di campi coltivati dell'Uttar Pradesh e del Bihar fino al Bengala e al remoto Orissa. Golfo del Bengala. Sotto Calcutta. Dall'aereo in atterraggio Bubaneshwar, una città di centomila abitanti e capitale dello stato, sembra molto verde e non si vedono edifici particolarmente alti se non la guglia imponente dell'enorme complesso del Lingaraja Temple. La città, che forma un triangolo perfetto con Puri e Konarak, in realtà vanta centinaia di templi. Parasuramesvera Temple (il più vecchio e dedicato al Dio Shiva), l' Ananta-Vasudeva Temple, Yameswar Temple, Bhaskareswar Temple, Rajarani Temple, Brahneswar Temple e naturalmente il gigantesco Lingaraja Temple. Ma ci si imbatte continuamente in un tempio ad ogni angolo di strada. Strade polverose e poco trafficate davvero. Ma di che India parlo ora? Sembra impossibile ma Bubaneshwar nel febbraio

KUNNU & FRIENDS

Did it ever occur to you to get into an airport, look at the departures display and choose a random destination without any particular reason? Well, kind of a movie thing, but that's what we did one morning to 'escape' from Kumbh Mela as we still had another ten days to go. Ulisse and I got to the airport and there we stand guessing: Bhubaneswar, Orissa or Puri? I usually have the upper hand and the beach sounds like a plan. Puri made a name for itself around the hippie community, generally keen on 'Buen Ritiro'(fine haven) type of cool places; normally they spot them out first, and before long, mass tourism takes over... like in Manali or Goa... Damn pricey ticket though for a two-hour trip. Anyway, we enjoy flying over Uttar Pradesh and Bihar's thousands of green fields and plantations, then down to Bengal and the remote Orissa, and over the gulf of Bengal under Calcutta. As we land, Bhubaneswar, despite being the capital and with a population of over one hundred thousand, looks very green and with no high buildings other than the spire towering over the Lingaraja Temple. The town forms a perfect triangle together with Puri and Konarak and hosts hundreds of temples: Parasuramesvera Temple (the oldest dedicated to Shiva), Ananta-Vasudeva Temple, Yameswar Temple, Bhaskareswar Temple, Rajarani Temple, Brahneswar Temple and the majestic Lingaraja Temple of course. However, many others riddle each and every corner of dusty and scarcely busy streets. What kind of India am I talking about now? Back in February 1986, Bhubaneswar was this old retro place. On the first night, Uli and I decide to go out for a reconnaissance walk, and I remember noticing

del 1986 era davvero molto retrò. La prima sera Uli ed io usciamo per una passeggiata per prendere confidenza con l'ambiente. Ricordo le nostre ombre più scure del buio e la brace della sigaretta di Ulisse che si ravvivava ispirata lasciando intravedere la sua folta barba bionda. Le piante ai bordi della strada si agitavano ad un vento già tiepido e lo stormire dei rami ostacolava, a tratti, una musica, e delle nenie accompagnate da percussioni che provenivano da qualche parte della notte. Senza parlare ci dirigiamo concordi verso il polo musicale e giungiamo di fronte ad un tempietto con qualche lampadina accesa. La musica è qui. Entriamo e ci troviamo di fronte ad un gruppo di ragazzi più o meno della nostra età. Cantano e suonano tabla, cimbalini, un armonium, una tampura. "Jae la balala jae ko bala... jae la balala jae je... Sri Raj Govinda... " ma che bella canzone! Ma che tiro! Stiamo qui Uli? Certo che si! Hai altri impegni?

Una curiosa congrega quella di Kunnu & Friends. Dopo una bella sequenza di cannoni vari i ragazzi ci danno udienza e si presentano. Kunnu è avvocato ma ha un'officina meccanica di famiglia. È un bel tipo. Carismatico, alto e con un viso da attore Bollywoodiano. Gotham è un assicuratore. Occhialuto e con il capello lungo. Bello anche lui. Aria da intellettuale ad Haight Ashbury 1967. Lavora con gli agricoltori. Amithab, cicciottino e insignificante, è l'assessore al traffico del comune. L'unica trasgressione sono un paio di baffetti alla Gengis Khan. Dinesh è un vecchio sadhu di guardia al tempio. Tiene il fuoco acceso e prepara le canne.
I ragazzi, ci spiegano, sono devoti di Hanuman, la

that our shadows were darker than the dark and then watch the cigarette ember revive as Ulisse inhaled, this way casting a feeble light on his thick blond beard. The already warm wind is shaking the plants on the street sides and rustling the trees, at times their noise covers up the music and some dirges' percussions coming from somewhere in the night. That's where we's going without even saying a word, thus ending up before a little temple with some light bulbs on and a group of people more or less our age. They sing and play tabla, small cymbals, harmonium and tampura. 'Jae la balala jae ko bala. . jae la balala jae je... Sri Raj Govinda... ' -Wow sounds great! Are we staying Uli? Sure thing! Where else then, right?

Kunnu & friends are witty characters. After passing around a few reefers, they start paying attention to the two of us and introduce themselves. Kunnu is a good looking guy, tall, charismatic, Bollywood actor style; he's a lawyer even though his family owns an auto repair shop. Gotham works for an insurance company, wears glasses and is a long haired and good looking young man too, with a Haight Ashbury 1967 edge. He's specialized in land workers and farmers. Amithab, chubby and dreary, is the local traffic councilor. His only deviant mark seems to be the Gengis Khan type of moustache. Dinesh is the old sadhu, watching the temple. He keeps the fire burning and the spliffs rolling. They tell us to be Hanuman devotees, the ape-like deity helping prince Rama build the bridge between India and Ceylon with his army of monkeys, as described in Hinduism' s most popular epic poem called Ramayana. Chastity and bachelorhood are two basic requirements. These ordinary guys spend their evenings singing and smoking pot

divinità con sembianze scimmiesche che nel Ramayana, il poema epico più popolare nell'induismo, aiuta il principe Rama a costruire il ponte tra l'India e Ceylon con il suo esercito di scimmie.

Essere devoti di Hanuman comporta la castità ed il celibato e queste persone dall'apparenza più che normale passano le loro serate al tempio a cantare. E a stordirsi. Qualcosa però non quadra perché, almeno in apparenza, dopo due ore di "tirate" pressochè continue, sembrano assolutamente presenti a loro stessi. Occasione per Ulisse per iniziare la nostra solita annosa polemica fraterna sulla liceità e sulla innocuità delle "leggere". Lui favorevole io contrario. Tanto leggere però non sono queste canne che, dopo un pò, veniamo a sapere contengono di tutto, inclusa eroina e funghetti vari.

Ciò nonostante sono attirato da questa gente molto simpatica e ospitale totalmente diversa dallo stereotipo dei nostri spesso devastati "tossici" e quando Gautham si offre il giorno dopo di accompagnarci per la campagna orissi con la sua vespa, accettiamo di buon grado. Naturalmente si sale in tre. Non si chiede nemmeno un'altra opzione.

Ed eccoci ronzare per la campagna con il vecchio e familiare vespone, tra templi, villaggi rurali, animali al pascolo e un vero e proprio ambiente idilliaco, un piccolo eden, totalmente fuori delle direttrici principali. Gautham va… va… Sembra senza meta e parla… parla… senza mai smettere.

Ci parla di tutti problemi dell'agricoltura, della grandine, della siccità. Della politica. È molto cortese e ben educato. Ci mette un po' a disagio ma sembra molto orgoglioso di presentarci a contadini

by the temple, yet looking absolutely lively and all there; at least so they appear after two hours' worth of drags. This spurs up our yearly old rant between Uli and I over light drugs harmlessness and wrong legal status. I'm pro he's con. Whatever that means, tonight's joints allegedly contain also heroin and some mushrooms, definitely not that light this time around. Regardless, I find these people very charming and friendly, unlike the stereotypical junkie we are used to, and when Gautham suggests a ride around the Orissi fields on his Vespa scooter the next day, we accept hands down. Three on the scooter is not an issue, forget about it.

So we buzz around the countryside through temples, rural villages, pastures and grazing animals, like in an idyllic world, a garden of Eden away from the average path. Gautham keeps on riding, talking, and talking again relentlessly. He covers the whole gamut: agriculture, hail, drought, politics … he's very polite and mannered and, much to our embarrassment proudly introduces us to some peasants, likely to be clients of his.

We then ride to Dhauli, the site of an awful battle, which led the emperor Ashoka to convert to Buddhism. Out of remorse for his conquest of the Kalingas where in the war he had witnessed bloodshed and cruelty, he accepted Buddhism so much so that he changed his own lifestyle as well as his country's accordingly. Farther down we stop by the gigantic Dhauligiri Shanti Stupa, indeed dedicated to Ashoka's change of heart. The sight is surreal almost like an infinite blur, the sunset golden light and the glowing white light reflecting from the gargantuan building blend together almost overshadowing the blue of the sky. Colorful sari wear-

che di sicuro sono suoi clienti. Ci porta a Dhauli, il luogo della battaglia terribile che generò nel potente imperatore Ashoka il desiderio di convertirsi al buddismo. La battaglia per la conquista di Ralinga fu vinta ma con un esorbitante costo in vite umane. Nel vedere tutto quel sangue, quel dolore, quella tragedia Ashoka ebbe una conversione che trasformò non solo la sua vita ma quella di tutto il suo paese.
Ancora più lontano ci fermiamo sotto uno stupa bianco gigantesco, il Dhauligiri Shanti Stupa, che ricorda proprio la svolta non violenta di Ashoka. Il paesaggio è surreale e si perde all'infinito nella luce dorata del tramonto e il bagliore dell'immane colosso bianco quasi annerisce per contrasto il blu del cielo. Alcune donne con dei bei sari colorati sembrano sfilare per il beneficio della mia Nikon e della Olympus di Ulisse. Siamo molto felici, rilassati e tremendamente lontani da tutto. L'assicuratore Gautham si rolla una canna. Non chiedo di che cosa ma Ulisse chiede, è una sua mania, di guidare la Vespa. Sono molto più tranquillo...
Con Kunnu e Gautham organizziamo nei giorni seguenti il giro a Puri e a Konarak per ammirare il colossale carro del sole. In realtà siamo loro ospiti e Kunnu si presenta la mattina con una Ambassador bianca nuova fiammante come la sua camicia. Ci accompagnerà, dice, ma poi dovrà tornare. Noi saremo liberi di fermarci a Puri e restare quanto vogliamo
La strada corre tra palmizi e villaggi con tetti di paglia. Stagni ricchi di ninfee e anemoni sfilano a destra e a sinistra. Ci fermiamo spesso perché i nostri amici ci vogliono mostrare tutto e sembra che abbiano una specie di mania per i derivati vegetali di un certo tipo. Prima ci mostrano un mercato di betel, la

ing women seem to ad-lib a pageant for my Nikon and Ulisse's Olympus. We's so content, relaxed and more importantly, far away from everything. Gautham the insurance agent, rolls up another joint of his. As in his habit, Ulisse then asks if he can drive the Vespa now, and I feel reassured...

With Kunnu and Gautham we plan a trip over the next days to Puri and then check out the enormous carriage of the sun god at Konarak sun temple. The next morning Kunnu shows up in a brand new shiny white Ambassador and even a matching shirt, he's going to drop us in Puri but is supposed to drive back right after, anyway we can hang around as much as we want. Palms and thatched villages, ponds with anemones and nymphaea flowers; this is all around us. Our friends stop everywhere, both to show us things and to feed their penchant for unusual vegetables, so to speak. A betel, the less and less used 'welfare drug', market is at the heart of a rural village by a small lake and a temple. As Kunnu shows Uli betel's good qualities, I watch some wood carvers at work remodeling a small temple. A concoction of herbs crushed in a stone mortar ought to be filmed; the juice is arguably the best elixir of long life ever, according to Gautham. Sure enough, we get offered to try it, but I kindly turn it down, and just let my karma take care of my longevity. It's an already hot February and we finally make it to Puri. We look for a hotel on the beach, yet only after handing out our passports, we realize that a crematory is right by; a bit puzzled we drop our bags in the room. Still we want to have this walk by the ocean toward the fishermen's villages just a few kilometers down. As we get there, Kunnu starts telling us more about these people and

"droga della mutua" usata ormai da pochi indiani, nel cuore di un villaggio rurale in prossimità di un laghetto e un tempio. Mentre Kunnu illustra ad Uli le virtù del betel io mi rivolgo a degli intagliatori di legno che stanno ristrutturando un tempietto. Poco più avanti siamo costretti invece a filmare tutte le fasi della preparazione di un intruglio di varie erbe pestate con un mortaio di pietra il cui succo, a detta di Gautham, guarisce da tutti i mali del mondo. Naturalmente alla fine ci viene offerto l'elixir di lunga vita ma io rifiuto cortesemente affidandomi per la mia longevità al mio karma.
Finalmente arriviamo a Puri. È febbraio ed è già caldo. Cerchiamo un albergo lungo la spiaggia e solo dopo aver consegnato i passaporti ci accorgiamo di essere a due passi dal crematorio. Lasciamo i bagagli in stanza un po' perplessi e con i nostri due amici iniziamo a camminare sulla riva dell'oceano indiano verso i villaggi dei pescatori a qualche chilometro da qui. I villaggi sono proprio sulla spiaggia e quando Kunnu mi spiega la vita di questa gente e il loro rapporto con il mare, oggi relativamente tranquillo, rimango senza parole. Qui non esiste nessun supporto tecnico e meccanico. Le imbarcazioni sono primitive scavate in lunghissimi tronchi uniti fra loro da robuste funi. Vengono trascinate sul bagnasciuga da quattro o sei uomini tutti seminudi e con dei buffi cappellini a mezza luna. Ogni venti o trenta metri c'è un piccolo luogo di mercato dove il pescato del giorno viene trattato e portato via ai mercati. Cerco di capire quanto viene pagato ma nessuno mi vuol dire prezzi e particolari. Anzi sembra decisamente che siamo come trasparenti a tutti questi marinai arcaici, neri come la pece e che sembrano proprio

their relationship with the sea, btw very calm today. I'm speechless: there's no mechanical devise here, the whatever boats are basically long carved trunks bound together with ropes and dragged ashore by four to six semi-naked men wearing funny little half moon shaped hats. Every twenty, thirty meters there's a market spot where all the catch is handled to reach bigger markets. No one is willing to talk as we ask for prices, it's like we's not even there to these archaic fishermen; they are particularly dark skinned and seem to be direct descendants of aboriginal populations from the Andaman or nearby Indonesian islands. The entire village looks as if impervious to any outer contamination, even the fish merchants appear as aliens from another planet. The fishnets are laid out to dry and some children cry as the wind gusts hit their eyes with sand. I'm filming and taking pictures with a slight sense of awkwardness and each time I'll see those images I'll feel the same again as in that weird day full of light, sound, wind and rivers with palms, water flowers, nets and shimmering fish like scraps of metal on the shore. In the evening, the whole town pours out on the beach to simply walk, talk or socialize, not for ice cream or amenities. From the window in our room, we can catch glimpse of a black cow lying casually down by a burning body as the mortician, resembling a little devil, fixes up the remaining wood to finish the job.

discendere dalle popolazioni primitive delle Andamane o dagli isolani dell'Indonesia. L'unità stessa del villaggio sembra impermeabile a qualunque contaminazione. Anche i commercianti di pesce appaiono come "visitors" di un altro pianeta. Le reti sono distese ad asciugare e qualche bambino piange tra le capanne mentre la sabbia viene sollevata dalle folate del vento costante e ferisce loro i piccoli occhi. Filmo e fotografo con lieve imbarazzo e tutte le volte che rivedrò quelle riprese proverò la stessa incredulità di quel giorno strano di luce, di suoni del vento e di fumi variegati tra palme, fiori acquatici, reti e pesci lucenti come metalli sulle rive di quel mare insidioso. Alla sera, quando tutta la cittadina di Puri si riversa sulla spiaggia, non per fare bagni o consumare gelati, ma semplicemente per passeggiare, parlare e incontrarsi, dalla finestra del nostro piccolo albergo ci viene di gettare uno sguardo poco lontano, tra del fumo dolciastro e deboli fiamme. Una mucca nera, sdraiata, sembra guardare distratta un cadavere di un uomo che brucia a due passi da lei e un becchino, simile ad un diavolaccio, che sistema la poca legna rimasta per finire bene il lavoro.

TYRES

Inizio capitolo:
Sulla spiaggia tra i villaggi di pescatori a Puri, Orissa.
A fianco:
Venditore di dolciumi.
Nella pagine seguenti:
Mercante di bethel.
Lo Shanti Stupa della Sogha Ka Kai.
Sulla spiaggia al tramonto.
Il tempio Lingaraj a Bubaneshwar.
Scene ai Tropici.
Puri: si va dai mercanti di pesce

Chapter headline:
On the beach among fishermen villages in Puri, Orissa.
On the left:
Sweets vendor.
In the following pages:
Bethel merchant.
Shanti Stupa of Sogha Ka Kai.
Sunset on the beach.
Lingaraj temple in Bubaneshwar.
Tropics.
Puri: going to the fish merchants.

The refreshing Cola

RAJASTAN & KUTCH: L'ULTIMO FAR WEST

Nel 1980 Mr Gurdip Singh, bello e aitante quanto sempliciotto ragazzo sikh di Delhi, ci accompagnò per le strade del Rajasthan a bordo di una meravigliosa, intrigante quanto rovente, Ambassador bianca. Era fine agosto e avevamo deciso per un paio di settimane di relax nella fiabesca "Terra dei prìncipi". Reduci da uno sfinente trekking in Nepal lungo la Kali Gandaki pensavamo di tirarci un po' su con una vacanza "easy". Avevamo perso tutti diversi chili di peso e ci immaginavamo già mollemente adagiati su tappeti a gustare le specialità del deserto del Thar o a rimpinzarci di robuste colazioni continental nelle residenze dei maharaja adibite ad alberghi. Non sapevamo, o meglio non immaginavamo fino a quei livelli, che il Rajasthan in agosto era una specie di fornace dove i 40 gradi sono la norma e che l'unico desiderio sincero che si prova è quello di bere continuamente e di stare sotto un ventilatore a boccheggiare. Nonostante la calura implacabile quel viaggio in Rajasthan fu molto divertente e Mr Singh, praticamente una radio sempre accesa, ci fece da guida e da angelo custode per tutto il lungo itinerario circolare che comprendeva Jaipur, Ajmer, Jodhpur, Jaeselmer e Bikhaner. A lui tra l'altro devo la simpatica conoscenza e amore a prima lavata con la saponetta Pears, versione "made in India"; nulla a che vedere con l'originale britannica, tirchia di aromi e dalla colorazione spiacevolmente giallastra. No, la Pears indiana è uno scrigno di profumi di cannella, timo, coriandolo e chissà che altro. Scura come una antica ambra e generosa del suo profumo fino all'ultima scaglia. Forse anche afrodisiaca... ?

Qualche anno dopo capitai anche ad Udaipur, celebratissima per i suoi murales e il Lake City Palace, che trovai però piuttosto deludente rispetto al resto del paese.

Il Rajasthan a quel tempo era piuttosto sguarnito di infrastrutture e il suo gioiello, Jaeselmer, appariva sull'orizzonte

RAJASTHAN AND KUTCH: THE LAST FAR WEST

In 1980 Mr. Gurdip Singh, a handsome, as brisk as simple young Sikh from Delhi, drove us around the Rajasthan streets in a marvelous shiny and much too hot inside white Ambassador. It was the end of august and we were longing for a couple of weeks off by the fabulous "Land of the Princes" right after an arduous trek in Nepal along the Kali Gandaki. We all had lost weight and were daydreaming of laying down on soft carpets all limp and sated after a Thar desert specialty binge or some fat continental breakfast at those maharajah residences turned into hotels. Little did we know or imagine that Rajasthan in august was like smoldering at an average 40c. Our only desire was drink as much as possible and station under a fan gasping for fresher air. Heat aside, it's been a fun trip and Mr. Singh, a human radio of sorts, was the perfect although garrulous host, guide and guardian angel to some extent, throughout the chosen circular path encompassing Jaipur, Ajmer, Jodhpur, Jaiselmer and Bikaner. I owe him the pleasant acquaintance with Pears soap bar "made in India" version, and it's been love at first 'bath' since then; nothing to do with the British one, so scentless and yellowish. Indian Pears is a Pandora box of cinnamon, thyme, coriander and so much else. It's like amber hued and profusely scented, down to the last chip, maybe even aphrodisiac...
Years later I also ended up in Udaipur, renowned for its murals and the Lake City Palace, yet not what I expected if compared to what this country can offer.
Back then, the Rajasthan was lacking infrastructures

ocra del deserto come una visione onirica. Tra una città e l'altra solo deserto. Traffico zero. La stessa popolosa Jaipur, la capitale, trasudava in ogni strada ed anfratto quella variopinta "rajastanità" fatta di giganteschi turbanti, sari coloratissimi, dromedari e carri trainati da cavalli ovunque, palazzi principeschi e ardite fortezze in una sinfonia di rosa, ocra, gialli bruciati dal sole cocente. Insomma, il viaggio si traduceva in una bella ingozzata di esotico classico "made in India" che già da allora faceva prevedere per questa straordinaria terra un luminoso futuro turistico. Una vera manna per il fotografo, il Rajasthan andava come sempre un po' "grattato" della patina turistica per dare la possibilità di fare piccole ma interessanti scoperte; come quando fummo invitati dal fratello minore del maharaja di Jodhpur per una partita a polo. Eccitato della proposta e ansioso di testare anche con la mazza da polo la mia vecchia e casalinga esperienza di cavaliere di campagna, mi presento al luogo convenuto capendo subito però che di cavalli non c'era ombra. Un grande spiazzo di terra battuta si apriva davanti a noi con delle figure lontane che si dimenavano su piccole biciclette e agitando la mazza dietro alla palla nella opaca luce del tramonto. Sconcertato, aspetto l'arrivo del maharaja junior che mi fa tutta una tiritera sul valore fisico del "cycle polo"; molto più selettivo e atleticamente impegnativo e decisamente in linea con i nuovi tempi austeri e socialmente appiattiti. Naturalmente ci viene proposto di giocare e ci viene fornita la "cavalcatura". Ossignoreiddio!! E io che mi volevo riposare. Inizia la partita e in pochi minuti mi rendo conto che è una fatica immane. Su quel terreno! Con quella bici scalcinata. Arranco senza quasi mai tirare un colpo e guardo invidioso i garretti asciutti dei miei avversari. Io gioco col maharaja che per compiacenza ogni tanto mi passa una palla. Flavio, se la cava meglio di me, lui gioca a pallavolo, ma non sembra divertirsi troppo neppure

at all levels, and its jewel town Jaiselmer stood out like an oneiric vision over the desert's ocher horizon. There was just plain sand in between towns and no traffic whatsoever. The densely populated capital Jaipur, oozed with the vibrant so-called "rajasthanity" in every nook and cranny: giant turbans, flashy saris, dromedaries and horse drawn carriages everywhere, majestic palaces and unassailable fortresses, in a symphony of ocher and pink colors burning under the scathing sun. Our trip was engulfed in the classic exotic "made in India", hint of a bright future for the tourist industry. To a photographer like myself, Rajasthan is the land of plenty, thus there must be something more to it under the glossy surface. That's what we were in for when the maharajah of Jodhpur's younger brother invited us over to play polo. I'm all excited and eager to test my self-taught-country-rider experience even if with a mallet in my hands; but as I turn up, there's no sign of horses. A dirt yard opens up before our eyes in the opaque sunset light, where some indistinct figures on bicycles are swinging mallets after a ball. I am baffled, in addition to that, maharajah junior takes up lecturing me about the physical properties of "cycle polo": so much more selective and athletically challenging, yet definitely in line with the new harsh and socially dull times. As expected, we are offered to be part of the game and given the rig. Oh my goodness!! I just wanted to rest up so badly. Unfortunately, it's game time already and it all seems to go down the hard way: damn punishing job, rickety bike and hellish terrain. I scramble my way through without hitting one single ball as I watch envious the sweat-free thighs of my opponents. Being in his same team, the maharajah mercifully passes on some cour-

lui. Dopo venti minuti, boccheggiante, ringrazio e salgo sulla Ambassador del nostro fedele Singh per tornarcene stroncati all'Ajit Bawan. Alla sera cena sontuosa su pelli di tigre, tavoli e stoviglie d'argento massiccio, ma Flavio non tocca cibo perché, dichiara, sente il "sapore vampiro"; cantastorie che ci raccontano tutta la saga di Babu Ji e un sonno mortale che prende infine il sopravvento su tutto quel ben di dio. Confesso che, per rifarmi inconsciamente da quella mazzata, ogni tanto butto là distrattamente che ho giocato a polo con il maharaja di Jodhpur. E non dico bugie!! Quasi venti anni dopo quel tour bollente mi risolsi di andare a curiosare in quello che in qualche modo viene invece considerato il Rajasthan "minore" o il suo parente povero: il Kutch, lembo di terra desertica nello stato del Gujarat, ai confini col Pakistan e praticamente ignorato dal turismo di massa. Questo ultimo particolare, siamo nel 1999, non affatto trascurabile in un periodo in cui già si parla abbondantemente dei guasti provocati dal turismo incontrollato in terre di equilibri cosi fragili come queste.
Oltretutto nel 2000, pochi mesi dopo la nostra visita, il Kutch è stato colpito da un terribile terremoto che lo ha ancora di più allontanato come meta probabile dalle menti dei turisti occidentali. Compagni di viaggio Ulisse, Paolo e Giorgio. Un bell'ottobre asciutto e soleggiato. Tre settimane belle piene e solo "tra uomini". Ma dopo un viaggio non propriamente leggero, Rimini, Roma, Kuwait, Delhi, Buhj, eccoci subito a fare i conti con il fragore delle favolose notti del subcontinente…
Ah, le notti indiane! A meno che non siate blindati e climatizzati nei piani alti di qualche Hyatt o Holiday Inn, le notti di un qualsiasi alberghetto indiano saranno comunque insonni. Cani che abbaiano, gli altri ospiti indiani che si "sparano" alla tv qualche filmone lacrimevole intriso di canzonette in salsa disco girate nelle località amene dell'Hi-

tesy balls. Flavio is getting along much better than I am; he's a volleyball player but now doesn't look amused either. Twenty minutes later, gasping for air, I call it a day, thank them all and hop in our faithful friend Singh's Ambassador to miserably drive back to the Ajit Bawan. That night, the sumptuous dinner is served on tiger pelts, the silver tables and cutlery are everywhere, but Flavio doesn't want to touch food at all, for its "vampire taste"; storytellers recount the entire Babu Ji saga as slumber gets the best of us despite the godlike banquet. After breaking my back like that, from time to time, I still happen to brag about playing polo with the maharajah of Jodhpur, and it's no lie! Twenty years later, I resumed going down this same path, this time to check out what is reportedly said to be the 'minor' or poorer Rajasthan, the Kutch. It's a desert strip in the state of Gujarat by the Pakistani border and virtually ignored by mass tourism, by the way, not a trivial detail even back then in 1999, as the general concern over much too exploited fragile environments began to make the rounds. In addition to that, in 2000, just a few months after our visit, a terrible earthquake alienated western tourism even further Kutch.
Back to our adventures, it's a sunny and dry October and this all-man ensemble is ready to set out on a three-week trip. My traveling buddies are Ulisse, Paolo and Giorgio. Not an easy or comfortable journey though: Rimini, Rome, Kuwait, Delhi, Buhj. Once there, the hustle and bustle of the Indian nights is yet again overwhelming. Unless you lock yourself up in the Hyatt or Holiday Inn's top floor room, average hotel nights will be sleepless, no doubt. Two main jarring reasons being: barking dogs and next-door

machal Pradesh o del Kashmir ed ascoltato a tutto volume. Lei corre nel suo sari svolazzante e con voce garrula, sculettando ed ancheggiando, si fa inseguire da un Lui sempre paffutello e spesso baffuto che salta come un capretto tra i cespugli apparendo all'improvviso come una divinità vedica materializzatasi per incanto. Lei fugge ancora, si sfiorano, si toccano, un casto bacio ed una ennesima fuga e poi ricomincia la solita tiritera: lei ricca, lui povero oppure lui ricco, lei povera. Barriere di casta, mondi antitetici. Lui divo della disco music indiana, lei intellettuale sprezzante o viceversa. Quasi sempre il finale è lieto ma nel corso del film muore quasi sempre la di lei madre o il di lui amico dispensando però gli ultimi preziosi consigli e c'è sempre qualche sacerdote brahmino o qualche divinità che si impiccia comunque della faccenda. Uno sguardo al mondo dei bambini, la strada, il piccolo rikshavala (conducente di risciò) furbo e messaggero è sempre gradito ed in mezzo a tutta questa melassa, che gli indiani in linea di massima adorano, la filmografia indiana, la più produttiva del mondo, riesce però a regalare anche capolavori universali. Se a mezzanotte e mezza si spegne l'ultimo televisore di cui l'albergo "Anam" di Bhuj, dove alloggio, si è orgogliosamente dotato, di lì a poco il muezzin della vicina moschea mi manderà fuori dalla grazia di Allah per questa prima notte insonne nel capoluogo della provincia del Kutch.

Non lontano da qui si spara. Il confine con il Pakistan è subito al di là di quella striscia di deserto salato che prende il nome di Rann. La tensione tra India è Pakistan dura da decenni e le zone di confine come il Kashmir o il Rajasthan o come qui il Gujarat, sono teatro continuo di scaramucce a volte solo intimidatorie ma che possono degenerare verso veri e propri attacchi militari che alcune settimane fa, ad esmpio, hanno causato addirittura l'abbattimento di alcuni caccia pakistani. Lo stato del Gujarat, e in particolare la sua

guests blasting hokey, tacky and cheesy movies at an outrageous volume. It's usually some sappy stuff with the cheapest disco soundtrack and filmed around some amusing sites in Himachal Pradesh or Kashmir. The plot doesn't get anymore fancy than a high-pitched shrieking she, swaggering around in her flapping sari, and an oftentimes chubby and mustached he, hopping all over the place like a goat in the briar, suddenly cropping up like a materialized deity as if by magic. There's a revolving dualism all around: run away and chase, either she or he, one rich the other poor, touch or graze, kiss and run again. Indian stereotypes involve the opposites, as with the castes: he's a hip DJ whereas she's an aloof intellectual or the other way around. The happy ending is regularly granted, yet not without a mother or friend kicking the bucket or giving one last advice on the way out; more often than not a Brahmin or deity gets in the way too. Last but not least, the habitual children's presence, like a clever young rikshavala (rickshaw's driver) as messenger between factions or something similar. This molasses is the core element to the Indian film production, the largest in the world, and sometimes even able to deliver masterpieces as well, don't get me wrong. So, let's say it's half past midnight and every last TV set proudly owned by the Anam hotel of Bhuj, is finally off; before too long, the close by muezzin will make me go ballistic and I'll thank Allah for my first sleepless night in the Kutch province. Not far from here, you can hear shots being fired; it's the Pakistani border, right over a saline marshy clay desert strip called Rann. The tension between India and Pakistan has been there for ages and neighboring regions as the Kashmir or Rajasthan or the Gujarat

remota provincia occidentale del Kutch, sono poco popolari come meta turistica sia tra gli occidentali sia tra la nuova emergente middle class indiana che privilegia comunque le stazioni climatiche nelle aree himalayane o le tradizionali mete dell'Uttar Pradesh, del Rajasthan, del Bengala ecc. Ma perché il Gujarat turisticamente non decolla? Non gli mancano complessi monumentali colossali, come Palitana, Junagadh, Baroda, Vankaner. La natura offre spazi suggestivi come il parco foresta di Gir dove vive l'ultimo esemplare di leone asiatico, i due Rann del Kutch, il piccolo ed il grande, dove oltre all'onagro, specie di asino selvatico, nidificano centinaia di specie di magnifici uccelli che, oltre a fare la gioia dei pochi naturalisti in visita da queste parti, offrono uno spettacolo straordinario anche per i non addetti. Spiagge eterne ed incontaminate si affacciano sul mare arabico. Nessuno, se non i pescatori locali, frequenta questi paradisi e i pochi tentativi di creare delle modeste infrastrutture ad "usum turistorum" sono miseramente fallite. Ed infine la gente, i popoli che abitano queste lande desolate, sono un vero tesoro da scoprire, da incontrare, da ammirare per il loro gioioso senso del colore, dell'ospitalità, del gusto di un artigianato unico fatto di semplici stoffe colorate e piccoli specchietti che insieme si fondono come in una alchimìa magica a formare decorazioni domestiche, coperte, copricapi, abiti straordinariamente caldi ed affascinanti. Nel centro di Bhuj, cittadina capoluogo del Kutch che sembra uscita da un libro di Kipling, c'è uno strano palazzotto che potrebbe essere a Siena o a Firenze. A parte il colore rossastro tipico delle pietre di queste zone, le decorazioni a volta delle finestre, i torricini, i pinnacoli, le scalinate sono tutte in vero "florentyne style". Così lo volle il maharaja di Bhuj negli anni '20. Ora però suo figlio si è trasferito fuori città lasciando il suo curioso palazzone alla municipalità che lo ha trasformato in un museo. Se nell'ala

around here, are the theater to constant skirmishing. Most of the time it's just nerve-racking but escalating events might easily turn threat into drama: only a few weeks back, a Pakistani jetfighter was shot down. The state of Gujarat, and particularly its remote western province of Kutch, has never become a popular tourist target, neither to westerners nor to the emerging Indian middle class more incline to the Himalayan areas or the traditional vacation regions like Uttar Pradesh, Rajasthan, Bengal etc.

Nevertheless, why Gujarat is not taking off? Colossal monuments like Palitana, Junagadh, Baroda, Vankaner are definitely a source of attraction as much as the Gir forest might be to nature lovers. The last Asian lions live there, the Rann of Kutch and its wildlife comprise a national park where many bird species nest and where the Asian wild ass, the onager, can be seen in its sanctuary, more by the Little Rann of Kutch. Unadulterated stretches of shore on the Arabian Sea known only to few local fishermen complete the picture of a paradise of its own. These far-off lands are home to incredible people, so welcoming, warm at heart, simple and colorful in their manners as in their crafts, cloths and materials. Everything is garnished with tiny mirrors that riddle all of their home apparels, blankets, hats, dresses this way forming a surprising alchemy of sorts and releasing so much positive energy. In the middle of Bhuj, the small town capital of Kutch out of a Kipling's book, there's a peculiar building as if it were in Siena or Florence, with vaulted windows, little turrets, pinnacles, and flights of stairs all in true "Florentine style", reddish local stone aside. This is how the maharajah of Bhuj wanted it back in the 20's; his son then moved out of

ovest i fasti e le ricchezze delle corti indiane, assieme a rari tessuti tribali riccamente decorati, creano languide suggestioni del passato, la sfilza di animali selvaggi, leoni, tigri, pantere, orsi, antilopi ecc., imbalsamati e dislocati lungo tutto il polveroso perimetro del salone principale del palazzo, lasciano una spiacevolissima e tristissima impressione di anacronistica ed inutile crudeltà. Ma il loro mondo era questo ed i maharaja dell'India non sembrano vergognarsi più di tanto delle stragi gloriose ed inutili di cui si sono macchiati. A Bhuj capitiamo nel bel mezzo dei festeggiamenti di una comunità Patèl. Sono seguaci di Krishna ed appartengono ad una delle tante correnti dell'induismo contemporaneo. Sono benestanti e sono venuti a Bhuj da tutta l'India e dall'estero. Il signore che mi fa gli onori di casa viene da Singapore dove ha una attività commerciale. È molto lusingato della mia attenzione televisiva alla loro festa e mi invita "absolutely" il giorno dopo, quando le celebrazioni saranno al loro culmine per la rievocazione della nascita di Lord Krishna. Sotto l'enorme tendone colorato, incensi, fiori, ghirlande, suoni di tabla e armonium, canti dissonanti frammisti a letture sacre preparano alla tensione collettiva che è già quasi tattile. Improvvisamente il volume dei suoni aumenta. Il ritmo delle tabla, lento e cadenzato, accelera e ad esse si uniscono altri tamburi, cimbali. Il ritmo è ora forsennato. Alle frasi gridate dal sacerdote rispondono 3-4000 persone che si cominciano a dimenare alzando le braccia al ritmo delle risposte. Una cesta di vimini passa da mano a mano sorretta verso l'alto. Tutti buttano rupie e toccano la cesta portandosi poi la mano al capo. Mi protendo verso l'alto per capire cosa c'è. C'è un bambino di forse 8 mesi. È incoronato d'oro, ha gli occhi truccati e piange facendo il "zappolino" con il labbro inferiore. Poverino! Lui non sa di essere Krishna appena nato. Vola sulla gente sempre più eccitata. Più in là c'è un

town and left it to the local council that turned it into a museum. As suggestive the west wing in its majestic Indian court style is, with all its plush and colorful fabrics, as sadly anachronistic and cruel is the dusty main hall's perimeter with its walls teeming with hunt trophies of all kinds, from lions and tigers to antelopes, bears, panthers and all wild animals possible. Unfortunately, this was their world, and the maharajahs never looked too concerned or embarrassed by these glorious slaughters. Once in Bhuj, we happen to be in the middle of Patel community's festival. They are Krishna's disciples coming from all over India and abroad, usually high-end people within contemporary Hinduism and its different currents. This business owner from Singapore welcomes us kindly, all flattered by our cameras, he says we's "absolutely" invited to next day's biggest event celebrating Lord Krishna's birth. Under a huge decorated tent, the collective tension is tangible and continuously building up inebriated by the incense, flowers, wreaths and sounds of tablas and harmonium mixed with chants and holy readings. The slow cadence grows faster and faster, now more drums and cymbals add to the rhythmic ensemble until it all gets exceedingly loud and frantic. The priest shouts something out and 3-4000 people scream back the answers, accordingly shaking their hands in the air. A wicker basket surfs the crowd, everybody throws rupees and tries to touch it to then rub their own heads. As I lean on to figure it out, I see a baby, 8 months old maybe, wearing a gold crown and eyeliner, he's crying and pouting his lower lip. Poor baby! He does not know yet to be the new born Krishna, and the basket goes round and round. Not far, there's another kid garbed as Krishna, this time

altro ragazzino di sette-otto anni. Anche lui è Krishna. Truccato e decorato è consapevole della attenzione di tutti e si compiace antipaticamente (per come può esserlo un ignaro ragazzino) della sua divina parte. Finge di combattere con forze invisibili con dei bastoni di legno. La tensione è alle stelle. Ecco ora comparire un giovanotto baffuto e anche lui truccato e vestito da Krishna. È il dio adulto. Si butta a pesce sulla folla che lo raccoglie e lo fa volare verso l'alto con boati d'accompagnamento. Intanto in una specie di area recintata da corde forse 2000 donne si muovono sinuose nei loro sari stupendi. Cantano in coro e danzano in circolo alla musica che diviene sempre più frenetica e ossessiva. Il signore di Singapore mi fa cenno che posso entrare nel "femminil recinto" con la telecamera. Mi tuffo in quell'orgia di musica e seta e riprendo, con tutta comodità, per lunghi, lunghissimi minuti. Sono stordito. Gli odori, il caldo (a Bhuj ci sono più di trenta gradi), gli ormoni... nell'aria. Ho una specie di mancamento. Sono chino da ore sul mirino della telecamera che è appannato. Rivoli di sudore mi colano fra i capelli. Esco dall'area del tendone e mi distendo in un angolo ventilato tra gli angiporti di Bhuj sorseggiando una Limca ghiacciata.

Mr Jethi è il colto ed orgoglioso direttore del modestissimo ufficio del turismo di Bhuj.

Sa tutto sulla sua terra, il Kutch, ha pubblicato libri e opuscoli e ci dà tutta una serie di preziose informazioni su come muoverci tra burocrazia e logistica. La vicina frontiera col Pakistan obbliga a permessi dettagliati su itinerari, spostamenti, tempi ecc. All'indomani l'automedonte musulmano Umar ci preleva con la sua scalcagnata Ambassador, rattoppi alla carrozzeria e gomme "slick", e ci inoltriamo verso nord a cercare i Rabari, i Jats, gli Harijan, gli Hair. Sono i gruppi tribali del Kutch isolati in piccoli villaggi sparpagliati nella sconfinata ed inospitale pianura. Semplici e disadorni

about 7-8 years old. He's kind of gloating, there's an obvious attitude going on, the kid is making great play of his divinity role and enacts a fight against invisible forces with some wood sticks. Tension is now skyrocketing. Another mustached young man shows up in his Krishna attire. It's the adult god. He stage dives on the crowd and gets thrust in the air amongst synched roaring screams. Meanwhile, about 2000 women in their beautiful saris, chant and dance sinuously in circles inside a sort of rope fenced area. The guy from Singapore nods to let me know I can enter the 'female yard' and film with my camera. I'm head-on into this orgy of music and silk for several long minutes; feel all woozy and dazed from the heat, the smell and the too many hormones impregnating the air. I've bent over for hours now, with my eye stuck in the steamy viewfinder, all soaked up in sweat dripping down my hair. Out of the tent, I finally get to lie down in the alley, catch some fresh air and sip an iced Limca. Mr Jethi is the cultured and proud director of Bhuj's low-profile tourist office. He knows his land, the Kutch, almost inside out, having also described it in books and brochures. Luckily, he's very knowledgeable as to logistics and bureaucracy, and that comes in handy by the Pakistani border to deal with lengthy permits requiring detailed itinerary, timing etc... The following day Umar, our driver, picks us up with his rickety Ambassador, a beat up clunker running on beyond 'slick' tires, to say the least.

We hit the road heading north to look for some isolated tribal villages strewn all over the hostile plain and home to the Rabari, Jats, Harijan and Hair. On the outside, these are nothing but simple and barren villages, frankly even miserable, whereas everything

i villaggi all'esterno, se non francamente miseri, ecco che improvvisamente luci e colori sgargianti fanno mostra negli interni delle case e sugli abiti delle donne. Sembra che questo gruppo di splendide fanciulle su cui domina la tonalità verde bosco dei loro abiti incastonati di piccoli specchietti e monili d'oro si sia agghindata rispettando le tonalità di colore delle pareti della loro casa. Entriamo con il solito quasi finto impaccio di chi di lì a poco dovrà estrarre una cinecamera o qualche macchina fotografica. Ormai in India le foto sono tassate pesantemente dai soggetti ritratti, un po' perché forse non ne possono più, un po' perché spesso conoscono il rapporto con le rupie che può avere un'occidentale, magari un po' pezzente a casa sua, ma che qui può fare, se vuole, il brillante senza sforzo.

Ma, incredibilmente, le ragazze non solo non fanno difficoltà ma ne vanno a chiamare altre per cui in poco tempo la casa del capo villaggio è tutta un gridolino sommesso, un sorriso, uno schermirsi con il velo per poi svelare stupendi e languidi occhi. Gli uomini osservano forse un po' seccati di non essere oggetto di altrettanta attenzione per cui, alla fine, diamo un po' di soddisfazione anche a loro.

I Rabari, 2500-3000 famiglie nel Kutch, sono ancora un popolo abbastanza poco studiato. Sembra vengano dall'Afghanistan o dal Beluchistan. Sono nomadi o seminomadi e vagano per il Rajasthan, il Gujarat o il Maharastra alla ricerca di cibo per i loro dromedari e le loro capre.

Incontriamo un carovana di Rabari su un strada di "grosso" traffico. Di qua e di là del manto stradale arroventato una sterminata e disperata distesa di sale che brilla al sole come la neve. Qualche arbusto o cespuglio all'orizzonte non fa che aumentare il senso di desolata solitudine di questo deserto. Sulla strada camion fumosi ed inclinati per sfiniti ammortizzatori sorpassano lentamente una colonna di dromedari carichi all'inverosimile. C'è il charpoy, il tipico

inside the premises is glaringly colored altogether. Forest green seems to be the dominating hue worn by this beautiful group of women with tiny reflecting mirrors all over their dresses and embellished by golden trinkets matching the overall tones of the house. All the same, we step in with our simulated coyish approach, fully aware that cameras will be soon whipped out. It's become common practice to charge anyone with a camera as much as possible; people here do know what the rupee value is for us and that even the most despicable and cheap westerner can easily afford to show off in this region. Incredibly, not only the girls don't make a fuss about our presence, but they also call in more friends. Shortly after, the chief's house is filled with giggling ladies smiling, laughing at one another with those beautiful eyes behind the veil. The men around look a bit frustrated by the lack of attention but in the end, we manage to turn the camera eye on them as well.

The Rabari comprise 2500-3000 families, yet not much is known about their roots, possibly Afghanistan or Baluchistan. Mostly nomads or semi-nomads, they roam around Rajasthan, Gujarat or Maharashtra to feed their dromedaries and goats. We run into a Rabari caravan on a supposedly 'trafficked' road sided by a never-ending expanse of glittering salt. Scattered shrubs or bushes enhance the perception of heat and desolation. Spewing trucks bent sideways over worn out shock absorbers, slowly pass a convoy of awfully overloaded dromedaries. I can see an upside down charpoy, typical local bed, blankets and kitchenware dangle here and there, and on top of the bundle, like the little queen of sands, a young girl. She throws a conceited look yet not without some curiosity, her

letto indiano, rovesciato, coperte e pentole varie penzolano di qua e di là. In cima alla catasta come una piccola regina delle sabbie, una fanciulla ci volge un altero e allo stesso tempo incuriosito sguardo. Ciondola lentamente sull'andatura del dromedario e si volta un attimo ancora. Non sorride, è tremendamente seria e ci imbarazza. Un autocarro sgangherato accelera e dal suo tubo di scarico fuoriesce una nube nera che avvolge il dromedario con la sua piccola "devi". La carovana passa lenta e solenne come un corteo regale. Non è la solita scontata retorica esotica. Io li vedo così. Regali. Ecco un accampamento rabari! A qualche centinaio di metri dalla strada. Sono lì nel loro mondo. Rifiutano l'omologazione. Se ne fregano del progresso. Alti, dinoccolati, inturbantati e con i loro orecchini circolari in filigrana d'oro, con un bastone nodoso dirigono lo spostarsi degli armenti. Quando raggiungono un terreno adatto e ricco, si fa per dire, di sterpi e qualche filo d'erba, si fermano. Ogni nucleo famigliare si ricava il proprio angolo. Giù il letto. Una piccola tenda che protegge dal vento viene montata e immediatamente si allestisce la cucina. Il fuoco, il thè, il chapati, specie di piadina indiana, sono pronti in un attimo. Gli uomini iniziano la ricerca dei capretti per portarli alla mammella materna. Tutti gli animali sono contrassegnati da colori rossi o verdi o gialli sul vello per riconoscerne l'appartenenza. È un concerto. Belati quasi umani. Campanacci dissonanti. Qualche colpo baritonale dei dromedari che si occupano dei rami più alti delle spinose acacie. Il tutto sembra un set di un film biblico. Può comparire Abramo? Arriva Mosè con le tavole? Quel ragazzino sull'albero forse è Zaccheo? Come noi, uomini "telematici", viviamo l'incontro con questi frammenti di un mondo arcaico che sopravvive qua e là in remote contrade dell'Asia? È un senso di illogica invidia verso esseri che a noi sembrano detentori di una serenità "diversa" e in quanto

figure swings along the dromedary gait; then turns back once again for a second: not a smile, just tremendously serious, we's in awe. After that, a speeding up ramshackle truck envelops the young 'Devi' and her dromedary in a black cloud of smoke.

The slow caravan proceeds solemnly, like a regal procession, and this is not just some exotic rhetoric; this is how I perceive them, regal. Here is a rabari camp! A few hundred meters from the road, they live in a world of their own, away from the progress by all standards. Tall, lanky with rag wrapped heads, wearing circular gold filigree earrings and using a knotty cane to lead and show the way. Once crossing over some rich, so to speak, brushwood with grass here and there, the convoy is halted and every family manages to settle down in a spot of its choice.

Bed down on the ground, a tent to shelter from the wind and the kitchen is put together right after: fire, tea, chapatti, a local flat bread, are ready in a wink. Men take care of goat kids and make sure they suckle; all animals are marked with red, green or yellow on their fleece to be recognized. It's almost a concert of close-to-human bleating and cowbells mixed with the dromedaries' more baritone pitch as they browse on the taller acacia thorny twigs. Looks like being on the set of a biblical film: Abraham might be here any second, and where's Moses with the stone tables? Isn't that kid on the tree Zaccheus?

How do we—internet people—relate to these fragments of archaic world sprinkled around some remote Asian alleys? Aren't we somehow envious of such a different way to perceive serenity, a much more appealing one? Useless yapping and shallow online chat-rooms seem to have a place in the loneliness of our society or

tale più appetibile? Affogati nelle chiacchiere inutili che ci sommergono, nei consumi idioti e nelle chat-line, rimedio estremo alla solitudine imperante. Nella volgarità e nella tristezza infinita dei nostri abiti "tecnici" o "alternativi" o "etnici", nel cachemire cinese alla portata di tutti, nelle antenne satellitari e le "attivazioni gratuite" con abbonamento gratis per un anno e nel tempo che, disperatamente e implacabilmente, ci sfugge di mano come "perle in un bàratro", ci commuoviamo davanti ad un fuoco acceso. Il chapati, il thè, la zuppa calda di pochi vegetali sembrano essere la gioia, la felicità semplice e pura, il pane guadagnato. La donna, mentre muove i pochi sterpi per attizzare il fuoco, ride con il suo figlioletto che le si abbarbica addosso. Ride regina e padrona del suo deserto e con il suo uomo poco più in là, in piedi, che scruta silenzioso l'orizzonte e il muoversi degli armenti. Sembra che non ci sia bisogno più di niente in questo campo rabari dove il mare non più lontano fa arrivare lievi folate di calda e salmastra brezza. Sfiorati dall' "arcaico" e con il piccolo bagaglio di questo incontro emozionante volgiamo verso il Mare Arabico. Destinazione Mandvi. C'è un unico piccolo Hotel in prossimità della sterminata spiaggia. È vuoto e il nostro arrivo, siamo in quattro, mette in moto tutta una serie di manovre di avvio della struttura. Ventilatori, fornelli, zampironi contro le zanzare e il "manager" che corre con la vespa in paese a prendere uova e ci prepara delle omelette con cipolle e pomodoro niente male. Ci informa che se vogliamo del pesce per la sera (i romagnoli in giro per il mondo devono sempre "rompere" con il pesce) dobbiamo dirglielo subito. Deve fare spesa e "he cannot guarantee". La spiaggia è uno spettacolo. È enorme e non se ne vede la fine e la bassissima marea ha lasciato in secca alcune barche variopinte e tante ancore. I fotografi gioiscono. Il tramonto è splendido. La luce si attenua mentre il disco di rame affonda nel Mare

better, our consumer oriented lifestyle teeming with subscriptions, deals, offers or even affordable Chinese cashmere for the average Joe. This is so nonsensical to the point that even gathering around a simple campfire becomes touching. The hot soup, the chapatti and the tea are a great source of sheer, unadulterated joy, there's a sense of accomplishment all around. A smiling woman, queen of her piece of desert, is putting together some shrubs for the fire as her child climbs on her, while her man, a few steps away, is silently gazing the horizon as the herd moves around. This is the Rabari camp, all it takes is right here; even a warm and salty breeze can be now felt coming from the not too far sea. This exciting archaic world will add up to our memories, but now it's time to move on toward the Arabian Sea, destination Mandvi. There's a small hotel by the endless beach and it's empty. Our arrival kick starts the whole mechanism: fans, stoves, mosquito repellents and the manager himself jumps on his Vespa scooter to go buy some eggs to make us some tasty onion and tomato omelets. He even mentions that if we want fish, then he has to get it somewhere, yet "he cannot guarantee". The beach is marvelous and never-ending. The incredibly low tide has left behind some assorted boats stranded in the sand and numerous anchors plowed into the bottom. Such a perfect scenario for photographers; gosh it's the sunset on the Arabian Sea… got to plunge into it!

On the contrary, such an idyllic view seems to raise little or no interest from the few local fishermen busy at fixing the catch to dry up and I'm sure they look at it form a different angle. In Mandvi exists a unique shipyard in which archaic techniques are used to build merchant ships made of wood. Therefore, here

Arabico. Caspita! È il Mare Arabico! Un tuffo si impone. Si potrà poi raccontare… I pochi pescatori intenti a seccare il pesce non sembrano molto presi dall'idilliaca visione. Pensano alla dura pagnotta e a quel mare che oggi piatto e dorato può infuriare in una forza inarrestabile e portarsi via capanne, barche, tutta la loro vita. Qui a Mandvi si può ammirare un cantiere navale, credo unico al mondo. Si costruiscono enormi mercantili tutti in legno con tecniche arcaiche. Gli operai penzolano sulle fiancate delle navi per il lavoro di calafatura. Riprendiamo e fotografiamo. Il capo cantiere ci porta negli anfratti, nelle stive, ci spiega (in gujarati !), ci fa vedere i giganteschi tronchi da cui si ricaveranno le assi per gli scafi. Poco distante, sul porto, alcune donne compiono sacre abluzioni nell'acqua salmastra.

Partiamo alla volta di Mundra e per la strada Umar ci propone di visitare l'ospedale degli animali. Che cosa singolare! In un paese dove la gente fa fatica a rimediare un'aspirina si curano, gratis, gli animali? E guarda in che razza di posto! Ci spiegano che la fondazione "no profit" è un'iniziativa della locale comunità jainista. Sono seguaci di un grande guru chiamato Mahavira che, contemporaneo al Buddha storico, predicò una dottrina basata sul concetto quasi estremista di non violenza e rispetto della natura. I Jaina sono spesso appartenenti alla buona borghesia indiana e a volte è facile riconoscerli perchè camminano con una benda alla bocca ed uno spolverino con cui liberano dolcemente il terreno da creature viventi che potrebbero perire sotto i passi del viandante! L'ospedale ospita dromedari vecchi e ammalati, bufali o vacche investite da camion, auto o treni, e capita spesso, oppure affette da frequenti tumori alle corna. Stanno operando una vacca travolta da un autocarro e con un femore fuoriuscito dalla carne. La scena non è divertente ma lo sconcerto è massimo quando ci raccontano che hanno asportato dallo stomaco di una

we are to film and take pictures of workers dangling form the sides of the keel busy at caulking. The main guy shows us around (speaking Guajarati!), from the smallest crannies to the holds or the huge logs to be cut into planks for the hull. Not far, on the dockside, some women take ritual ablutions in the salty water.

Time to move on toward Mundra, along the way Umar suggests to stop by the animal shelter. How odd! I mean, in a country where people die for an aspiring they even have animal hospitals? Moreover, this looks fancy too! We are told it's run by a no-profit foundation led by the local Jain community. The Jains are the last representatives of Mahavira, a contemporary of Buddha, and follow strict principles of non-violence and respect for mother nature. They often belong to the higher end of society, and can be seen wearing a handkerchief on the mouth and swinging a duster to avoid squashing any insects or living creatures on their way. At the hospital, among the patients are old or ill dromedaries, wounded buffalos or cows run over by a truck, train or car, or oftentimes with horn cancer. A cow hit by a truck is being given surgery; her femur is sticking out of the flesh, not a pleasant sight for sure. Nothing compared to the mind-boggling story of 1500 plastic bags removed from a cow's stomach, yeah plastic! Along with pollution, plastic definitely is one of modern India's worst cancers. There are bags everywhere, mostly in big cities, and it is not uncommon to bump into a cow with some plastic stuck in the mouth. Paradoxically, as we all talk about mileage and clean fuels, Delhi alone produces more green house gases than Italy. We leave the hospital, after a useful short stop by the museum of extreme vegetarianism with its hand drawn posters exposing India's ecological

mucca 1500 sacchetti di plastica. Già la plastica! Uno dei cancri, assieme allo smog delle grandi città, dell'India di oggi. Si vedono sacchetti di plastica ovunque, specie nelle città, e spesso si vede passare una vacca con un pezzo di plastica che le penzola dalla bocca. E mentre noi, ridicolmente, cerchiamo di abolire le macchine a benzina super, credo che solo la città di Delhi produca più ossido di carbonio di tutta l'Italia. Lasciamo l'ospedale dopo aver visitato l'efficace, per poco, museo che invita al vegetarianesimo estremo. Manifesti dipinti a mano denunciano tutte le tragedie ecologiche dell'India, gli esperimenti su animali dell'industria cosmetica, le uova portatrici di cancri vari e mille altri peccati e violenze dell'uomo contemporaneo. Ce ne andiamo di pessimo umore con la nostra fumosa, asmatica e inquinante Ambassador diesel e con uno sconfortante senso di impotenza.

Una sosta a Mundra per un "gujarati tail" piatto regionale a base di intingoli vegetali di fuoco, chapati e riso per spegnerlo e la immancabile Limca che, pur facendo a cazzotti con i sapori indiani, garantisce una rumorosa e rapida digestione del tutto per circa 1500 lire a testa. C'è una piccola moschea verde-azzurro che mi viene fatta visitare quasi con la forza. Sul tetto tra il bagliore e il caldo, quasi trentacinque gradi, non si resiste e la mia petulante ed estemporanea guida insiste che riprenda tutto: panorami di Mundra, foto della Mecca, versetti del corano incorniciati, tombe di locali imam. Pernottiamo ad Anjar piccola cittadina sospesa tra passato e presente dove il famoso "colpo d'occhio" è straordinario. Il mercato è tutto un incrociarsi di tipi dai multicolori turbanti e di donne in sari. Le vecchie architetture delle piccole case in stile rajput si piegano su questa folla allegra e curiosa che al tramonto ritorna nei villaggi vicini con le piccole spese o con le poche rupie ricavate dalla vendita di qualche capra o di qualche

tragedies, cosmetic industry and animal testing, eggs bearing various cancerous cells and thousands of other modern day forms of violence and misgiving. We's in a bitter mood, and getting back in our rickety and dirty diesel Ambassador doesn't help the overall sense of hopelessness.

Mundra is our pit stop for some "Guajarati tail", a regional plate based on hot and spicy vegetable dips, chapatti and rice all quenched by the inappropriate taste of the usual Limca, so very at odds with Indian food. The whole meal is about a buck a pop. There's also a small green-azure mosque we get almost dragged into. On top of the shiny and sweltering roof, almost thirty-five Celsius, we feel like melting whereas the overzealous guide keeps bothering us with Mundra sights, Mecca's pictures, framed Koran's verses and imams' tombs that we should be filming. We spend the night in the small-town of Anjar, beautifully suspended between present and past. Around the market, an array of saris and turbans are all over the place surrounded by the old architecture of the small rajput style houses. By sunset, people scatter back to the close-by villages with a handful of rupees in return for some goats or handmade objects. There's definitely a sense of balance in all this, and so much respect for aesthetics and cultural roots. It's so relaxing to just sit down and surrender to this far-off India like in dream, with no rush or schedule to fit.

D.P. (as he wants to be called) is a local naturalist and photographer who has devoted his life to the Rann, a name that stands for salty desert; we's guests at his kind of Mediterranean place in Drangadra, a fortified town on the border of the so called "Little Rann of Kutch". The roofing covering the ample terrace pro-

oggetto artigianale. Sedersi, senza fretta e senza scadenze, abbandonarsi un po' ai sogni di questa India lontana nel tempo e nello spazio. Vedere solo il bello di tutto questo. L'equilibrio, la fedeltà alla propria cultura, il rispetto estetico anche nei piccoli dettagli portati addosso con grande eleganza. D.P. (così vuol farsi chiamare) è un naturalista e fotografo indiano che ha dedicato la sua vita al Rann, termine che più o meno significa deserto salato. Siamo ospiti della sua casa a Drangadra, cittadina fortificata e al confine del cosiddetto "Little Rann of Kutch". Siamo suoi ospiti in un'accogliente casa a due piani in stile un po' mediterraneo. Un ampio terrazzo coperto da una tettoia per l'ombra e per i monsoni è la nostra saletta da pranzo dove, chiacchierando amabilmente con il nostro padrone di casa, organizziamo una visita al Rann.

All'alba saliamo sulla sua Mahindra, jeep indiana ad andamento lento, e volgiamo verso il Rann. Ci spiega che il "problema" della regione è il contenzioso tra gli ambientalisti e le fabbriche del sale che si dislocano lungo i confini del deserto salato. I lavoratori del sale, gente sfruttata come bestie, stanno con le loro famiglie sotto delle tende sbrindellate per 4 -5 mesi con temperature che di giorno arrivano anche a 50 gradi e di notte, in gennaio, scendono sotto lo zero. Guadagnano (1999) 16.000 lire al mese. Sono fra l'incudine della loro fame e il martello della difesa dell'integrità di un ambiente unico al mondo.

D.P. è amico di tutti, cerca di trovare un compromesso tra la sopravvivenza di questa gente, sono circa 100.000 persone, gli interessi potenti dei monopolisti del sale e la salvezza delle specie che albergano nel "Little Rann of Kutch". Lasciamo i mucchi di sale e i tristi visi di chi lo materializza sulla propria pelle e ci addentriamo nel Rann. La temperatura è ancora fresca e la nostra jeep fila liscia ai bordi del deserto dove finisce una vegetazione a savana. Si

vides shelter from the monsoons and shade too, which makes it our lunchroom today, where we can amiably converse with our host and arrange our trip through the Rann for the next day. At dawn, we hop in his Mahindra, a slow Indian jeep, ready to roll. Our friend explains us that the regional conflict between environmentalists and salt factories has become the main dilemma. The overexploited workers live like animals in their threadbare tents for 4-5 months, at times under forbidding temperatures of 50c during the day that drop below zero at night, especially around January. They make as little as 10 dollars a month (1999) and are caught between this fight to survive and the issues of a unique environment. D.P. 's main concern is to settle disputes and find a compromise between the obvious needs of some 100. 000 people, the interests of powerful salt monopolists and the safety of the species living in this area. It's all so depressing. Still on the jeep and with an ok temperature, we drive by the desert limit where the savanna like vegetation ends. Some bicycles far down: "salt workers", prompts D.P. Where are they going then? There's nothing in sight… Here a first herd of onagers, or "wild asses" as they are called in many guides, however D.P. sustains they have nothing to do with the donkey, yet they descend directly from the prehistoric horse. By following their migration tracks from Afghanisthan, the founder of the Moghul dynasty, Babur the lion, was able to reach India with his troops.

In my opinion, they resemble the zebras, gray and ocher coat aside, and in trying to approach them, I finally have my first little photographic safari experience. The light is even brighter and its combination with the glittering of the salt across the vast horizon, gives off a

intravede qualche bicicletta lontana: "salt workers" ci dice D.P. Ma dove vanno? Laggiù, lungo la linea dell'orizzonte non si vede più nulla... Ed ecco comparire un primo branco di onagri. "Wild asses" come recitano le guide ma D.P. ci tiene a far sapere che con gli asini non c'entrano nulla e che sono discendenti diretti del cavallo preistorico. E che grazie alle tracce delle loro migrazioni dall'Afghanisthan, Babur il "Leone", il fondatore della dinastia Moghul, riuscì ad arrivare in India con le sue truppe. A me ricordano, a parte il mantello grigio con sfumature ocra, le zebre e quando gli corriamo abbastanza vicini mentre loro galoppano liberi ho, per la prima volta, la mia piccola esperienza "safari", naturalmente fotografico. La luce intanto diviene sempre più abbagliante e il bagliore del sale, ormai uniforme per tutto l'orizzonte che riusciamo ad abbracciare, ci crea una vaga sensazione di vertigine bianca. La jeep segue con attenzione tracce lasciate da qualche autocarro. Il Rann non è ancora completamente asciutto, siamo ormai in novembre, e c'è rischio di affondare. Ma D.P. sembra molto sicuro e ci conduce dritto ad un lago dove, al nostro arrivo, migliaia di Flamingos si innalzano in uno stormire che sembra più vicino ad un tuono che ad un vento.
Corro per le strade caotiche di Ahmadabad in un moto risciò con un vistoso fazzoletto sulla bocca e sul naso. Dicono che sia la città più inquinata dell'India, con tutte le sue industrie tessili che l'hanno fatta soprannominare la Manchester Indiana. Sarà. A me non sembra peggio di Calcutta o Delhi o Allahbad. Come dice Paolo, che è al suo primo viaggio in India e siede coraggiosamente accanto al folle driver, nel traffico di Amhadabad, sembra di essere in un video game. Brusche scartate a destra e a sinistra per evitare autobus, vacche, pedoni, biciclette. Il fumo insopportabile della miscela combusta sale anche da sotto il sedile. Quando arriviamo in albergo dai nostri nasi esce di

sense of white dizziness. D.P. keeps driving along the tracks left by some trucks, the Rann is not completely dry yet and the jeep might get stuck. All the same, we get to a lake teeming with flamingos that storm away in a roaring sound as we arrive. In Ahmadabad we happen to be riding on a motorized rickshaw, I have a gaudy handkerchief on my mouth, aware that this is the most polluted city of India, nicknamed the Indian Manchester for its textile industries. To me it's even worse than Calcutta, Delhi or Allahabad. Paolo is bold enough to be sitting next to the crazy driver, and he's totally right when he says it's like being in a video game: we dodge buses, cows, pedestrians, bicycles, and inhale smoldering fumes coming from underneath the seat, this is the picture. Once at the hotel, our nostrils are clogged with black stuff and we look like two steam locomotive machinists.
Poor Ahmadabad! It now has a name for being of no touristic interest whatsoever, and in all probability, there's no turning back. Before all that, in the mid-800's, Italian writer Luigi Roussellet described it: "Magnificent bastions embrace the city for over seven kilometers; towers and bulwarks complete the fortifications built by sultan Mahmud Begara. Eighteen monumental doors give access to the once overpopulated city; now only fifty thousand live here, and on the inside, vases, gardens and uncultivated patches of land isolate the city from the bastions. Despite the decadence, it is still joyful and lively; the beautiful boulevards with their trees run everywhere, whereas poor and huts covered with lime plaster gather around the great remainders of the past, somehow taking away bits of their original grandeur. Manik Shauk is the largest avenue hinge to the city's market place. All

tutto. Sembriamo dei macchinisti di vaporiere a carbone. Povera Amhadabad! Si è fatta il nome di una città di scarso o nullo interesse turistico. Bollata a vita e senza possibilità, ormai, di recupero. E pensare che così la descriveva nella seconda metà dell'ottocento Luigi Rousselet: "Magnifici bastioni, del circuito di più di sette chilometri, cingono la città; torri e baluardi completano questo sistema di fortificazioni la cui esecuzione è attribuita al sultano Mahmud Begara. Diciotto porte monumentali danno accesso all'interno, occupato un tempo da una immensa popolazione; oggi vasti giardini e terreni incolti isolano la città dai bastioni, e i suoi quartieri non contengono più di centocinquantamila abitanti. Tuttochè molto decaduta questa città ha ancora un aspetto gaio e animato; bei viali d'alberi la percorrono in tutte le direzioni, e le capannette dei poveri, imbiancate a calce, s'aggruppano attorno a magnifici avanzi dell'antichità, e a loro tolgono un tantino della squallida grandiosità. Una magnifica strada, il Manik Shauk, larga come uno dei nostri corsi, forma il quartiere commerciale della città e riunisce in un sol punto le maggiori splendidezze d'Amhadabad. Lì si tengono mercati, e la prossimità dei deserti vi trae tutti quei magnifici tipi di nomadi, Rajputi, Katti, Bhatti, che danno al bazaar un certo che di pittoresco affatto speciale. Cammelli, elefanti passano in quella folla variegata e chiassona, nella quale i cipay inglesi mantengono l'ordine"... Ma ecco un elefante tutto decorato! È il primo che vedo in questo viaggio. È carico d'erba e il suo padrone lo cavalca con orgoglio in mezzo al traffico in pieno centro. Nel controluce del tramonto polveroso anche lui, come la carovana dei rabari, si allontana circondato da vespe, moto, carretti, taxi e grossi e fumosi autobus che lo fiancheggiano ostili. Flash back potente. Stessa scena di Benares undici anni fa. L'elefante resiste! La nostra ultima meta è il Vauta Mela. Mela in hindi vuol dire "raduno" e

types of nomads get together with their merchandise, the Rajputi, the Katti, the Bhatti then forming a quaint bazaar. Camels, elephants among the loud and variegated crowds, as the English cipays try to keep law and order..."

Here comes a fully decorated elephant! It's the first I see in this trip. Loaded with grass, his owner rides it with pride in the chaotic downtown traffic, surrounded by hostile buses, scooters, carts and bikes. Like the Rabari caravan, the elephant keeps on riding into the dusty sunset. Wow, same vision I had eleven years ago in Benares. The spirit lives on! Our final target is the Vautha Mela, the largest rural fair of the area. Mela means gathering, so besides the Kumbh Mela, the mass Hindu pilgrimage we have already talked about in these pages, minor Melas exist throughout the nation, oftentimes together with cattle and rural fairs.

In Ahmadabad nobody has heard of Vauta, the tiny town of 2000 people fifty kilometers from here; maybe we's heading to some glorified chicken trade fair in the middle of a field, so we start to wonder. No one seems to be able to give us directions too, and those who know something just throw it there sloppily, hence we have to ask over and over again. This time around, a rather new as uncomfortable Maruti is our ride to the Guajarati countryside in the pursuit of our Mela. We do not have the slightest idea of what we's getting into; our driver has no clue either and keeps wondering why we's so interested in such cattle fair. Then, all of a sudden, two cops patrol a small intersection. It's down that way! The road is now full of tractors loading groups of people: "we were not wrong", says the look on our faces, yet who knows what lies ahead. The car has to pull up now, down the road a huge

oltre ai famosi Kumhb Mela, feste religiose colossali dove convergono milioni di fedeli hindù e di cui abbiamo già raccontato in queste pagine, in tutta l'India si svolgono spesso Mela "minori" che spesso coincidono di fatto con fiere di bestiame. Ad Amhadabad nessuno sa di Vauta, un paesino di 2000 abitanti a cinquanta chilometri da qui, e il timore è quello di ritovarci in una specie di fiera di Pugliano (piccolo borgo del Montefeltro famoso per una fiera di betstiame ora trasformata in una mercatino terzomondista con quelche trattore e alcuni cavalli decorativi) in versione indiana, con quattro dromedari, dieci asini e qualche centinaio di mercanti. Fatichiamo a trovare qualcuno che ci dia delle indicazioni e questa volta, con una moderna quanto scomoda Maruti, ci avviamo nella campagna gujarati a cercare il nostro santo "mela". Fino a pochi chilometri in prossimità del villaggio nulla fa supporre quello che ci aspetta. Non c'è traffico. La gente a cui chiediamo informazioni ci indica distrattamente la direzione e dobbiamo farlo più volte. Il nostro driver non ha un'idea e soprattutto si chiede che cavolo andiamo a fare ad una fiera di bestiame. Poi, improvvisamente, alcuni poliziotti demarcano un crocicchio. Di là, si va di là! La strada si riempie subito di trattori che caricano grappoli di folla variopinta. Ci guardiamo rassicurati: "non ci siamo sbagliati!" e non sappiamo ancora a cosa andiamo incontro. La macchina ora è costretta a fermarsi e, volgendo lo sguardo un po' oltre, vediamo un enorme serpente di folla che lentamente converge verso un interminabile viale alberato. Ora si vede bene, sono migliaia, colorati, inturbantati. Soffia un vento caldo che alza mulinelli di polvere. Proteggo la telecamera con uno scialle di cotone che ho acquistato allo scopo e che fa spuntare solo l'obiettivo e il mirino e ci immettiamo coraggiosamente nel fiume. Dopo pochi minuti ci siamo già persi. Ma quanti sono? dicono 200.000. "Ma che!",

human serpentine is slowly conveying toward an endless tree-lined boulevard. Now it's clearer, there are thousands of colors and turbans all over. The hot wind forms dust eddies here and there, and so I need to wrap my camera in a cotton shawl I bought right for the purpose, only the eye and viewfinder are left uncovered; now we's ready to dive in the stream. A bunch of minutes later, we's lost already, how many people here? 200.000? A nearby young know-all man goes:" Exxcuse mee sirrr, whiccch counntrry you beelong?? Today no lesss than one millllionn peeoople hhere" Well, guess a million is way too much. At any rate, up from my six foot-two, way above average Indian height, all I can see is people's heads among whatever tents and makeshift booths where crackling bullhorns spew out the names of those who got lost. It's a gigantic dromedary fair dipped in religious sauce. Down to the side, there's a muddy (understatement) little river for nightly ablutions (?); whatever that means, its banks are nothing but public latrines. I hold my breath zigzagging through people's feces on my way toward the tents down the vast open field now visible; maybe the young man was right, this is such a huge human tide.

Time for me to flee the smelly scene and head to the valley, much better air here, regardless of the thousands of dromedaries displayed by their owners. Stable-like stink is definitely cleaner than what I was inhaling before, and then again, the hay and the atmosphere make this valley look nicer. It's so odd I have to film and take pictures of all dromedaries, even faking it, not to offend the owners. The animals have their license plates painted on their necks, some

fa uno studentello "pesce guida" che mi aggancia subito: "Eschius mi serrr, whiccch cauntrrry you bilong?? Today not lesss than one milllionn pipol hiarrr".
Sarà? mi sembrano tanti si, ma un milione forse sono un po' troppi. Del resto qui, dal basso, nonostante il mio metro e novanta che supera di parecchio la media statura indiana, non riesco a vedere se non a due o trecento metri di teste che fluiscono in mezzo a tendopoli e stand rudimentali dove altoparlanti gracchianti disseminati ovunque diffondono annunci di quelli che si sono persi. È una fiera, una gigantesca fiera di dromedari in salsa religiosa. Poco più in là c'è un melmoso (e sono generoso) fiumiciattolo dove sono previsti bagni notturni di purificazione (?). Ma le sue rive sono i bagni pubblici di quella marea umana. Faccio uno slalom in apnea tra gli escrementi che la gente lascia con grande disinvoltura per avvicinarmi alle tendopoli che ora si vedono nella sterminata distesa. Forse il ragazzo aveva ragione. Sono un mare. Me ne vado in fretta da quell'area maleodorante e riparo nella vasta conca, più grata alle mie narici, dove migliaia di dromedari sono messi in bella mostra dai loro padroni. L'odore di stallatico è certamente migliore di quell'altro. Sarà il fieno, sarà l'esotico ma qui in questa piana l'atmosfera è veramente simpatica. Devo riprenderli e fotografarli tutti altrimenti i proprietari si offendono. È una disperazione. Spesso fingo. Noto che hanno la "targa" dipinta sul collo. Alcuni sono addirittura imbellettati, decorati con pseudocappellini. Insomma lustrati al meglio. La gente è allegra e chiassosa. Ma dove saranno gli acquirenti per tutte queste bestie? Un dromedario costa circa mezzo milione. Non poco per gli standard indiani.
Poco dopo capito alla Water Tower dove viene distribuita acqua gratis a tutti. Ci sono delle grosse tubature che hanno fori in più punti che sparano acqua in abbondanza e in continuazione ma la calca è tanta che non un goccia cade

are completely dolled up and wearing funny little hats of sorts. So far so good, but where are the buyers? A dromedary can cost around five hundred dollars, and that's not cheap for the average Indian.
Shortly after, I'm by the water tower where huddled masses suck on every last drop coming from the holed pipes, I'm tempted...but the muddy little river I saw, is a good enough dissuasion. There's the longest queue of people holding a ticket, it's the missing person tower. Inside, a man swamped in tickets up to his belt, reads the names and throws the piece of paper away, perfunctorily. I have to figure this out myself, there's no way this guy can be of help if I hand him a ticket with Ulisse, Giorgio and Paolo written on it. Therefore, backed up by the same young man by my side, I make it to the microphone and yell my friends' names plus a few typical Italian foul mouth expressions to enhance the concept. I just wait some ten minutes, and then move to the little amusement park area. It's a common source of entertainment throughout India and Nepal, with pathetic merry-go-rounds and panoramic wheels (whatever) working on pedals; yes pedals, like there are two or three guys actually pedaling and making some shaky cogs spin the wheel. Rupees at hand, sahib style, I skip the line and make sure I can film the scene from the very top for a couple of minutes, tipping the guy of course. I'm sitting close to a giggling family; they get louder as the wheel goes down heaving our stomachs. Now from this height, I can definitely tell it's a camping ground as far as the eye can see. In between the sheds and booths, there's not even a square foot without people in it. Heat and dust, lotteries, divine images, calendars, sugar canes, soda for the rich and mineral water in plastic bags

sul terreno. Via uno, sotto l'altro. Ho i denti come cosparsi di pasta abrasiva per la polvere e sono tentato… Ma il ricordo del fiumiciattolo mi scoraggia subito. Vedo invece una coda di due trecento metri di persone con un bigliettino in mano. Che fanno? Ah si, sono i dispersi o i cercatori di dispersi. Dentro la torre "publiphono" un uomo sommerso da biglietti fino alla cintola legge meccanicamente i nomi e getta via il bigliettino. Capisco che se gli do in mano un biglietto con scritto Ulisse, Giorgio e Paolo ne ricavo poco e quindi, superando con "boria sahib" la coda, gli prendo il microfono spalleggiato dallo studentello che spiega la situazione. Attacco, senza speranza, l'appello ai tre compagni spariti nella folla, approfittando anche di spedire qualche italianissimo insulto per attirare la loro attenzione. Aspetto dieci minuti per decenza e mi inoltro nella zona Luna Park. Tante volte avevo visto in India e in Nepal piccoli luna park con patetiche giostrine e ruote panoramiche (per modo di dire) spinte da propulsione umana. Vale a dire: due o tre baldi giovani pedalano al centro della ruota su leve che lentamente avviano la barcollante struttura. Oggi la cosa è più seria e, nonostante l'evidente precarietà della ferraglia, azzardo un giro per necessità cinematografiche esigendo, previa lauta mancia, uno stop in cima di almeno due minuti. Sono subito accontentato (potenza della rupia!) salto la fila e mi ritrovo assieme ad una ridacchiante famigliola indiana che emette in coro gridolini di meraviglia ogni qual volta la ruotona scende portandoci lo stomaco alla bocca.
Ora da quassù si vede tutto ed è una tendopoli a perdita d'occhio. In tutti i viali ricavati tra i capannoni e gli "stand", continuo a chiamarli cosi, non c'è un metro quadro libero da gente. "Calore e polvere", lotterie, immagini di divinità, calendari, canne da zucchero, bibite per i più ricchi e acqua minerale in sacchetti di plastica a "one rupy only" (45 lire) per i meno abbienti, giochi di legno, giochi

-"one rupee only" (40cents) - for the poor, then wood toys, plastic toys, balloons everywhere, donkeys braying, and dromedaries…what do they do? Bellow?
A hundred or so girls are perched up on a short wall, all beautifully dressed up in their traditional cloths. They come from the surrounding villages looking for a husband. On the other side of the road across the human flood, some young bucks seem to be ready and willing in their effort to try to catch the gals' eyes. Who knows, maybe some new couples will form and further contribute to the billion something population. Finally, I run into Giorgio, another missing in action. He's coming from a close-by village where he has been treated like a king. We get into Vauta's alleys, now the chaos is behind us and I feel like in a bubble at this point.
All inhabitants seem to have guests, friends or relatives coming from some far away places. Here we go, Giorgio introduces me to the family he has met earlier on, they all gather under a narrow porch and warmly welcome us. There's a young couple too: she must be 16 or 17, he's 19 maybe and looks so proud of his wife as he mumbles some broken English to Giorgio. I think to myself, how many dreams or plans or promises between them…who knows how much he paid for that little gold plated jewel she's wearing on her neck, maybe it's even gold, and that'd be something over here. A baby is crying in the back, the young mom goes into another room and comes back with a tiny colored bundle; it's a baby girl with kajal (kohl) around her eyes already. Giorgio wishes them both good luck repeatedly, but the teen mom keeps handing her baby over to him; what does that mean then?…
"You take her with you to Italy, please?"…

di plastica, palloncini, palloncini colorati ovunque, ragli di asini. Ecco appollaiate su un muretto un centinaio di ragazze provenienti da un vicino villaggio e in cerca di marito. Sono belle, giovanissime e ben vestite, con abiti pittoreschi e tradizionali, specchietti e monili dorati e luccicanti. Dall'altra parte della strada, separati dalla fiumana di folla, giovanotti lanciano sguardi, frizzi e lazzi. Chissà, forse verso sera qualche nuova coppia si sarà formata e di lì a poco darà il proprio contributo demografico al miliardo di indiani di oggi. Incontro Giorgio. Anche lui disperso. È stato nel villaggio e, dice, è diventato una autorità. "Vieni, vieni!" Ci addentriamo per le strade del villaggetto di Vauta. La bagarre è lontana. Sì, c'è un clima di festa ma sembra di essere in una bolla di vetro. Gli abitanti hanno ospiti, parenti, amici venuti da lontano. Giriamo tra le viuzze e Giorgio mi riporta dove era stato ricevuto qualche ora prima con tutti gli onori. "Volete del tè? biscotti? Your country? Italy! ahhh Italy" Una famigliola è riunita sotto un angusto portico di pochi metri quadrati. Escono tutti fuori per salutarci. C'è una coppia di sposini. Lei avrà 16 o 17 anni, lui forse 19. Mastica un po' di inglese e conversa con Giorgio guardando la giovane moglie con un certo orgoglio. Lui è l'uomo! Chissà quanti progetti... quante promesse le avrà fatto. Quanto avranno sognato per le strade di Ahmadabad quella volta che ci sono andati, forse appena sposati. Quanto, davanti alle vetrine o nei mercati. Quanto avrà sborsato per quel piccolo gioiello che lei porta al collo? Forse è d'argento d'orato o forse è d'oro, e allora è un'altra storia. Si sente un vagito di un bambino. Lei si allontana e torna con un fagottino colorato e già con il kajal agli occhi. La fa vedere, sollevandola, a Giorgio. Giorgio le fa dei complimenti e lei gliela porge. Giorgio crede di non capire. Che vuol dire? "You bring uiz you to Itily pilis?" "Portala con te in Italia, portala via di qui ti prego".

Inizio Capitolo:
Orchestra di ottoni a Bhu
La sabbia invade la strada verso Jodhpur.
Ciarlatano a Vauta.
Vicino ad un tempietto a Jaesalmer 1980.
Puskhar, turbanti gialli (foto Lucio Massi).
Murales a Udaipur.

Inizio Capitolo:
Brass orchestra in Bhuj.
Sand invading the street in Jodhpur
Quack in Vauta.
By a small temple in Jaesalmer 1980.
Puskhar, yellow turbans (Lucio Massi).
Murals in Udaipur.

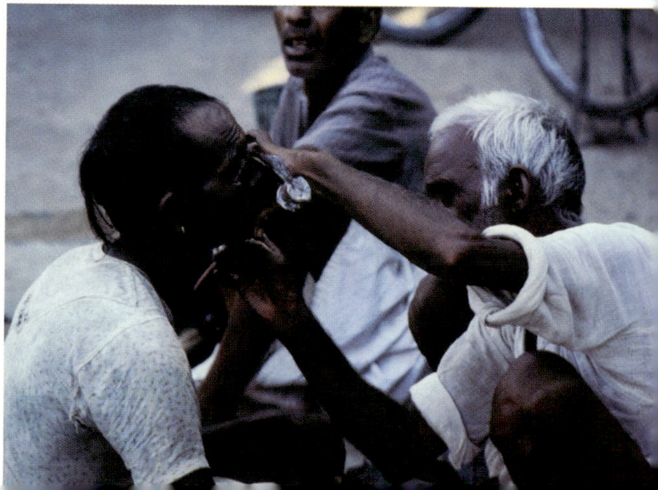

Nelle pagine precedenti:
Sguardo timido lungo la strada per Bikhaner.
A prender l'acqua… partita a Polo con il maharaja di Jodhpur.
Barbiere ad Udaipur.

On previous pages:
Shy look on the way to Bikhaner.
Getting water... Polo game with the maharajah of Jodhpur.
Barber in Udaipur.

In queste pagine:
Tripudi di colori dei sari rajastani. Nomadi Rabari, deserto di Rann di Kutch.

In these pages:
Triumph of colored Rajasthan sari. Rabari nomads, Rann of Kutch desert.

Nella pagina precedente:
La Rolls del Maharaja di Jaipur.
Nelle pagine successive:
Il palazzo del maharja ad Udaipur.
Il Lake City Palace.
Per le vie di Jaipur 1980.
Scene di strada

In the previous page:
Maharaja of Jaipur's Rolls-
On following pages:
Palace of the maharajah in Udaipur.
Lake City Palace.
Streets of Jaipur 1980.
Street scenes.

JAIPUR SAREE EMPORIUM

Nelle pagine precedenti:
Nomadi Rabari, deserto di Rann di Kutch.
Ragazza di Jaipur.
Scene di strada.
Televisione con poco segnale. (foto Massi)
Salotto all'aperto a Jaesalmer.
Pittura di mani con hennè.
Cantastorie a Jaeselmer.
Nelle pagine succesive:
Nomadi e stanziali a Manvi, Udaipur. (foto Nardini)
Bhuj, Raipur.
Rann di Kutch.
Jaeselmer.

On previous pages:
Rabari nomads, Rann of Kutch desert.
Girl in Jaipur.
Street life.
Weak signal TV... (Massi)
Open lounge in Jaesalmer.
Hennè hand painting, Jaeselmer.
Story-teller in Jaesalmer
On following pages:
Nomads and settlers in Manvi, Udaipur. (Nardini)
Bhuj, Raipur
Rann of Kutch.
Jaeselmer.

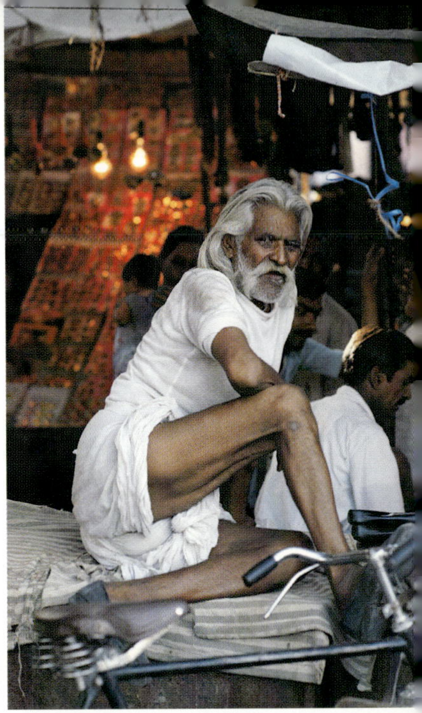

हरि
ॐ श्री गुरुदेवाय नमः
RECEPTION
Airtel PCO

L'ULTIMA INDIA

BABA
BEAUTY PARLOUR

L'INDIA SU DUE RUOTE.

Settembre 2009. Il mio "Diario dall'India" è quasi pronto e io sono appena tornato da laggiù e a questo punto sarebbe facile dire: non è molto originale! Lo so. Sono stato in tanti altri luoghi ma non riesco ad appassionarmi ad altre mete… E alla fine credo che, in qualche modo, in questo mio "Diario" di oltre trent'anni sia spiegata la ragione di tutto ciò. Ragione prevalentemente sentimentale ma non priva di spiegazioni razionali. Del resto ogni volta che scendo a Delhi, solitamente di notte e, il più delle volte a bordo di una Ambassador, raggiungo il mio alberghetto in centro, sento affiorare il lontano e dolce brivido di una "prima volta".

Me fortunato! Ogni volta dunque invento per gli altri delle buone ragioni per giustificare il mio ritorno "a casa". Questa volta c'era anche una lontana, ma purtroppo ingannevole, promessa che volevo mantenere in nome del cosiddetto "amore" e che mi doveva portare a ripercorrere con le persone a me più care (compagna, figli suoi, miei e relative fidanzate) la strada più bella del mondo: la Manali-Srinagar. Tutto ancora una volta in sella alle mitiche, poderose, charmant ed evocative Royal Enfield Bullet.Lahul, Spiti, Ladakh, Kashmir… Mondi fatati e a me familiari. Terra molto amata ma, chissà perchè, sempre foriera di tempeste sentimentali… Fu così nel 1990. Fu così nel 2002 quando lassù incontrai colei con la quale avrei voluto finire la mia vita… Non è accaduto e la disillusione è arrivata fulminea alla vigilia di questa partenza e nel peggiore dei modi. Altro doloroso ma importante insegnamento. Del resto il buddismo spiega molto bene anche l'inganno della percezione di tutto ciò che è al di fuori di noi. La nostra mente ci offre

INDIA ON TWO WHEELS

September 2009- My personal "Diary of India" is almost ready and just got back from there. Nothing new right? I know, but I don't like going anywhere else with the same passion…all in all this kind of diary explains much about the sentimental side of the past thirty years, yet without leaving out some more rational sides to it. Well, each time I land into Delhi and then drive in the same old Ambassador to my little hotel downtown, those chills down my spine keep coming yet again as if it were my first time. How lucky! Funny enough, I've never run out of plausible excuses to actually justify the occasional 'Indian home coming' of mine in front of my loved ones. This time around, they all have been involved (my girlfriend, my sons and hers with their respective girlfriends) in riding with me the powerful, charming and legendary Royal Enfield Bullet 500 on the most beautiful road ever: the Manali-Srinagar to Lahul, Spiti, Ladakh, Kashmir…

As bewitched as familiar this world has always been to me, it has somehow been the harbinger of personal emotional turmoil. Both in 1990 but also 2002, when I met the woman of my life or so I thought, but things went awry the worst way. Another lesson I learned. Buddhism teaches all so well how deceitful perceptions outside us can be misleading. Our mind is a source of continuous delusion over how other people, the world out there, the meaning of time or youth should be ; this is poisoning our lives, as we're at the mercy of wrong emotions and make-believes leading us to forsakenness, fear and separation. We live and

illusioni continue su come vorremmo fossero le persone e il mondo che ci circonda, mentre altre illusioni, afferrare il tempo, la giovinezza, la "vita"... avvelenano chi ci sta vicino, a sua volta in balia di emozioni ed inganni e portandoci tutti a vivere la dolorosa esperienza del distacco, della separazione, della paura. Difficile davvero sottrarsi all' "attaccamento" per eliminare la sofferenza. Ma siamo soli. Nasciamo e moriamo soli e, alla fine di tutto, la vita e il "samsara" ci continuano ad insegnare, per chi ha mezzi e volontà per capirlo, solo ed unicamente questo.
Per farla breve il nostro gruppo ha preso una forma diversa e sono diventato così il patriarca solitario di tutta la mia adorata figliolanza, Francesco e Riccardo, le loro ragazze, Margherita ed Alessia e, new entry, il mio simpatico e comunicativo nipote Guido. Ma ancora una volta il "Piccolo Tibet" è stata una demarcazione tra passato e futuro... Avanti dunque! Questa volta senza illusioni però...
Abbiamo percorso in moto quasi 1500 km su questa folle carrozzabile che non esito a definire veramente "La Strada". Abbiamo portato i nostri contributi raccolti dall'Associazione Italia-Tibet alla piccola scuola di Sumdho "adottata" tanti anni fa... Siamo arrivati nella magica ma blindata Srinagar attraversando confini presidiatissimi.
Non ho mai visto tanti Kalashnikov come in questa spedizione. Insomma, tanta avventura e e tante emozioni. Tanti incontri straordinari e a volte spiacevoli... Ma il resoconto dettagliato di questo viaggio lo dobbiamo rimandare ad un prossimo libro. .
Torniamo invece all'India su due ruote e alla Manali-Srinagar... Tra i viaggiatori dell'India questa carrozzabile è un vero e proprio mito, con i suoi vertiginosi valichi oltre i 5000 metri di altezza e i quasi 500 chilometri senza un centro abitato, a tu per tu con la natura selvag-

die alone; this is the teaching that lies behind the samsara. Make a long story short, I've become the solitary patriarch to my beloved offspring Francesco and Riccardo along with their girlfriends Margherita and Alessia, plus the new kid on the block, my outspoken nephew Guido. Past and present marked by the 'little Tibet", yet without illusions this time...1500 km over the 'ultimate' road with our bikes, we've brought our contribution as Italy-Tibet association to the Sumdho school and crossed the beyond-patrolled borders to the magical Srinagar; never seen so many Kalashnikovs in my entire life.
This road is well known among the faithful travelers of India for its dizzying passes over 5000 meters high and its 500km without a single village in sight; definitely a face to face with the primordial wilderness of the Himalayas. Today, it's kind of hip renting these reliable single cylinder bikes with British lineage. It's understandable, the whole Indian scenery, its marvelous colors and peculiarities, looks all the more enticing with the wind on your face and the road rolling under the wheels.

Even in a sudden violent monsoon, ride on the left side of Indian roads, if well equipped, has its share of poetic beauty. Got to be very careful though, anything on these roads, be it an animal, vehicle or bus, is capable of sudden weird moves that spur our automatic reaction as if we were driving on the right side, I know it 'cause I've been there before. You can imagine the shocking consequences. Be careful!!
That said, the reasons why I choose the two wheels are so many, really. This is an event of its own; the direct contact with the road creates an assortment of

gia e primordiale del transhimàlaya. Oggi è molto trendy noleggiare le "Bullet" queste simpatiche e affidabili monocilindriche di britannico lignaggio. La cosa è comprensibile, visto che il paesaggio indiano e tutto il variopinto mondo, che ne fa parte, assumono un intrigo particolare con il vento in faccia e la strada che corre sotto i piedi. Persino sotto un improvviso e violento monsone, se ben equipaggiati, solcare in motocicletta il lato sinistro delle strade dell'India è di una poesia unica. Occorrono però occhi e orecchie molto attenti. Un carro, un animale, un veicolo qualunque, gli autobus di linea, tutto quello che vive sulle strade indiane può avere improvvisamente dei comportamenti inconsulti, spiazzanti e nell'emergenza, l'ho sperimentato sulla mia pelle, il nostro cervello ritorna immediatamente a reagire sulle logiche della guida a destra. Le conseguenze sono facilmente immaginabili. Quindi tripla attenzione!

Detto questo le ragioni di una scelta su due ruote sono davvero tantissime. La motocicletta in generale rende lo spostamento da un luogo all'altro già un evento in sé. Il viaggio si insaporisce di nuovi contatti e relazioni che sfuggono dall'abitacolo di un autobus o di un'auto. Le soste sono più frequenti e si è rapidi nelle decisioni. La moderata velocità che si è obbligati a tenere rende tutto molto più fruibile e assimilabile. Tutto è a portata di mano.

I bambini che vanno e vengono dalle scuole lungo le strade di montagna ti porgono le mani per rapidi e volanti contatti di saluto festoso.

L'attraversamento dei villaggi e città è un'immersione totale negli odori, i colori, i suoni che si percepiscono sullo sfondo del tum tum tum ritmico ed armonioso dell'aristocratico propulsore.

Il mio legame con questa motocicletta è davvero antico;

relationships impossible if driving a car or in a bus. The slower speed makes it all the more enjoyable and assimilable, in addition to that every stop or decision-making becomes somehow snappier. Kids on their way to or from school hi-five along the way, it's all so festive; you get engrossed in the novel of these people's everyday life as your engine hums through their villages and towns. My bond with this bike goes long way back in time; I used to have a Matchless 350 G3L from the first world war that belonged to my uncle Gianbattista who would have me seated on the tank and ride around the white roads of my hometown Secchiano Marecchia. One time we rode together to the property in Massa Manenti to bring the jute bags needed for the harvest, a good one that year. My uncle used to tie up a pile of those bags on the backseat of the bike and then go through the ritual of starting the engine not without the usual tantrums this old lady would throw. I would be standing there fascinated by this whole procedure, eager to finally straddle the tank. My dad Riccardo for a road race used that same bike right after the war; on that occasion, also the Italian champion Omobono Tenni participated. This man was a myth to the Cardelli bros and uncle Giorgio who, being my godfather, asked and obtained that I'd be called after Omobono as second name. "Saint Omobono exists on the calendar too", my dad would prod: "'He's the patron of tailors". All my childhood has been blessed with epic endeavors on top of the Matchless. From my uncle Giorgio's, the youngest and naughtiest brother, disastrous fall around Villa Verucchio, that cost him a broken nose (an otolaryngologist friend of mine would unclog 'only' fifty years later), to a nocturnal trip to Piacenza (300km) with

Infatti mi sono svezzato come "biker" con la vecchia Matchless 350 G3L dell'ultima guerra mondiale appartenuta a mio zio Gianbattista, con il quale percorrevo a cavallo sul serbatoio le strade sterrate nei dintorni del mio paese natio, Secchiano Marecchia. Una volta andammo al podere Massa Manenti a portare i sacchi di iuta per la trebbiatura che quell'anno era stata inaspettatamente prospera. Mio zio faceva una gran pila, legata accuratamente sul sellino posteriore, metteva in moto la motocicletta, che come un cavallino bizzoso non mancava di sferrare qualche scorbutico calcio, e mi prendeva fra le braccia per sistemarmi sul serbatoio, dopo mia trepida attesa in piedi, a bocca aperta, al cospetto del fascinoso rituale. Quella motocicletta era stata poi la stessa usata da mio padre Riccardo per una gara stradale nel dopoguerra cui partecipò anche il famoso campione italiano Omobono Tenni. Tenni era un mito tra i fratelli Cardelli senior e mio zio Giorgio, in qualità di padrino, chiese ed ottenne che almeno come secondo nome fossi battezzato Omobono. "Sant'Omobono esiste anche nel calendario" sentenziava tranquillizzante mio padre "è il protettore dei sarti"...

Tutta la mia infanzia è stata benedetta di racconti epici sulle imprese a cavallo "del Matchless", al maschile: dalla caduta rovinosa di mio zio Giorgio, il minore e il più "discolo" dei quattro, nei pressi di Villa Verucchio e la conseguente frattura del setto nasale (disostruito da un otorino mio amico "solo" 50 anni dopo) al viaggio fino a Piacenza di notte (300km) in due, col fanale spento per il passaggio del fronte e una testata di un trattore Lanz da rettificare appoggiata sul serbatoio.

Sistemate le mie manine nella parte interna del manubrio e dopo il prevedibile "tieniti forte" assieme ai saluti da grande partenza, uscivamo dal cancello di casa e la strada

the light off to get across the enemy front with a Lenz tractor motor head to fix, sitting on the tank.

After grasping the inside of the handlebar with my little hands, and the predictable "hold on tight", we'd ride out of the gate waving bye bye, straight to the white road going uphill on a winding stretch called via delle Siepi. Then up and up again behind Lecceti mountain to reach the pass, after that we'd make a left over an open ground along the top of the hills between Marecchia valley and Uso river. The sight was breathtaking, yet I couldn't stop staring at my uncle's hands: the right one then, with nicotine yellow fingers on the throttle handle, had the power of changing the sound of the engine which was already louder than usual for having taken off the primordial little lid muffler at the end of the exhaust. One of my favorite moments was riding through the tunnel created by the plush vegetation whose refreshing shadow and intense scents are still engraved in my memory. Same feeling I had at our arrival at the Massa property, a small village much alike the Tibetan ones, surrounded by the smell of naphtha and the flying chaff over the cypresses. I surely remember well the gigantic Ruston threshing machine hooked to the OM45 tractor grinding sheaves of corn and turning them into huge haystacks amidst squeaking cogs and various yells.

The adults, frantically focused on the threshing, would let me roam around free and completely ignored. I watched my uncle smoke his cigarette in the most flammable place on earth while helping the farmers and workers move the bales with his strong biceps. He would then write down cross marks and dashes in a small book with red squares and black cover. Every once in a while, the siren would go off; it was attached

bianca si inoltrava serpeggiando in salita sulla cosiddetta via delle Siepi: già un altro mondo.

Tum tum tum… su, su ancora per la strada dietro al monte Lecceti e poi, in cima al valico, un'altra svolta a sinistra vicino ad una celletta e via, su uno sterrato, lungo la cresta delle colline che dividevano la valle del Marecchia da quella del fiume Uso.
Mi stupivo della bellezza del paesaggio e allo stesso tempo guardavo le mani di mio zio: la destra, con le dita un po' gialle di nicotina, ruotava la manopola del gas facendo cambiare il suono della moto a cui nel frattempo era stato tolto il rudimentale silenziatore con la piccola leva-coperchio in fondo alla marmitta. Si entrava in una galleria di piante fitte e rigogliose che oscuravano il sole e regalavano una momentanea frescura, una sinfonia di suoni e immagini che è rimasta indelebile nella mia memoria assieme all'arrivo al podere della Massa, allora un borgo non troppo diverso da un villaggio tibetano, tra odori di nafta, pula volante tra i cipressi e la gigantesca trebbiatrice Ruston, attaccata all'altrettanto mitico trattore OM 45 che macinava cove di grano, generando i colossali pagliai in un frastuono pieno di cigolii e grida.
Venivo di fatto piacevolmente abbandonato e gironzolavo completamente ignorato dai grandi, tutti frenetici e concentrati sulla trebbiatura, mentre guardavo mio zio, con la sigaretta "Nazionale Esportazione" accesa nel luogo più infiammabile del mondo, aiutare i contadini e gli operai a pesare il grano e spostare le balle con i suoi bicipiti possenti. Lo vedevo scrivere segni e tacche su un librettino a quadretti rossi con la copertina nera.
Ogni tanto suonava una sirena che veniva azionata attaccandola allo "straccone", così lo chiamavano. Questa lunga e grossa cinghia muoveva, dal motore del trattore

to a large belt connected to the tractor in the yard and moving an array of hoists, pulleys and filters in the thresher. We are talking about ten tons of corn here! Even if still a child, I could sense the intensely festive and thankful atmosphere for another year's worth of bread. The working men and women with their wide straw hats and colored handkerchiefs, are the true actors of this pagan representation of sorts.
Well, as young as I was, it was no mystery to me what was really going on after all that much wine and succulent meals. Sure enough, the party didn't stop after all the chattering and mocking around the table; the best would come later among the sacks and haystacks. Distance and freedom played a major role too, and my uncle was definitely in for some action, for his piece of the pie. That definitely had an impact on me, it was all so exciting, by all means; that's where my undying will to always leave and go places originated and would later shape into form.

On the way back to Secchiano it was dark already and the six volt battery feeble light protracted the magic of such a dreamlike state of mind. The last hairpin turn by the tower unfolded the lights of the familiar valley and the sight of the soaring San Leo castle on the other side. The flickering red light would go with the engine rpm as the night descended all around, then we would finally enter the gate under the lime trees where everybody was waiting for the 'heroes' to come back home. The Matchless on its support, engine still hot, inspired me future escapades. It's very similar to Royal Enfield Bullet: single cylinder, separate gear shift, drop shaped tank. Its noise was so recognizable, had maybe something to do with my beat and off-beat

ben piantato nell'aia, tutti i meccanismi, pulegge e filtri, della trebbiatrice.
Cento quintali di grano! Un esercito di lavoranti, donne e uomini, con ampi cappelli di paglia e fazzoletti colorati sul volto per proteggersi dalla polvere, erano gli attori di questa rappresentazione quasi pagana del raccolto dove si percepiva, anche per me bambino, il senso carnale della festa riconoscente ai campi per un altro anno di pane. Sentivo allusioni molto velate, ma per me già chiarissime, su quello che succedeva di notte dopo le colossali mangiate di bolliti, arrosti, cappelletti e vino. Tra i sacchi pieni di grano sistemati sotto le logge le poche ore di riposo, fino alla partenza notturna per il podere successivo, erano spesso impiegate per chiacchierare e prendersi in giro fra rime e motteggi. In questa euforia non era raro che ci scappasse un "assalto" amoroso favorito dalla lontananza da casa e dal senso di insolita libertà che quelle poche settimane di tour, chiamiamolo così, regalavano ai componenti della "squadra". Queste cose mi eccitavano moltissimo, e in tutti i sensi. Ripensandoci, oggi riconosco che il gusto di quelle poche ore con il mio scapolissimo e aitante zio sembrava proprio essere premonitore della voglia insopprimibile di andare espressa più coscientemente negli anni successivi.
Quando tornavamo a Secchiano ormai era buio, il debole fanale alimentato dai sei volt della batteria mi regalava ancora suggestioni di sogno assieme al desiderio di prolungare quella magia.
Ecco le prime luci della vallata a me familiare che si dischiudeva di colpo al culmine dell'ultimo tornante della "Torre". Il castello di San Leo incombente sull'altro versante della valle. Il buio sempre più fitto e la lucina rossa del contatto elettrico che andava e veniva con i giri del motore e infine l'arrivo a casa, infilando il cancello

rock'n roll attitude, who knows...anyhow, when I was twelve, before even having a moped, I'd sneakily ride my uncle's British single cylinder; the man had given in and got married so turned to car. End of a myth, yet another one was coming...
When I left for India the first time, the sound of single cylinder engines was everywhere, so different from the European streets ruled by the roaring Japanese multi cylinders, and some big British ones, although less and less. Myself, I was hooked on the sound of the Kawasaki Mach III, three cylinders, back in 1970. All the same, I did not lose my devotion for my first British love, so by the end of the 80s, I got it repaired and restored. In 1984, I rented an Enfield for a couple of days in Dharamsala, I thought of it as my secret lover in a far away place. Many years later in 2002 with my friend Emerson straddling two Aprilia Pegaso in Ladakh, and then in 2007 with a group of friends, we embarked in a journey through the roads of northern India with a slew of Bullets. Since a few years ago, my trips to India have been related to a humanitarian-scientific project I've been running with some doctor friends from my hometown, it's called Cardiolab, which I thoroughly described in my previous book 'Tibetan Shadows'. Cardiolab Tibet is an "on the road" medical structure open to the Tibetan refugees living in the McLeod Ganj settlement, North India, headquarters of the exiled Tibetan government and residence of the Dalai Lama. Here some key parameters get tested: colesterol, glycemic index, blood pressure, lifestyle, weight, height, body mass all checked in order to evaluate the risk of heart attack or stroke in a ten year frame. Between 07 and 08, we've tested over two thousand refugees and are planning to

sotto i tigli e ritrovando tutti ad aspettare i due "eroi". La Matchless sul cavalletto, ancora calda, sembrava suggerirmi nuove e future ispirazioni d fuga.

La Matchless è davvero molto simile alla Royal Enfield Bullet: monocilindrico verticale, cambio separato, serbatoio a goccia… trafilaggio d'olio inglesissimo… Quel rumore mi è dunque famigliare e deve aver avuto a che fare in qualche modo anche con la mia attitudine al battere e levare del Rock'n'Roll. Chi lo sa? Fatto è che, prima ancora di possedere un ciclomotore, le mie prime e furtive cavalcate in motocicletta, avevo solo 12 anni, le ho provate di nascosto sul monocilindrico di Sua Maestà Britannica, ormai messo da parte da mio zio in favore delle quattro ruote e in ragione della sua capitolazione al matrimonio. Un mito era crollato. L'altro no…

Quando andai in India la prima volta rimasi dunque subito ammaliato dal ben di dio di tum tum tum che si udivano per le strade di Delhi. Suoni quasi spariti da noi dove tra le ringhianti giapponesi e le grosse inglesi, in pieno declino però, i pluricilindrici erano ormai la regola. Anche per me l'opzione giapponese fu obbligatoria e mi feci uncinare nel 1970 dal sibilo dei tre cilindri della Kawasaki Mach III. Ma l'amore e la devozione per la mia vecchia maestra non venne mai meno. Alla fine degli anni '80 la feci completamente restaurare.

Noleggiai una Enfield la prima volta nell''84 e per un paio di giorni a Dharamsala. Fu simpatia subito e la considerai come una mia occasionale amante in quel porto montano, ma soltanto tanti anni dopo, prima nel 2002 in Ladakh con il mio amico Emerson a cavallo di due Aprilia Pegaso, e poi nel 2007 con un gruppo di amici appassionati bikers, mi imbarcai in un vero lungo viaggio per le strade dell'India del nord, questa volta con uno stuolo di Bullet.

do three thousand this year in Dehra Dun. This all is directly related to the Royal Enfield: my selection of Cardiolab expert doctors, are bikers as well, so I got them hooked on the idea of taking a few days off and ride over to the Himalayas on the Bullet. Before too long, the whole plan took shape and everybody was thrilled. To most of them, this humanitarian and professional experience has been a turning point in their lives, the infectious Indian vibe has caught on among many too. The Enfield caused more than some stir as far as motorcycle acknowledgement, which peaked on the ecstatic steep climb of Rothang at 4000 meters. Owners of BMW, Triumph, Harley bikes or hi-tech scooters looked so puzzled as two little trucks pulled up by our hotel in McLeod at 11pm; on the covered truck beds wire wheels, exhausts, tanks and lights could be spotted out…"Is that how they transport bikes here?" , Valter blurts. It gets even worse when they begin to hastily unload them and break some pieces here and there in the process. "No problem", reassures the young Imran: "we have spare parts.." I smile and film my bewildered friends as the scene unfolds. The mostly black Bullets don't really look that great with all that dirt stacked up in the 600km trip from Delhi; we have something like a thousand kilometers to go over the moutains, but finally the lack of trust starts fading away as Imran gets done with cleaning and fixing our rides. "Wow, they look cool, all black with gold stripes. Awesome! Some metal shingle on the tank or fender, the plate on the front fender! Never seen one like this at home!"-

I want this!", someone exclaims, -" Yeah righ..who said that?" - the other replies. Whoever is here picks one out upon personal taste, everybody else already

Da qualche anno le mie visite in India sono legate ad un progetto scientifico-umanitario che ho messo in piedi con la collaborazione di alcuni medici-amici della mia città. Questo progetto, che si chiama Cardiolab, è stato illustrato ampiamente nel mio precedente libro "Tibetan Shadows" e il cui report esauriente, scritto da tutti i protagonisti, è il tema di un volume "Nel cuore dei rifugiati" pubblicato da Bayer.

Il Cardiolab Tibet non è altro che un ambulatorio libero "on the road" a cui possono accedere liberamente i rifugiati tibetani che vivono nell'insediamento di McLeod Ganj, nell'India del nord, quartier generale del governo tibetano in esilio e residenza del Dalai Lama. Qui si valutano alcuni parametri: colesterolo, glicemia, pressione, stile di vita, peso, altezza, indice di massa corporea, e si calcola il rischio che ha quella persona di avere un evento, infarto o ictus, nei prossimi dieci anni. Si prendono provvedimenti preventivi riguardo lo stile di vita e si suggeriscono eventuali terapie. In due volte, 2007 e 2008, abbiamo valutato circa duemila profughi e anche quest'anno torneremo, ma nella comunità tibetana a Dehra Dun per completare lo studio con un numero di almeno tremila persone. Il nesso di tutto questo con la Royal Enfield è presto detto. Quando mi sono messo a pensare chi potevo consultare come volontari al progetto, ho selezionato alcuni amici medici, grandi appassionati di moto e già esperti di Cardiolab italici, e ho prospettato loro l'idea che a fine lavoro ci saremmo concessi anche qualche giorno di vacanza per farci un giro in "Bullet" tra le vette dell'Himalaya. Entusiasmo alle stelle, eccitazione, determinazione e tutto dunque prende corpo. Per diversi di loro l'esperienza professionale e umana tra i profughi è stata una vera svolta esistenziale.

asleep in their room, just missing out. The next morning, the bickering grows over who gets what; the Indian shanti (quiet, peace, tranquillity) is not in the hearts of our Cardiolab team yet. Eventually the whole quarrel dies down helped by the shining sun and smell of conifers around Dharamsala as our fourteen roaring Enfields thunder through the alleys like a bomb squadron directed to Mandi.

Childlike grins and on cloud nine expressions spread through the pack. The empty winding road runs amid the pre-Himalayan pinnacles of the Kangra, as we ride on the left hand side we can see some little houses and temples or some hamlets on our right hand side. Every now and then, we come across some buses covering the route between Manali or Mandi and Dharamsala, yet not many other vehicles; maybe more flocks of sheep or goats. I'm riding with daredevil Daniele so I can keep filming from the backseat; meanwhile Imran is driving my bike and seems to be having a blast. The man must weight 80 pounds, great rider and mechanic. He's able to work his magic in the middle of the night, with a miner lamp on his forehead and fix cylinder and conrod in just two hours, including valves regulation. Amazing! This is how it works over here, not much digital stuff, only spare parts, mechanics and handcraftsmanship on a lathe in every village, bringing back to life the worst hunk of junks with so much creativity. It's an incredible experience to watch them at work. After sunset we arrive in Mandi and stop by the Panchvakra temples made of grey stone, on the Beas river and dedicated to Shiva. It's pure sikhara style. We pause for a while in this magic moment as it gets darker on the other side of river and

L'impatto con l'India e le sue colorite contraddizioni ha cambiato diversi ordini di valori nella vita dei miei amici e qualcuno ha già contratto il "morbo indiano". Anche la conoscenza ravvicinata con il "proiettile" Enfield, però, ha causato un vero terremoto esistenziale motociclistico, culminato poi nell'estasi della salita ai 4000 metri del passo del Rothang. Quasi tutti possessori di colossali BMW o Triumph o Harley o scooter Hi Tech, i miei amici hanno fatto qualche faccia sconcertata quando alle 11 di notte sotto il nostro albergo di McLeod arrivano un paio di camioncini con il cassone coperto da un telone sotto il quale si intravedono raggi, marmitte, serbatoi, fanali... "Ma è il modo di trasportare le moto??" grida scandalizzato Valter. Lo sconcerto sale al disgusto quando iniziano a scaricarle senza troppi complimenti lasciando qualche vetro di fanale per terra. "No problem" assicura il giovane meccanico Imran "we have spare parts... " Io sorrido e riprendo la scena e le facce dei miei amici.
Le Bullet, per lo più nere, sono tutte impolverate dei 600 km da qui a Delhi e davvero non sembrano in grandi condizioni. Dobbiamo fare un migliaio di chilometri quasi tutti in montagna e sento su di me parecchie diffidenze che cominciano a dissolversi quando Imran inizia alacremente a pulire e sistemare i ferri.
Noo! Sono davvero belle, nere, coi filetti dorati. Bellissime! Qualche distintivo in metallo sul serbatoio o sul parafango. La targa sul parafango anteriore! E chi l'ha mai vista da noi?
"Questa è mia!" attacca uno "Eh... si... dov'è che c'è scritto?" risponde l'altro. Inizia una rapida assegnazione morale delle moto su basi molto personali. Gli assenti, che già ronfano a letto, hanno torto. La mattina dopo si inizia con una furente discussione sui criteri di auto-assegnazione della sera prima. La shanti indiana (pace,

lights are turned on one by one. Under the temple, on the small river shore, a mongoose is roaming free, and tens of monkeys are sitting around on the rocks by the water. This is just a quick picture of what is to come: despite having been here many times, I'm still in awe, as much as my travel companions are.
Yes, Mandi truly is a magical place, and it's the evocative gateway into the Kullu Manali valley: a Himalayan-Indian version of Italy's Cortina d'Ampezzo.

We have an enforced stop for a few hours at the Dussehra festival in the Kullu valley's capital. Crossing the city looks pretty much impossible, so we don't really have much choice in the matter. The place is jam-packed, and we are advised to park our bikes somewhere, and to enjoy the ceremony of Hadimba's float.

India's most renowned festival is, of course, the Kumbh Mela, but the 10 day-long festivities of the Dussehra come a close second. Again, the essential significance of the festival is a celebration of the triumph of Good over Evil, represented by the legendary hero Rama and the demon Ravana. The rituals of the Dussehra can vary greatly according to where it's celebrated. In the northern regions it's called Ramlila, and it consists of various musical recitals and re-enactments of Rama's deeds. On the tenth day, a procession through the city ends with the burning of the papier-mâché effigies of Ravana, his brother, and his son. The effigies are stuffed with fireworks, and when the flames have worked their way inside, the ensuing rapid-fire explosions mark the end of the joyful ceremony. But

calma, tranquillo...) non ha ancora fatto breccia nei cuori dei componenti il "Cardiolab Team". La litigata è subito dissolta quando, in un sole radioso e tra le conifere odorose sopra Dharamsala, il nostro serpentone di quattordici rombanti Royal Enfield solca come una squadriglia di bombardieri le viuzze del centro montano, destinazione Mandi. Ora solo sorrisi larghi da bambini ed espressioni di grande compiacimento.

Ci sono i navigati, che erano qui anche l'anno prima, e i neofiti della Enfield. Le facce sono inequivocabili, l'eccitazione è alle stelle. La strada corre sinuosa e praticamente deserta tra i rilievi pre-himalayani dell'alto Kangra. Il dolce paesaggio verde scivola via sulla nostra destra ogni tanto interrotto da piccole case, qualche tempietto, qualche borgata. Le moto invece filano via sul lato sinistro. Ogni tanto incrociamo qualche bus di linea a passo corto che fa servizio tra Manali o Mandi e Dharamsala. Pochi gli altri veicoli. Qualche gregge di pecore e capre. Per fare riprese mi sono sistemato sul sellino posteriore di Daniele, piuttosto temerario nella guida, e ho lasciato la mia moto ad Imran che si diverte come un pazzo. Peserà 40 chili e guida la moto come un campione. Assomiglia all'attore Giancarlo Giannini, lo vedremo riparare l'irreparabile e compiere miracoli come sostituire, di notte e con una lampadina da minatore in fronte, cilindro e biella della Enfield in due ore, inclusa la regolazione a mano delle valvole. Stupefacente!

Qui si ripara ancora. Poche centraline. Pezzi di ricambio proprio quando servono. In ogni villaggio ci sono meccanici e artigiani che fanno pezzi al tornio e rimettono a nuovo anche dei cadaveri. È eccitante vederli lavorare e sentire il calore e il ronzio di una mente artigiana capace di inventarsi la soluzione di un problema di volta in volta.

here in Kullu, Dussehra is celebrated in a truly original way. It all begins on the tenth day after the October new moon, and continues for seven days, during which the divinities of all the different temples spread throughout the Kullu valley make their way to the capital. Indeed, strolling along the roads it's easy to come across small processions of men wearing the typical Himachal Pradesh head-coverings, carrying a deity in wreaths of flowers arranged on a small, canopied platform. The closer you get to Kullu, the more you'll see of these processions of the faithful from the surrounding villages. It's estimated that around 200 statues of deities make it to Kullu for Dussehra.

The great, unpaved clearing is still traversable, but a barely audible background buzzing sound slowly becomes a roar, as people deluge in from all sides and begin occupying every inch of free space. The colourful multitudes pack the terraces of the houses that surround the town square. And suddenly, we're packed in like sardines. A bunch of police officers armed with lathi – a sort of knotty bamboo stick – begin to cordon off the float, which is parked at the edge of the square, covered in drapes and flower wreaths. I study it from up close, noticing that the hefty, wooden wheels are deliberately angular and irregular; it's as if even the short trip of the goddess Hadimba must be one of hard sacrifice for the mortals who transport her. I make up my mind to stay in the 'hot' zone. Apart from the more intrepid Pasquale, we've all taken up safe positions, sticking close to the authorities. Now and then we take shots from a distance, but staying put here is starting to worry me. It's risky, but if I want to get some decent shots, here's the only place I can do it.

Già dopo il tramonto arriviamo a Mandi e ci fermiamo ai templi Panchvakra affacciati sul fiume Beas. Sono dedicati al dio Shiva. Di pietra grigia. Inquietanti. Sono in puro stile shikkara. Il momento è magico e c'è lo spazio e il tempo per una pausa meditativa mentre la città, dall'altra parte del fiume, perde con il buio la sua fisionomia e le luci si accendono una dopo l'altra. Sulla piccola spiaggia del fiume, proprio a picco sotto il tempio, una mangusta gironzola libera e decine di scimmie sembrano fare salotto su delle pietre fuori dall'acqua. É un piccolo affresco autentico quello che ci si para dinnanzi e nonostante sia stato qui diverse volte, provo meravigliosamente la stessa gioia e lo stesso incanto dei miei stupefatti compagni di viaggio.

Sì, Mandi è proprio un posto magico ed è la romantica porta della valle di Kullu Manali: l'ampezzano dell'Himalaya indiana.

Una sosta di qualche ora per il festival del Dusshera si impone nel capoluogo della vallata di Kullu.

Non possiamo farne a meno anche perché l'attraversamento della città si preannuncia difficile. C'è un ingorgo totale e ci viene suggerito di parcheggiare le moto e goderci la cerimonia del carro di Hadimba.

II più conosciuto festival indiano è sicuramente il Kumbh Mela ma subito dopo viene il Dussehra, una festa che dura 10 giorni. Anche qui il significato ultimo del festival è la celebrazione del Bene che trionfa sul Male, rappresentati dal leggendario eroe Rama e dal demone Pavana. Il Dusshera cambia moltissimo nelle ritualità a seconda dei posti dove viene celebrato. Nelle regioni del nord prende il nome di Ram Lila e consiste in varie recite e rappresentazioni musicali sulla vita dell'eroe Rama. Nel decimo giorno si tiene infine una processione che termina con i falò delle statue di cartapesta del demone

Deities continue to arrive in droves, and they suddenly begin to race wildly about the place, the canopies tilting crazily this way and that. Riotously they make their way through the crowd, who laugh and scream in a mixture of excitement and fear. Many of those carrying the divinities are clearly under the effects of hashish or marijuana. With their elated expressions, these kids make for an arresting sight: their religious festivities represent one of the few moments of glory in their laborious, reclusive existence amongst the valleys in between these colossal mountains. In the throes of violent emotion, rows of men – important townspeople, I think – gather the long ropes attached to the float, and with some effort they begin to pull the immensely heavy structure, all the while rather loosely protected by the soldiers. Other important town figures hop onto the temple-float, solemnly waving their coloured plumes in a sign of devotion to their goddess. Dust rises after every step from the float-carriers, and it chokes the air. This is total chaos. Every now and then someone falls over, and serious injuries are not uncommon. Police officers randomly club folk with their lathi and even laughter can be heard amidst the beatings; by now the situation is completely out of control. I'm just about managing to keep my film camera held high above the multitude of heads, but I'm being pushed about from all sides. I can almost taste the adrenaline coursing through me. The powerful Hadimba, patron goddess of the Kullu rajahs, slowly, gravely crosses the square, and, in the only way a god can, implacably ploughs through the excited, solid mass of the crowd. The 'minor' divinities of the surrounding villages run around the float, heads spinning as if to pay homage to the goddess in

Pavana, di suo fratello e di suo figlio. Le statue sono state riempite di fuochi artificiali che quando sono raggiunti dalle fiamme scoppiano in rapide sequenze ponendo fine alla festosa liturgia. Ma qui a Kullu il festival di Dussehra viene celebrato in maniera davvero originale. Inizia il 10° giorno della data della luna nuova di ottobre e continua per 7 giorni, raccogliendo le divinità dei vari templi sparsi un po' ovunque nella Valle di Kulu. In effetti già lungo la strada si notano piccole processioni di uomini con il tipico copricapo dell'Himachal Pradesh che seguono un baldacchino su cui è sistemata una divinità tutta inghirlandata di fiori. Man mano che ci si avvicina a Kullu queste processioni di fedeli provenienti dai villaggi circostanti diventano più frequenti e si calcola che per il Dusshera arrivino a Kulu circa 200 statue di dei.

Il grande spiazzo di terra battuta è ancora agibile, ma si percepisce come un rumore di fondo, un brusio che diviene quasi boato, mentre una fiumana di gente proveniente da ogni dove inizia ad occupare qualunque angolo libero. I terrazzini delle case intorno alla piazza grondano folla colorata. Non c'è più spazio nemmeno per un sorcio. Un nugolo di poliziotti armati di lati, il nodoso bastone di bambù, inizia a cordonare il carro tutto coperto di drappi e ghirlande e fermo ai bordi della piazza. Lo osservo da vicino e noto che le pesantissime ruote di legno sono volutamente spigolose e irregolari; come se il pur breve viaggio della dea Hadimba dovesse costare agli umani penosi sacrifici. Decido di rimanere nella zona "calda". A parte Pasquale, più temerario, tutti hanno guadagnato una postazione in sicurezza accanto alle autorità. Ci scambiamo qualche scatto in lontananza. Mi secca un po' rimanere lì, è certamente rischioso, ma se voglio fare delle belle riprese so che questo è l'unico sistema. Le varie divinità dei villaggi sempre più numerose si lanciano

procession, as the sound of drums and bagpipes fills the air. In just a few moments it's all over. We're in a kind of muted, excited daze. The blood races through me as my heart pumps ever faster.

Dawn has rolled around by the time we leave the River Country Hotel, covered up against the cold. We saddle up on our fleet of Enfields, which have been washed and polished to a shine by our friend, Imran. The sky is clear, but a thin coating of frost on the fuel tanks tells us things won't be easy two thousand metres higher up. At 'only' 4,000 metres, Rohtang Pass is definitely not amongst the highest of Himalayan passes, but the track that heads up there is one of the most vertiginously spectacular mountain roads around. Basically, there's a two-kilometer height difference from our starting point to the pass, and it's split into three different stages. Just out of Manali, the road runs alongside the Beas riverbank, and here potholes and fords do their bit to welcome us to the new territory. Our Enfields are completely at ease with the terrain. They're light and powerful, as they need to be, and slice through the curves amidst the gorgeous birch, beech, and conifer forests that characterize the first stage of the pass. The landscape is immense. However, as we reach a shadow-covered area sculpted amongst the rocks, a sheet of ice appears suddenly on the road, sending us crashing to the ground, one after the other. We weren't going too fast, so we haven't done ourselves any harm, and our stuff's OK, but worries begin to sneak in given that this is just the beginning. I try to defuse the situation, saying that if we go slow, we'll be alright, but someone tells me just where I can stick it. I'll find out for myself, later.

intanto in folli corse inclinando il baldacchino a destra e a manca, facendosi violentemente largo tra la folla che ride o grida in un misto di eccitazione e paura. Molti di quelli che trasportano le divinità sono evidentemente sotto l'effetto di hashish o marijuana, e fa impressione vedere gli sguardi esaltati di questi ragazzi che vivono le festività religiose come i pochi momenti di gloria nella loro faticosa e reclusa esistenza tra le vallate in mezzo a queste colossali montagne. Al limite del parossismo si vedono ora file di uomini, credo notabili del paese, che raccolgono le lunghe funi attaccate al carro e iniziano con fatica a muovere la pesantissima struttura protetti molto relativamente dai soldati. Altri notabili salgono sul carro-tempio mentre agitano solennemente dei pennacchi colorati in segno di devozione alla dea. La polvere si alza dai piedi dei trascinatori e pervade tutta l'atmosfera. Un caos totale. Ogni tanto qualcuno cade a terra e non è raro che ci siano feriti gravi. La polizia randella a casaccio e qualcuno addirittura ride, ma la situazione è oramai fuori controllo. Riesco a malapena a tenere la telecamera molto alta sopra le teste ma vengo spintonato da ogni parte. Sento l'adrenalina in bocca. La potente dea Hadimba, patrona dei Raja di Kulu, attraversa lenta e solenne la piazza e fende, implacabile come solo un dio può fare, l'esaltata e solida folla. Tutto intorno al carro le divinità "minori" dei villaggi si agitano, corrono e ruotano le teste come per omaggiare la dea in processione, fra canti e musica di cornamuse e tamburi. In pochi attimi tutto è finito. Stordimento muto ed eccitazione. Il sangue corre veloce ed il cuore batte forte.

È l'alba quando usciamo tutti coperti dal nostro River Country Hotel di Manali e iniziamo a metter in moto la schiera di Enfield pulite e lucidate dal fido Imran. Il cielo è terso ma un po' di brina sui serbatoi ci informa

Warily, we negotiate further patches of ice that crop up along the way, and everyone's anxious to reach the sunny part, where our problems will presumably end. Then we come up against Rohtang's first 'wall': a series of hairpin bends that climb an almost vertical rock wall, with awe-inspiringly gargantuan rocky masses that skirt the road. Every now and then we come across sets of road works, with burning fires, pots of boiling tar, and spaccapietre. The workers – mostly men from the south of India – look like dark demons amongst the flames. Their eyes turn towards us, flashing, and amongst the black smoke and tar that surrounds them, they appear to be of the most dazzling white. A few of us feel a vague sense of shame. Now the light is brilliant and crystal-clear, and the dry road surface makes this part of the journey decidedly enjoyable, as we finally begin smiling again. Great quantities of snow await us upon our arrival at the summit of the pass. We reach Marhi, a little village with various rest stops dotted around a picturesque little yellow temple. We realize that here the vast majority of people are Indian tourists, and we're the only foreigners around. Looking up, rows of trucks can be seen slowly ascending, clinging to the mountainside, and looking so very far away. That's our next port of call, and it seems so immensely high up, but the sun shines resplendently, and after a nice, hot cup of tea, we're ready to saddle up for the final stretch. Again and again we encounter rubble from landslides, torrents, mud, and ice; but our climb up to Rohtang is set to a symphonic exultation of snowy peaks. It's just magnificent. The cold air bites, but no one's too bothered about it as, one after the other, we make it to the so called "seventh heaven", and the milestone

che duemila metri più in alto la situazione non sarà facile. Il passo del Rothang non è certamente fra i più alti passi himalayani, raschia "solo" i 4000 metri, ma la strada per salire fin lassù è una delle più vertiginose e spettacolari tra le carrozzabili di montagna. In pratica sono due chilometri di dislivello in tre parti ben distinte. Fuori Manali la strada inizia a percorrere il greto del Beas e iniziano subito buche e guadi che ci danno il buongiorno. Le Enfield sono perfettamente a loro agio. Leggere e potenti quanto basta, iniziano a mangiarsi tutte le curve e i tornanti in mezzo a stupendi boschi di betulle, faggi e quindi conifere che caratterizzano la prima parte del passo. Il paesaggio è colossale. Come arriviamo nella zona ancora in ombra tutta scavata nella roccia ecco che ad una curva roviniamo tutti a terra uno dopo l'altro su un lastrone di ghiaccio improvviso. La bassa velocità limita i danni a persone e cose ma inizia a serpeggiare un certo senso di preoccupazione visto che siamo solo all'inizio del percorso. Cerco di tranquillizzare tutti dicendo che andando piano non ci succederà nulla ma qualcuno mi sta già mandando a quel paese. Lo saprò più tardi. Altri lastroni di ghiaccio vengono ora superati con molta circospezione e tutti sono ansiosi di arrivare alla zona soleggiata dove, si presume, questo problema non dovrebbe esserci. Eccoci ora al primo "muro" del Rothang. Consiste in una serie di tornanti a gomito su una parete di roccia verticale dove si rimane impressionati dalle dimensioni ciclopiche dei massi qui e là della strada. Ogni tanto un cantiere stradale. Fuochi accesi. Pentoloni di catrame bollenti e spaccapietre. Gli operai, gente che viene dal sud dell'India, neri come diavoli tra le fiamme, lampeggiano gli occhi verso di noi; occhi che col nero di fumo e catrame che li circonda, appaiono ancora più bianchi. Qualcuno di noi prova un vago senso di vergogna. La luce è ora

that marks the trans-Himalayan border. Thousands of coloured Tibetan flags chirrup in the freezing-cold wind, reminding us that from here on in we're in Buddhist territory. Small groups of Indian tourists start chatting amongst themselves, looking frozen stiff. They're wearing questionable-looking synthetic furs with hoods and rubber boots which they'll be using to explore a nearby glacier. The richer ones splash out on horses. One guy sells tea that goes cold in just a few seconds. Beyond Rohtang we're met with a dazzling radiance: Spiti is off to the left, while Lahaul is to the right. The group decides to descend a few more miles, but not everyone agrees. I insist a little more than I should do, probably: the landscape is beautifully mystical, but some others reckon they've had enough excitement for one day. So we split up, and for a moment I feel that selfishness has gotten the better of us. I shouldn't have left any of the group behind. We arrange a time to meet up back in Marhi, and, assuaged by the presence of the remaining members of the party, we start picking our way down the opposite side of the pass. As I've already mentioned, I'm very familiar with this trail, but there's something about the light, the snow, and the wondrous feeling of loneliness that engulfs us today on the eastern face of Rohtang: it feels like I'm experiencing the magic of my first time here. We begin to spread out amongst ourselves. I stop and begin filming the tiny, insignificant, faraway bikes as they silently cut through the majestic landscape. The snow covers everything, and it deadens all sound. A line of little black horses, loaded up with something or other, slowly negotiates the white plains. It's a world away from tourists. This is local life. Hard. Authentic. I stay up here just for a

forte e cristallina e il fondo asciutto rende questa parte del percorso decisamente piacevole. Torna qualche sorriso. Sulla sommità del valico si vede tanta neve! Arriviamo al piccolo borgo di Marhi dove ci sono svariati ristori attorno ad un pittoresco tempietto giallo. Ci rendiamo conto che il turismo indiano la fa da padrone. Siamo gli unici stranieri. Guardiamo in alto e vediamo file di camion che lenti e lontanissimi salgono abbarbicati al fianco della montagna. Sembra un infinitamente lassù quello dove dobbiamo andare, ma il sole splende radioso e dopo un buon tè bollente siamo di nuovo in sella per lo strappo finale. Ancora attraversamenti di frane e torrentacci tra fango e ghiaccio, ma tutto intorno un tripudio sinfonico di vette imbiancate saluta la nostra ascensione al Rothang. È una meraviglia. Il freddo è pungente, ma nessuno se ne cura e uno dopo l'altro arriviamo al cippo del cosiddetto "settimo cielo" che segna il confine con il transhimalaya. Migliaia di bandierine tibetane colorate garriscono al vento gelido e ci ricordano che da qui in avanti il territorio è buddista. Gruppetti di turisti indiani intirizziti attaccano bottone. Indossano delle specie di improbabili pellicce sintetiche con cappuccio e stivali di gomma con cui vanno a fare delle escursioni al ghiacciaio qui vicino. I più ricchi si permettono il cavallo. Qualcuno vende del tè che si raffredda in pochi secondi. Oltre il Rothang un candore abbagliante: a destra lo Spiti, a sinistra il Lahaul. Decidiamo di scendere ancora per un po' di chilometri. Non tutti sono d'accordo. Insisto oltre il dovuto, il paesaggio è mistico, ma qualcuno decide che per oggi le emozioni sono sufficienti. Ci dividiamo dunque e per un attimo sento che l'egoismo ha avuto il sopravvento. Non avrei dovuto abbandonare nessuno del gruppo. Ci diamo un appuntamento di massima a Marhi e confortato dai rimanenti iniziamo a scendere

while with Imran. He, too, seems thrilled and excited to be a part of this strange bunch of travellers. He's affable, but discreet; obliging without being servile; he wants to take a few pictures with us. He has a girlfriend in Delhi. He'd like to set up a motorbike rent and repair service, and thinks I might be able to help him. Of course I can, dear Imran. Absolutely! I think about a kid like that in Italy. About the courtesy and professionalism he exudes always. His fairness. These are a simple folk, but they look to the future with serenity and determination. Intelligent, willing to help, skilled, tenacious, kind. I have a lot of time for Imran. He really is the kind of Indian who perfectly encapsulates the positive images one can have of this extraordinary country and its people. And yes, even now as I stand on the edge of this precipice, I think about this "incredible India", a country I can now honestly claim to know well. I think about all the social problems here, the caste system, the overpopulation, IT experts, the violence between religions, my Tibetan friends who live on the border with China, a country for which I cannot help feeling a deep, bitter resentment. May the Dalai Lama forgive me. I think about my unwavering, thirty-year relationship with India, and the infinitely tiny contribution I may have given in spreading the knowledge – and love – for this country. Is there anything I could have done more of in this time? Could I have committed and applied myself a little harder? Done more charity work? Why did I stop with Tibet? But, right here and now, I'm feeling happy, not guilty. The lyrics to a beautiful song by Giorgio Gaber spring to mind: "L'illogica allegria" (Illogical Happiness)...

dalla parte opposta del valico. Come ho già detto questa strada mi è molto familiare ma oggi la luce, la neve e il senso meraviglioso di solitudine che improvvisamente ci avvolge sul lato est del Rothang, mi sembrano ancora una fantastica prima volta. Ci stacchiamo gli uni dagli altri. Mi fermo e dall'alto inizio a riprendere le piccole e insignificanti due ruote che solcano silenti e lontane la maestà del paesaggio. La neve, abbondante ovunque, attutisce i suoni. Una fila di cavallini neri carichi di non so che cosa risale lentamente il pianoro bianco. Niente a che fare coi turisti. Vita locale. Dura. Autentica. Rimango per un attimo da solo con Imran. Anche lui sembra felice ed eccitato di far parte di questa strana congrega di viaggiatori. È molto affabile ma discreto, servizievole senza essere servile e desidera fare qualche foto con noi. Ha una ragazza a Delhi. Vorrebbe mettere su una sua agenzia di noleggio e riparazione di queste moto. Pensa che io lo possa aiutare. Certo che si, caro Imran. Sicuro che ti posso aiutare! Penso intanto ad un ragazzo così in Italia. Al suo garbo e alla professionalità espresse in ogni occasione. Alla sua correttezza. Questa è gente semplice ma che guarda con serenità e grinta al proprio futuro. Intelligente, volonteroso, capace, determinato, gentile. Imran mi piace proprio. È davvero l'indiano che riflette l'idea positiva che si può avere di questo straordinario paese. Si, ci penso anche adesso, su questo dirupo, a questa "incredible India" che ormai posso dire di conoscere abbastanza. Penso a tutte le sue problematiche sociali, alle caste, al sovrappopolamento, ai cervelli informatici, alle violenze interreligiose, ai miei amici tibetani, ai confini con la Cina per la quale non riesco a non provare un forte e violento risentimento. Il Dalai Lama mi perdoni. Penso alla mia fedele relazione con l'India di oltre trent'anni e quale infinitesimale contributo posso aver dato alla

"I know how the world is, and everything in it,
I know everything falls to ruin...
But in the morning, when everyone's asleep
In their usual bad moods,
Sometimes it takes a moment,
Just a glimmer of light,
A sense of déjà vu, a landscape, anything...

And I feel fine...
I feel fine like someone in a dream...
I don't know if it's a good thing
But I feel fine, ah, the shame of it...
I feel fine...
Right here, right now...
It's hardly my fault if I feel this way..."

And that's exactly how I feel: I feel fine now, perched on this delicate precipice, in the company of my Indian friend, as I watch my travelling companions. Maybe they, too, are "illogically happy". Through the viewfinder I see one of them wave at me. I can't make out who it is, but it doesn't matter. A gleefully coloured truck puffs and jolts, slowly climbing towards our position. Three men with scarves tied round their heads are settled on the roof above the cabin, covered up with a blanket. They seem to surge ever higher as they approach, clearly outlined against the cobalt blue sky, as they greet us enthusiastically, laughing: "Namastè!! Namastè!!".

conoscenza e all'amore per questo paese. Che cosa invece non ho fatto abbastanza. Impegno? Volontariato? Perché solo per il Tibet? Ma ora, qui, mi sento felice e non in colpa. Mi vengono in mente le parole di una bellissima canzone di Giorgio Gaber: "L'illogica allegria"...

"Lo so del mondo e anche del resto,
lo so che tutto va in rovina...
ma di mattina, quando la gente dorme
col suo normale malumore,
può bastare un niente,
forse un piccolo bagliore,
un'aria già vissuta, un paesaggio, che ne so...

E sto bene...
sto bene come uno che si sogna...
non lo so se mi conviene
ma sto bene, che vergogna...
Io sto bene...
proprio ora, proprio qui...
non è mica colpa mia se mi capita così..."

Ecco, è proprio così: sto bene, ora, su questo dirupo nevoso, in compagnia del mio amico indiano e mentre guardo i miei compagni di viaggio, forse anche loro "illogicamente felici", dal teleobiettivo della mia camera e uno di essi agita un braccio. Non lo riconosco, ma non importa. Un camion coloratissimo sale lento sbuffando e sobbalzando verso di noi. Sul tettuccio sopra la cabina ci sono tre uomini con una coperta addosso e una sciarpa legata intorno alla testa. Arrivano vicini e sembrano, stagliati contro il cielo blu cobalto, sempre più in alto e ci fanno dei grandi saluti e ridono "Namastè!!" Namastè".

Inizio capitolo:
Festival del Dusshera.
Sul passo del Rothang.
A group of british bikers, Spity valley.
Soldato indiano con la Royal Enfield
(foto Andrea Muratori).

Chapter headline:
Festival of Dusshera.
Rothang pass.
Meeting with a group of british bikers, Spiti valley.
Indian soldier with Royal Enfield (Andrea Muratori).

In quese pagine:
Verso la moschea per la preghiera serale - Srinagar, 2009. (Foto A. Travaglini)
Risalendo il Kunzum-la (4550 m), valle dello Spiti.
Prima colazione a Tsokar, altipiano del Rupshu a 4400 m. (foto D.Cacciatore)
Sopra:
Danze rituali (Cham) del monastero di Trak Tok in occasione del Ladakh Festival 2009. (foto M. Cenni)

In these pages:
Towards the mosque for the evening prayer. Srinagar 2009 (photo A. Travaglini).
Climbing Kunzum-la (4550 m), Spiti Valley.
Breakfast in Tsokar Camp,Rupshu platou at 4400 mt (photo D.Cacciatore).
Above:
Ritual dance (Cham) from Trak Tok monastery during Ladakh Festival 2009 (foto M. Cenni).

In queste pagine:
Imran il meccanico (foto A. Travaglini).
Battitura dell'orzo in Spiti, 2009 (foto M. Cenni).
Commercianti kashmiri a Dras (foto G. Masi)
Nelle pagine successive:
Strada nei dintorni della Jama Masjid, old Delhi.
L'hotel Taj Mahal di Mumbai.
Stradini e traffico a Mumbai.
Lungo il crinale nord del Rothang.
Incontro con autobus di linea.
Con Tsewang Yeshi, direttore generale del Tibetan Children Village.
Notte di "fuoco" a Nalagarh per il Diwali.
Le divinità dei villaggi convergono a Kullu per il Dusshera. (foto Muratori)

In these pages:
Imran the meccahnic (A.Travaglini).
Battitura dell'orzo in Spiti, 2009 (foto M. Cenni).
Kashmiri merchants in Dras (foto G. Masi)
On following pages:
One of the streets near by the Jama Masjid in old Delhi.
Taj Mahal Hotel, Mumbai
Traffic and road workers, Mumbai.
Along Rothang north ridge.
Line bus on the way .
With Tsewang Yeshi, general director of Tibetan Children Village.
Night of "fire" in Nalagarh for the Diwali.
Village divinities meeting in Kullu for the Dusshera. (Muratori)

MUSHTAQ
PAN
5 STAR PAN
Classic
MUSHTAQ PAN

Pennabilli 16-06-2007
5000,00
IN MOTO PER IL TIBET
Cinquemila,00
TCV - Progetto Sumdho - Ladak

Sugli autobus di Calcutta si leggono aforismi e brani di poesie di Rabindranath Tagore, il grande poeta bengalese premio Nobel per la letteratura. Tra le sue poesie ce n'è una in particolare "Sono un viandante" che mi ha sempre generato una languida malinconia, a volte fino ad inondarmi gli occhi di lacrime, per il riflettere così appieno l'animo mio. L'euforia e l'inquietudine del "viaggio" e della ricerca non affannosa, ma finale, di una "meta" un "porto" o un "rifugio" sono così ben raffigurati dalla metafora del "nuovo profumo" delle "nuove stelle" e da quei due occhi che, infine, ti guardano dolcemente. Due occhi dolci e allo stesso tempo trepidi, che sembravano aspettarti da così tanto tempo e che ti prestano per un altro tempo che vorresti non finisse mai, l'illusione del bene, dell'amore, della pace... della tenerezza.

Ma poi un mattino, improvvisamente, il prestato ti vien tolto senza una ragione apparente. Quegli occhi che illuminavano i tuoi risvegli saettano indifferenza e finto dolore e al "viandante" non rimane che riprendere il suo cammino nel mondo e dentro di sè; alla ricerca del tutto e del nulla e in compagnia solo dei propri ricordi, delle sue paure e di quei passi felici, percorsi nel limitato spazio della vita, che oggi gli sembrano appartenere ad un'altra esistenza.

Fino ad un nuovo risveglio, un nuovo cammino, un nuovo incontro con due dolci, trepidi e ingannevoli occhi...

Dal momento che mi è stato impossibile reperire la traduzione inglese originale dal bengali, mi sono preso la libertà di questa "improvvisazione" in inglese dalla versione italiana. Mi auguro che i lettori non me ne vorranno..

On the buses in Calcutta you can read aphorisms and excerpts of poetry by RabindranathTagore, the great Bengalese poet , Nobel prize winner for literature. Among his poems is one is particular "I am a Wayfarer" that has always aroused faint melancholy in me, sometimes to the point of filling my eyes with tears, for reflecting so fully my soul. The euphoria and anxiety about the "journey" and the not hectic but final search for a "destination", a port, or a refuge are well represented by the metaphor of the "new perfume" the "new stars" and by those two eyes that finally gaze at you so sweetly.

Two sweet and at the same time anxious eyes that seemed to have been waiting for you for a long time and which loan themselves to you for a time you wish would never end, the illusion of good, love, peace and tenderness.

But then suddenly, what has been loaned is taken from you for no apparent reason. Those eyes which lit up your awakenings shoot indifference and fake pain, and the "wayfarer" has no choice but to continue on his way (to resume his march) in the world and inside himself, searching for everything and nothing, and accompanied only by his memories, his fears, and by those happy steps taken in the limited space of life that today seem to belong to (to be part of) another existence.

Until a new awakening, a new walk in life, a new meeting with two sweet, anxious and deceiving eyes.

Since it's proved impossible to find an English translation of the original Bengali, i've taken the liberty to reproduce this "improvisation on Tagore's poem" produced from the Italian. I hope it will be enjoyed.

Sono un viandante,
nessuno mi fermerà.
Illusione sono le gioie e i dolori.
Senza casa sempre camminerò;
la zavorra che mi trae in basso
cadrà dispersa in terra.
Sono un viandante.
Per la strada canto a piena voce,
a cuore aperto,
libero dalle catene dei desideri;
attraverso il bene e il male
camminerò tra gli uomini.
Sono un viandante.
Svanirà ogni fatica.
Un canto sconosciuto
dal cielo lontano mi chiama;
una soave voce di flauto
mattina e sera incanta l'Anima.
Sono un viandante
un mattino sono uscito ch'era ancor buio,
ancor prima del canto degli uccelli.
Sopra l'oscurità, immobile
vegliava una pupilla.
Sono un viandante.
Una sera arriverò
dove brillano nuove stelle,
dove olezza un nuovo profumo;
dove due occhi sempre
mi guardano dolcemente

Tagore

A wayfarer am I
stoppable by none.
Joy and pain illusions are.
Always homeless I'll go
the deadwood dragging me down
will disperse in earth.
A wanderer am I.
On my way singing aloud
with an open heart
free from the chains of desire
through good and bad
I'll walk between men.
A traveller am I
All toil ceasing.
An unknown song
Calls me from distant skies
morning and night
gentle sounds of flute charm the soul.
A wayfarer am I
one morning I left in the dark
before birdsong
Beyond darkness, still
watchful eye.
A vagabond am I.
One night I'll get to
where new stars shine
where new scents fill the breeze
where two eyes always
admire me sweetly.

An Improvisation on Tagore's poem